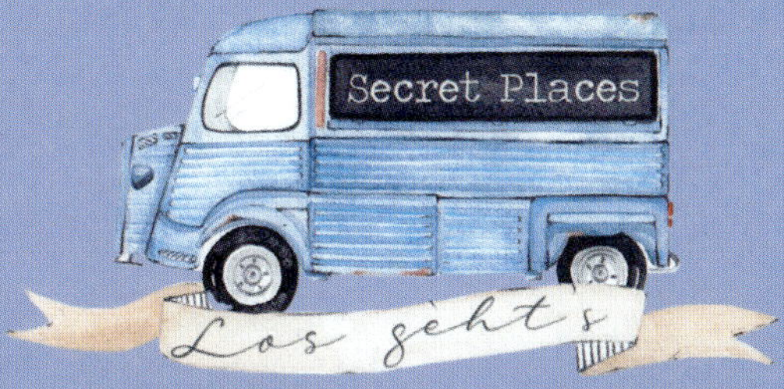
Secret Places
Los geht's

MADELEINE
ZÜLKE

Secret Places Watercolor

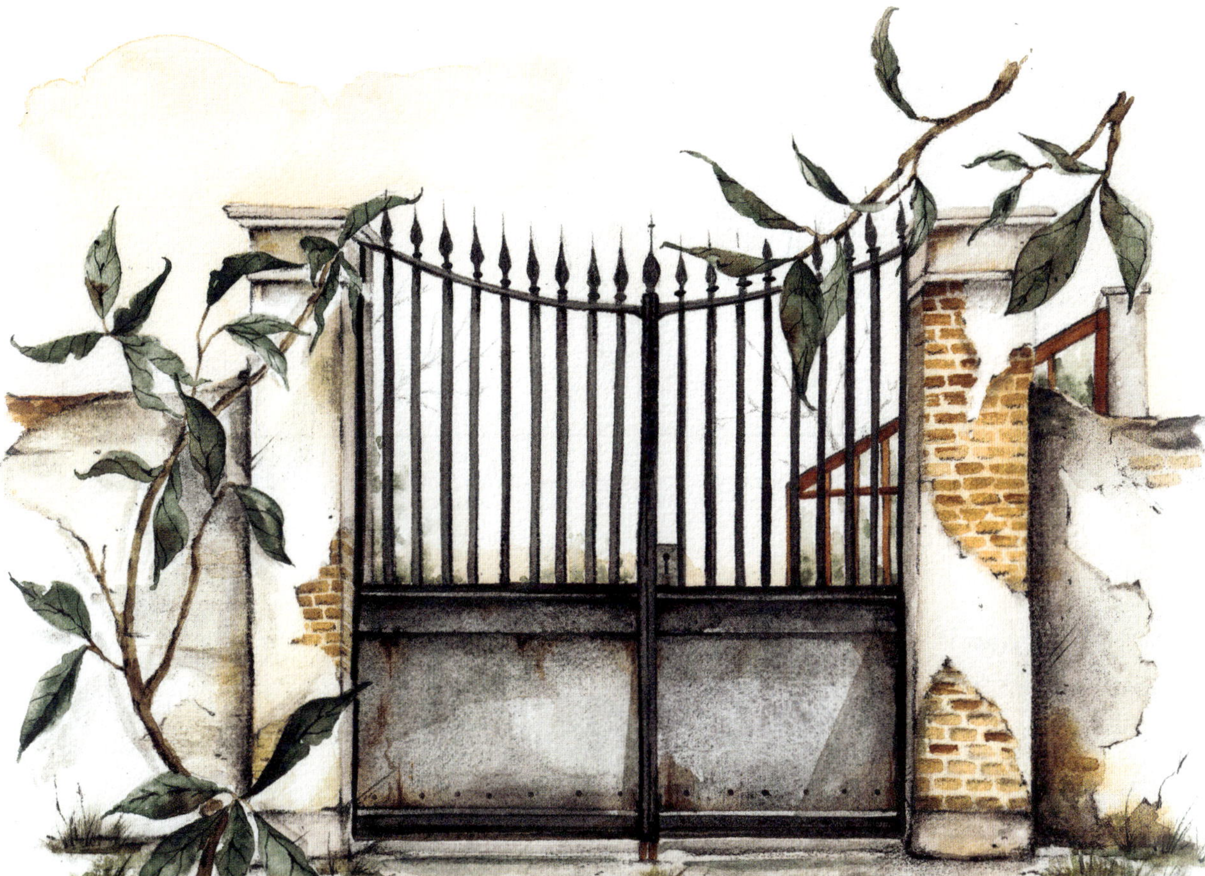

EMF

EIN BUCH DER
EDITION MICHAEL FISCHER

Inhalt

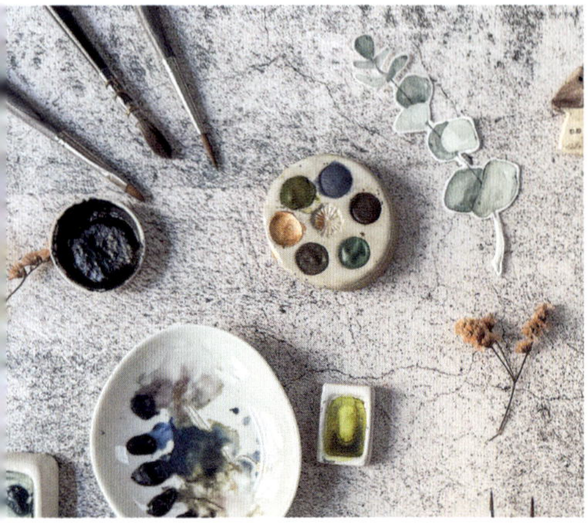
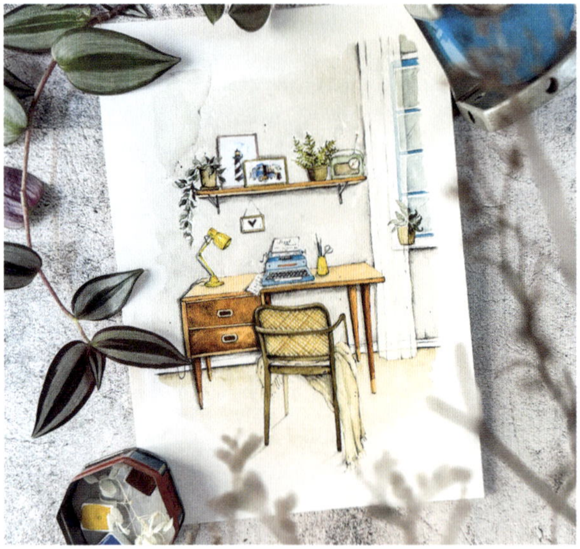
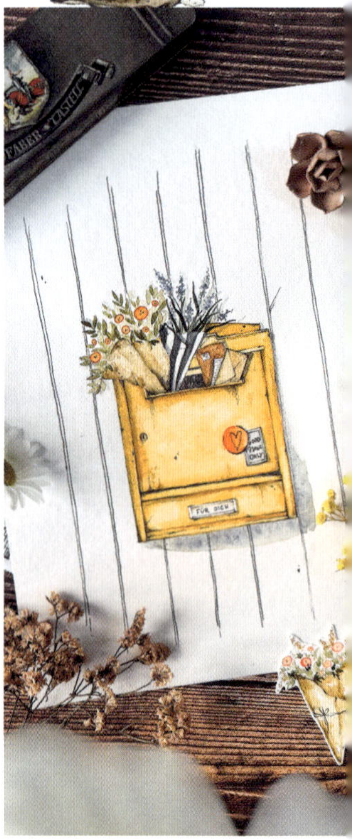
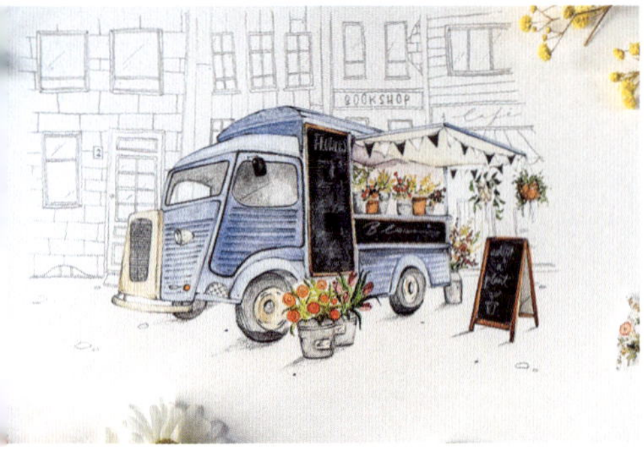
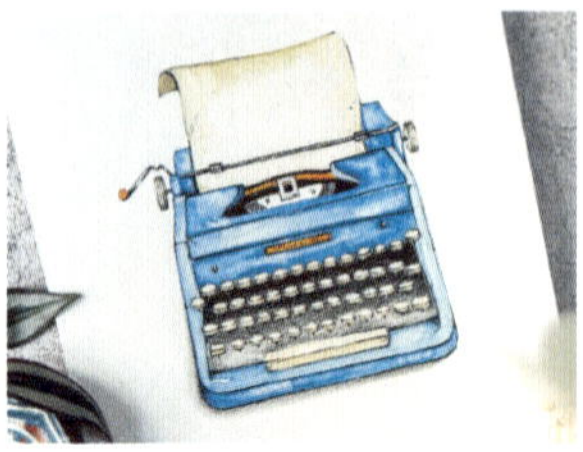
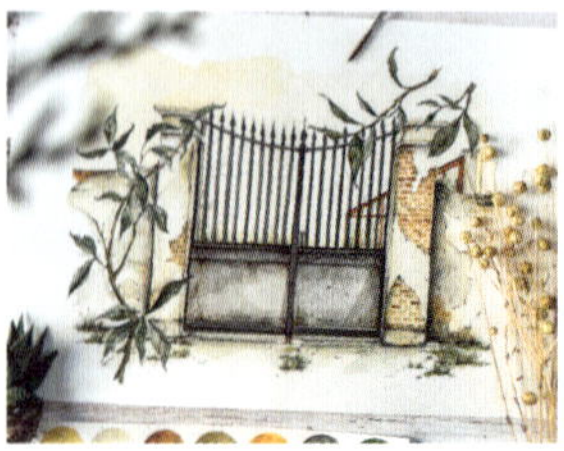

5 VORWORT

6 **GRUNDLAGEN**

8 PAPIER

10 PINSEL & PINSELÜBUNGEN

12 AQUARELLFARBEN UND IHRE EIGENHEITEN

14 GRUNDTECHNIKEN

16 INSPIRATION IST ÜBERALL

17 EINE FRAGE DER PERSPEKTIVE

18 DER EIGENE STIL

19 VORLAGEN

20 **PROJEKTE**

22 **UNTERWEGS IM BLUMENWAGEN**

24 *ÜBUNGSSEITE*

26 AM FELDRAND

30 DER BLAUE WAGEN

34 IM WAGEN

38 KLEINE BLUMENGRÜßE

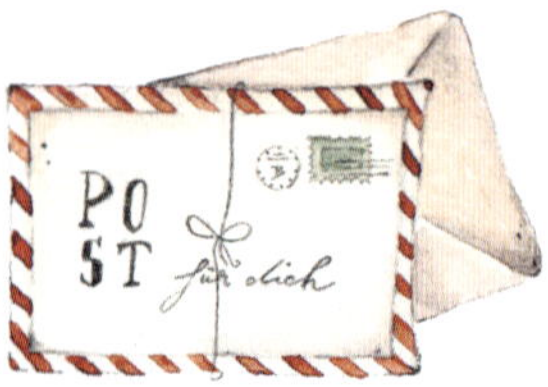

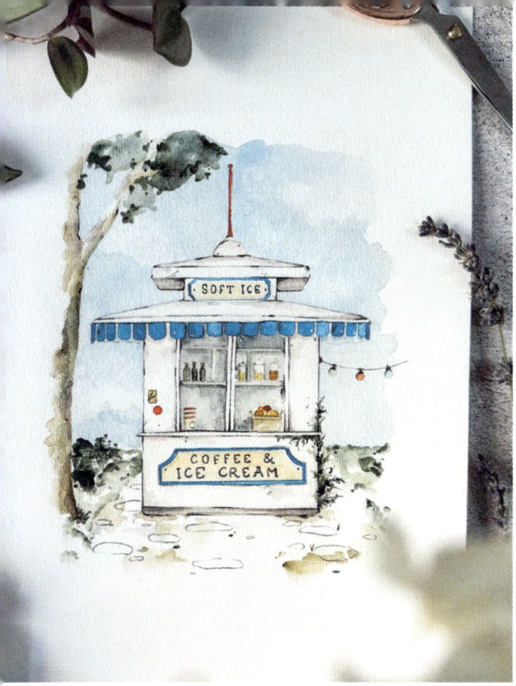

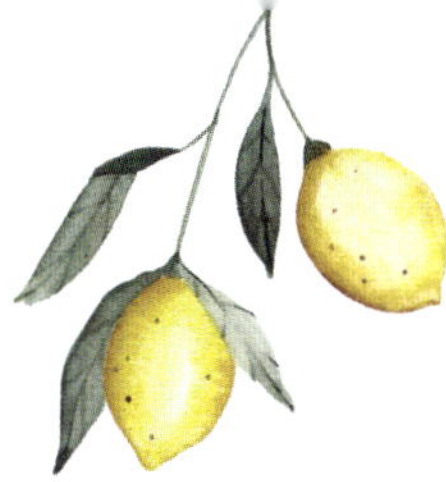

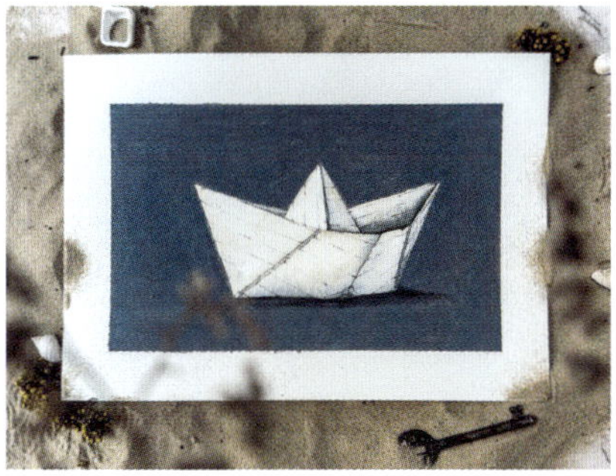

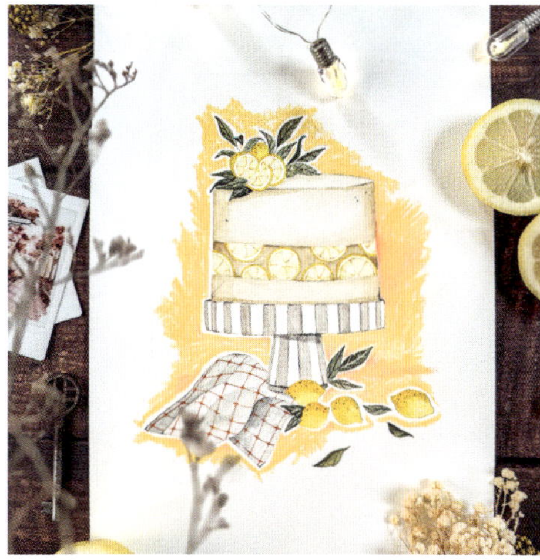

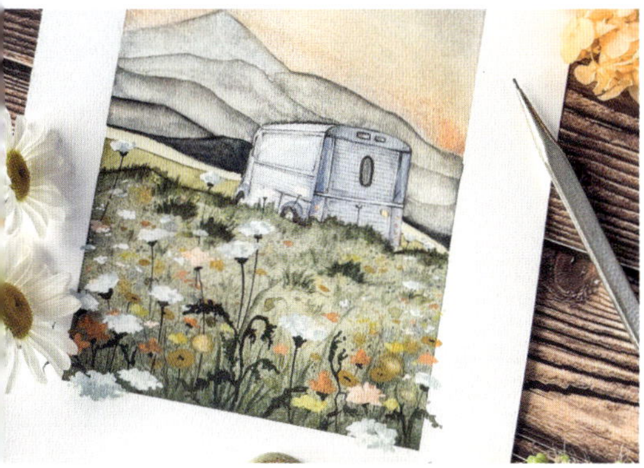

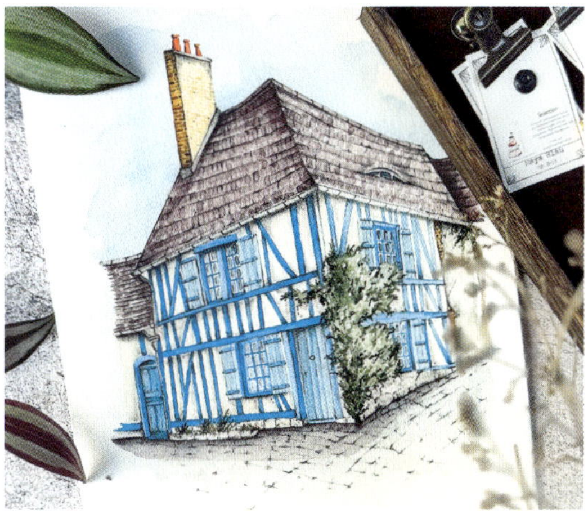

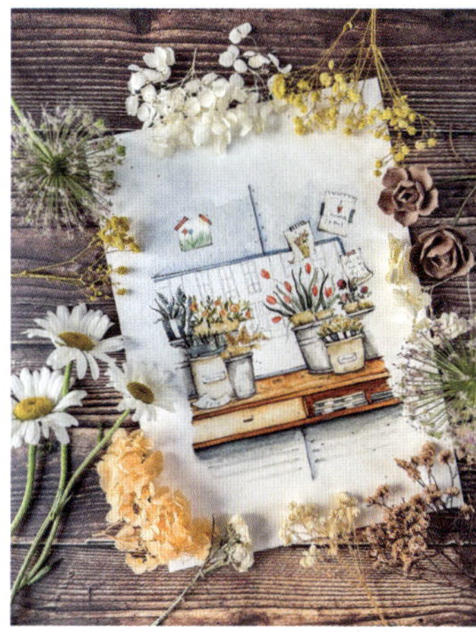

42 DER GEHEIME GARTEN
44 *ÜBUNGSSEITE*
46 DAS GARTENTOR
50 KOMM MIT ZUM GEWÄCHSHAUS
54 IM GEWÄCHSHAUS
58 DER PFLANZENTOPF

62 DAS CAFE IN DER MAPLE AVENUE
64 *ÜBUNGSSEITE*
66 MAPLE AVENUE
70 DAS GEHEIME CAFE
74 KOMM INS CAFE
78 ZITRONENKUCHEN

82 EIN TAG AM MEER
84 *ÜBUNGSSEITE*
86 MEERBLICK
90 DER LEUCHTTURM
94 IM INNEREN DES TURMS
98 DAS PAPIERSCHIFF

102 NACH HAUSE KOMMEN
104 *ÜBUNGSSEITE*
106 DER KIOSK
110 DAS FACHWERKHAUS
116 AM SCHREIBTISCH
120 SCHREIBMASCHINE

126 ÜBER DIE AUTORIN
127 DANKE

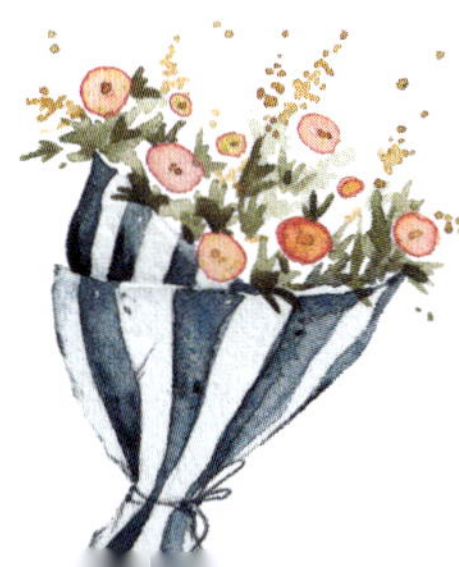

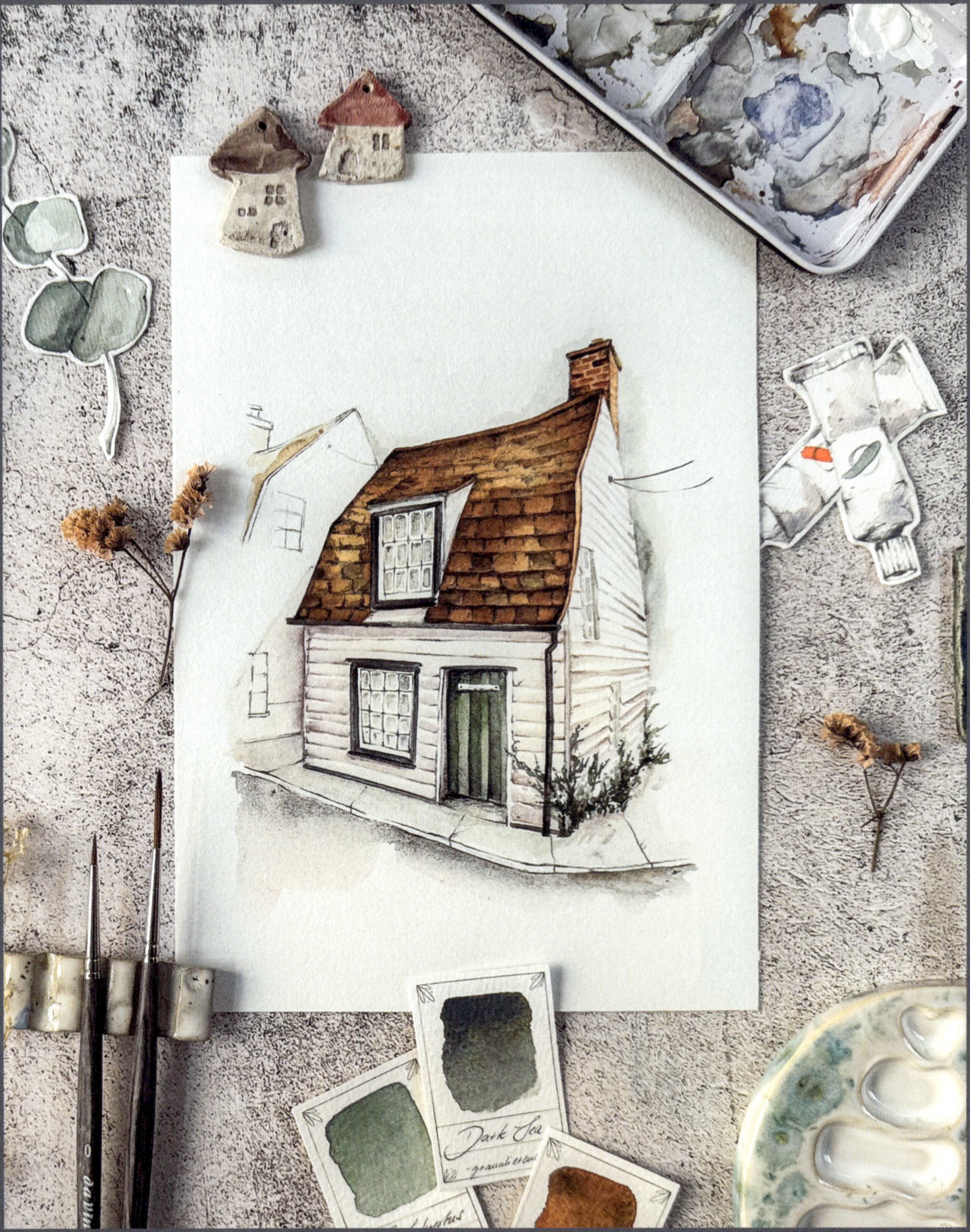

Vorwort

HAST DU DICH AUCH SCHON MAL GEFRAGT,
WIE ES IN EINEM LEUCHTTURM AUSSIEHT? WAS WOHL
HINTER EINEM VERROSTETEN, ALTEN GARTENTOR LIEGT?
UND WELCHE GEMÜTLICHEN RÄUME SICH IN EINEM
FACHWERKHAUS VERBERGEN?

Dieses Buch nimmt dich mit auf eine Reise zu geheimen, atmosphärischen Orten: zu Secret Places. Motiv für Motiv tauchst du weiter in diese Welten ein. Du wirst nicht nur verborgene Szenerien entdecken, sondern auch verschiedene Materialien und Techniken kennenlernen, die du direkt im Motiv anwenden kannst.

Dabei ist die Lust, neue Dinge, Materialien und Perspektiven zu finden und auf deine ganz eigene Entdeckungsreise zu gehen, viel wichtiger, als die verschiedenen Projekte „perfekt“ umzusetzen.

Die Übungen möchten dich dazu inspirieren, mit neugierigen Augen durch den Alltag zu gehen. Alles kann ein Motiv sein, alles kann auf einem unscheinbaren weißen Blatt Papier eingefangen werden. Alles um uns herum steckt voller geheimnisvoller Orte.

Habe keine Angst, etwas „falsch“ zu machen. Das Eintauchen in die Watercolor Welt soll vor allem eins: dir guttun. Lass uns gemeinsam neugierig sein und auf Entdeckungsreise gehen! Mehr als Pinsel, Farben und Papier brauchst du nicht. Und dann wird es nicht lange dauern, bis du deine eigenen Secret Places entdeckst, denn sie lassen sich überall finden. Du musst nur genau hinschauen.

Madeleine

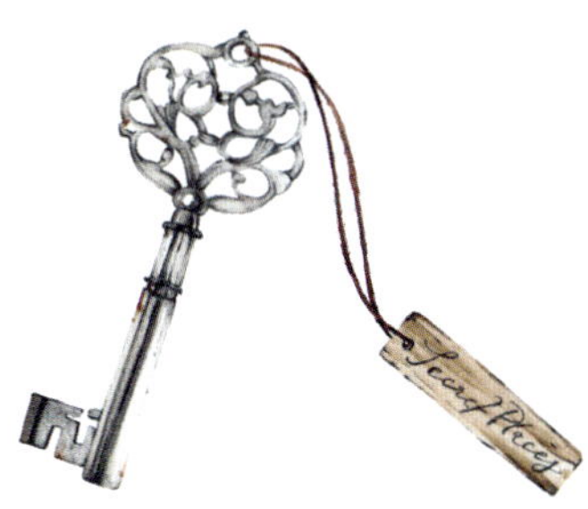

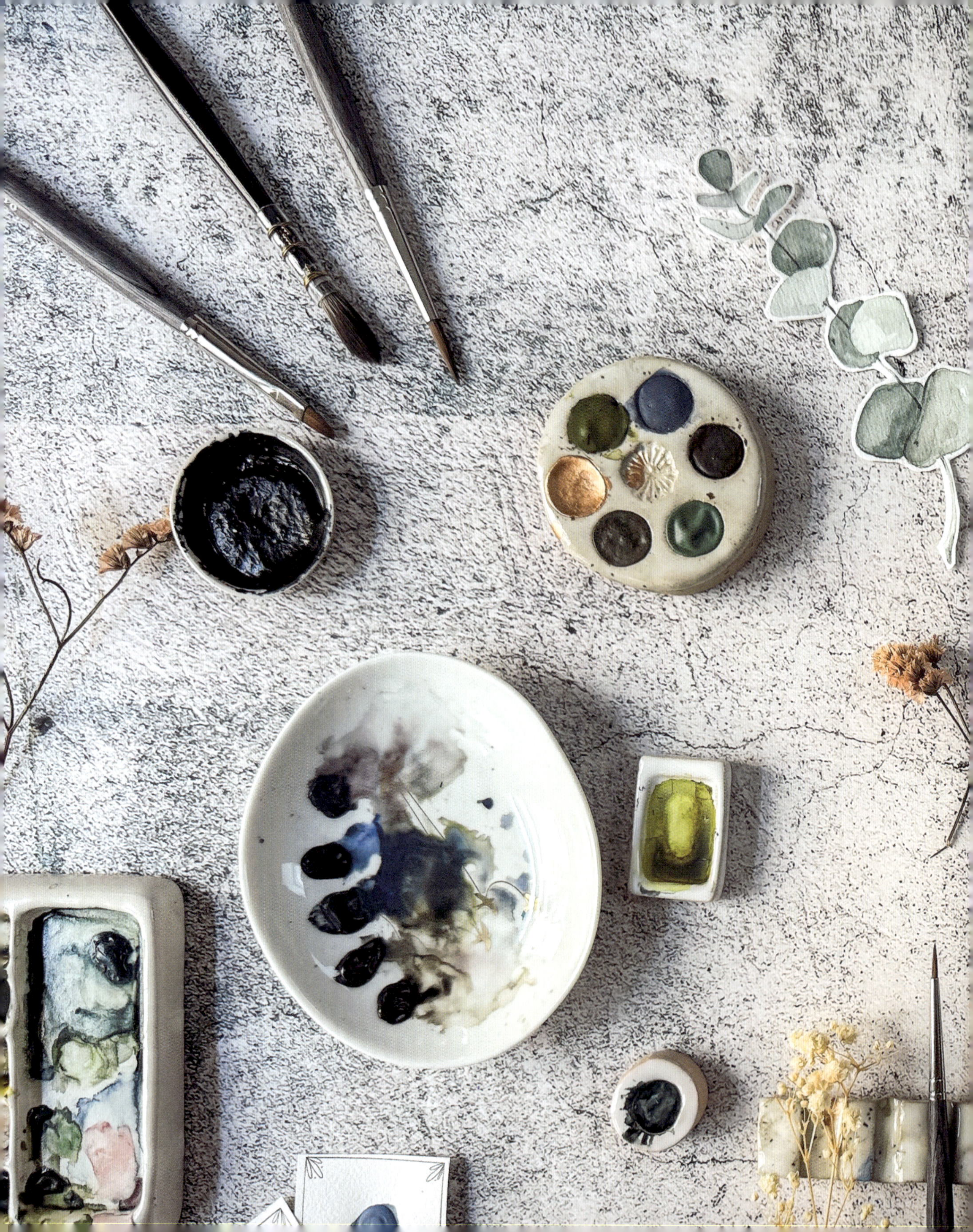

Grundlagen

ES GAB EINE PHASE, IN DER MIR EINE GROẞE STAFFELEI, UNZÄHLIGE FARBTUBEN, VERDRECKTE PINSEL UND WASSERGLÄSER IN EINER WINZIGEN WOHNUNG EINFACH ZU VIEL WURDEN. NICHT IMMER, ODER SOGAR NUR SEHR SELTEN, KANN MAN SEINER KREATIVITÄT VIEL RAUM BEZIEHUNGSWEISE PLATZ GEBEN.

Für mich war der Umgang mit Aquarellfarben in ihren kleinen Näpfchen und ihre Ergiebigkeit eine innerliche Befreiung. Auch die absolut leichte Reinigung der Pinsel mit etwas Wasser überzeugt. Die Farben einfach fließen zu lassen, entschleunigt mich dabei auf eine wunderbare Art und Weise. Das kleine bisschen Platz am Küchentisch reichte plötzlich völlig aus.

Mittlerweile habe ich viele Techniken und Kombinationen mit Aquarell ausprobiert. In diesem Buch möchte ich dir die wichtigsten Grundlagen sowie viele meiner persönlichen Erfahrungen mitgeben.

Denk bitte daran, dass es mir an dieser Stelle nicht um Vollständigkeit der Aquarellgrundlagen geht, sondern ich dir vielmehr zeigen möchte, was sich für mich bewährt hat. Ich möchte dich neugierig machen auf noch mehr kreative Experimente.

Papier

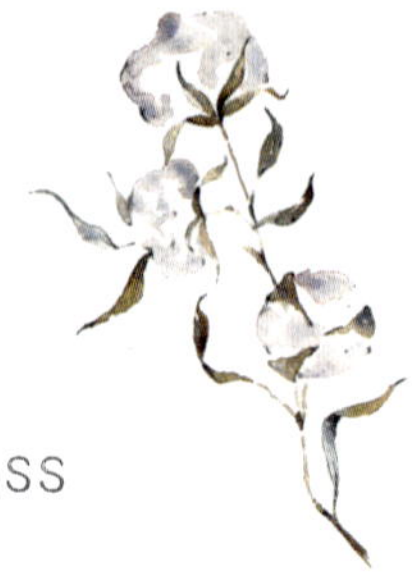

MANCHMAL LIEGT ES EINFACH NUR AM PAPIER. ES GIBT SO VIELE ARTEN VON AQUARELLPAPIER, DASS ES ZU BEGINN SEHR ÜBERFORDERND WIRKEN KANN.

Am Anfang meiner kreativen Reise durch die Watercolor Welt wollte ich natürlich erst einmal ausprobieren, ob das überhaupt etwas für mich ist. Wie wahrscheinlich viele andere auch griff ich zu einem günstigen Aquarellpapier aus der Drogerie und war erstaunt, wie schlecht mir das Aquarellieren gelang.

Falls du schon einmal Ähnliches erlebt hast oder nun vielleicht genau an dieser Stelle stehst: Gib jetzt bloß nicht auf! Denn das Papier und seine Qualität beeinflussen deine Malergebnisse sehr stark.

Oft sind es individuelle Vorlieben, die beim Malen darüber entscheiden, was zu deinem Lieblingspapier wird. Malst du eher großflächig und nass? Arbeitest du lieber filigran oder zusätzlich gerne mit Bunt- und Bleistiften? All diese Faktoren beeinflussen, welche Oberflächenstruktur und welches Aquarellpapier dein Favorit wird.

Bei feinen, filigranen Illustrationen, vor allem in Verbindung mit weiteren trockenen Medien wie dem Buntstift, kannst du gerne zu hot pressed Papier mit seiner glatten Oberflächenstruktur greifen. Eine angeraute Struktur, die viel Wasser hält, also auch ein großflächiges, nasseres Malen gut verträgt, findest du eher bei cold pressed Papier.

Meine absolute Empfehlung ist das Expression Watercolour von Hahnemühle, das aus Baumwollfasern besteht. Viele der Projekte in diesem Buch sind auf diesem Lieblingspapier entstanden. Schaue gerne in die Materialliste eines Motivs, und du wirst auf einen Blick erkennen, auf welchem Papier das Original entstanden ist.

EIN PAPIERTEST

Jetzt wird experimentiert! Der Test soll dir einen ersten Überblick über verschiedene Papiersorten unterschiedlicher Anbieter geben.

Dazu habe ich eine frisch angeriebene Farbe aus zwei Pigmenten gewählt. Sie enthält das granulierende Pigment Ultramarin (PB29) und eine gelbe Erde (PY43). Um eine gute Vergleichbarkeit zu schaffen, habe ich jeweils ein Mischverhältnis von 10 Teilen Wasser und 1 Teil Farbe genutzt. Du siehst hier immer denselben Farbton auf unterschiedlichsten Papieren. Schaue gerne genau hin! Du wirst feststellen, wie unterschiedlich die Granulation des Farbtons wirkt und wie sich die Farbe insgesamt auf dem Papier verhält.

Vielleicht hilft dir dieser Test dabei, dein Lieblingspapier zu finden. Auf ähnliche Weise kannst du auch das Papier testen, das du bereits zu Hause hast. Oder du fragst gezielt bei deinem Händler nach Proben.

Lege eine Box für deine entstandenen Farbkarten an und notiere dir den Namen des Papiers auf der Rückseite. So kannst du jederzeit weiter testen. Wie verhält sich zum Beispiel der Bleistift auf dem Aquarell? Oder ein Fineliner? Welche Strukturen entstehen mit Kohle und Pastellkreiden?

Tipp

Nimm für deine Tests am besten eine granulierende Farbe. Sie zeigt die Unterschiede der Oberflächenstruktur besonders gut.

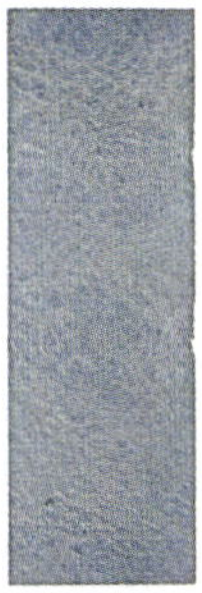

LANA GRAIN TORCHON 300G

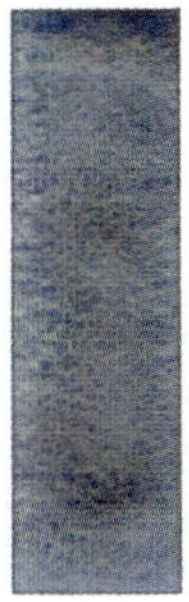

HM VENETO RAU 325G

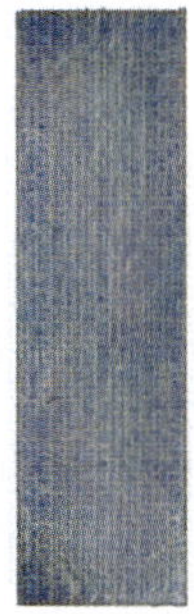

HM CORNWALL RAU 450G

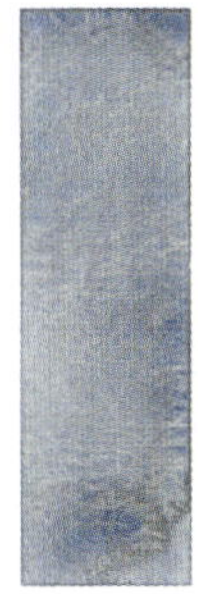

HM BRITANNIA COLD PRESSED MATT 300G

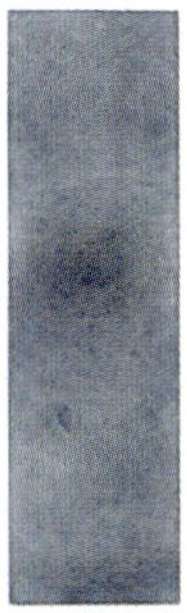

HM AGAVE HADERN 290G

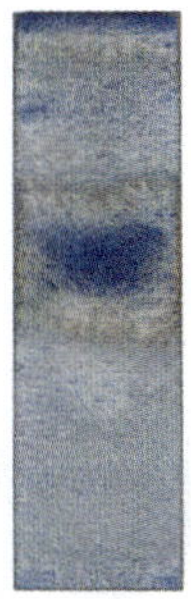

HM ECHT-BÜTTEN PAPIER MATT 200G COLD PRESSED

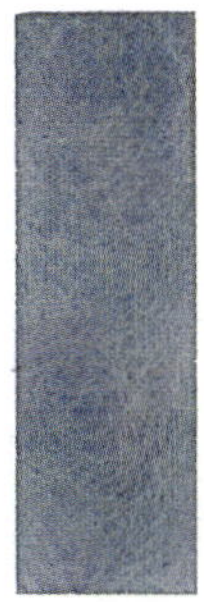

HM ECHT-BÜTTEN PAPIER TURNER 100 HADERN BAUMWOLLE 300G

HM EXPRESSION 300G

HM ECHT-BÜTTEN PAPIER COLD PRESSED MATT 300G

ETCHR COLD PRESS $300G/M^2$

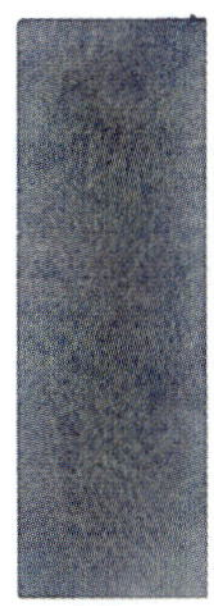

ETCHR HOT PRESS $300G/M^2$

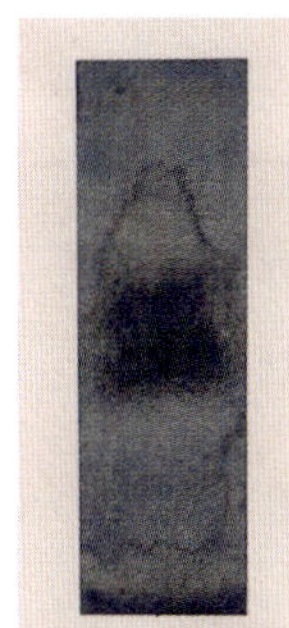

HM - TONED WATERCOLOUR $200G/M^2$

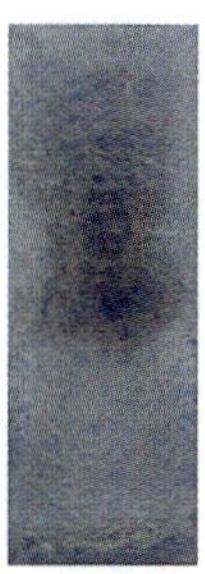

HM BAMBOO MIXED MEDIA $265G/M^2$

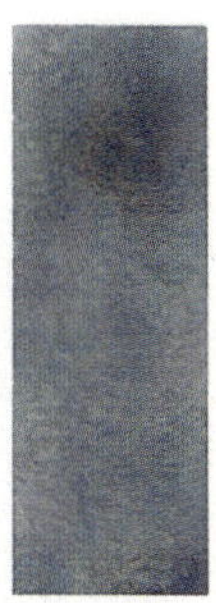

HM CARNET DE VOYAGE $400G/M^2$

LANA BLAU GRAIN FINE $300G/M^2$

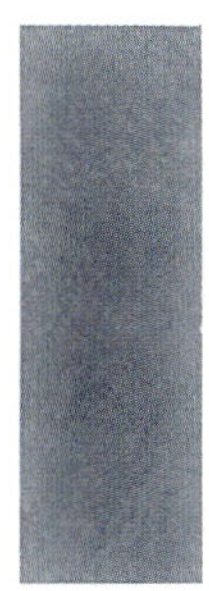

LANA GELB - GRAIN SATINE $300G/M^2$

Pinsel und Pinselübungen

AUS ERFAHRUNG KANN ICH SAGEN: INVESTIERE LIEBER IN FÜNF HOCHWERTIGE PINSEL, ALS DICH DUTZENDE MALE ZU ÄRGERN. DOCH WELCHE FÜNF PINSEL SIND DAS? UND WAS KÖNNEN SIE?

1. VERWASCHPINSEL

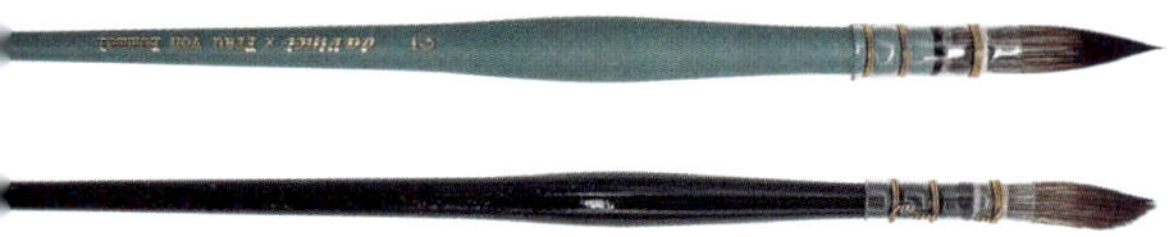

Zum Grundieren eignet sich ein Pinsel mit einem großen Pinselbauch, der viel Wasser und Pigment halten kann. Genau diese Eigenschaften besitzt der Verwaschpinsel. Halte ihn schräg, um Flächen zu kolorieren. Mit der feinen Spitze kann man sehr sauber an Kanten entlanggehen und sogar Details und zarte Linien ziehen.

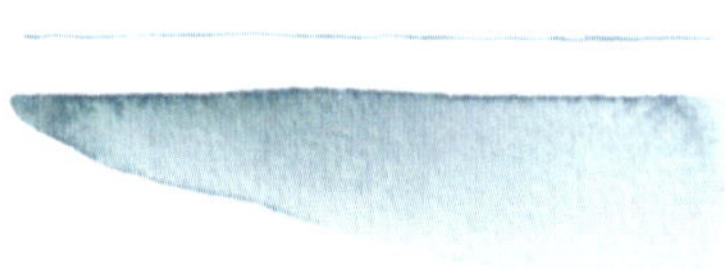

2. RUNDPINSEL

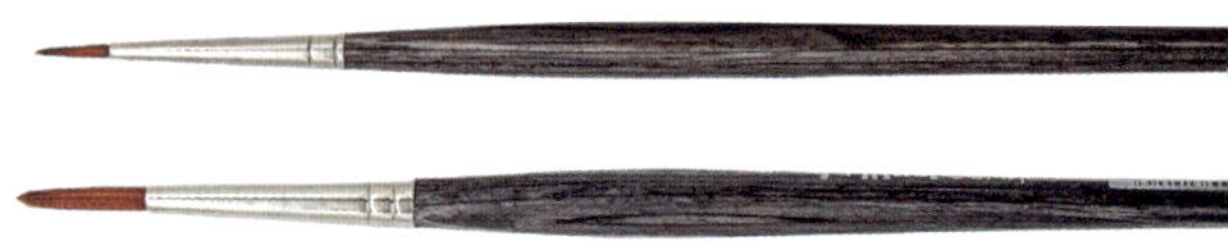

Ob Flächen grundieren, Schatten setzen oder Details andeuten: Der Rundpinsel ist ein Alleskönner. Es gibt ihn in den verschiedensten Größen. Ich empfehle dir einen kleinen und einen mittleren Rundpinsel (Größen 0 und 4).

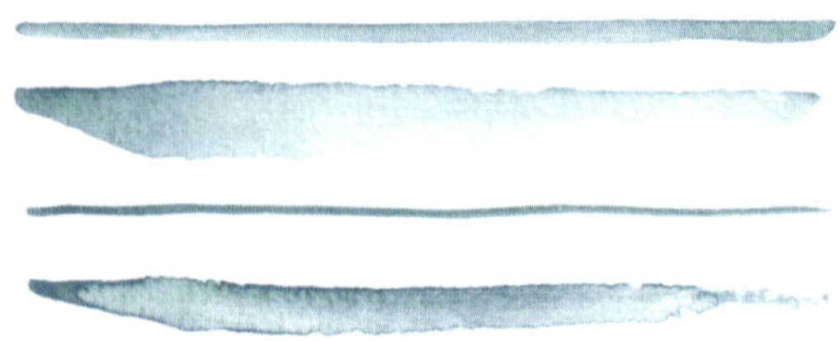

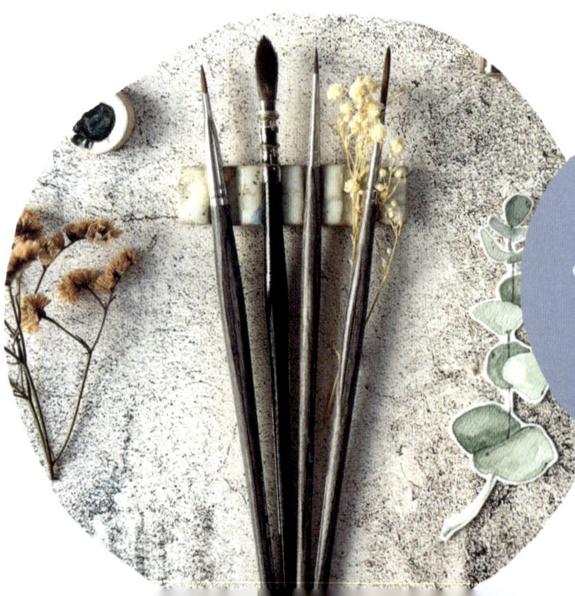

Tipp

Du hast irgendwo noch einen uralten Borstenpinsel oder ein anderes störrisches Exemplar? Wirf ihn nicht weg! Er ist ideal, um Grasbüschel zu illustrieren.

3. SCHLEPPERPINSEL

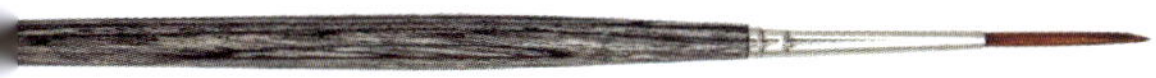

Der Schlepperpinsel fällt durch überlanges Haar auf. Dies hat den Vorteil, dass du damit feinste Linien, aber auch besonders lockere und willkürliche Strukturen wie zum Beispiel für Pflanzen ziehen kannst.

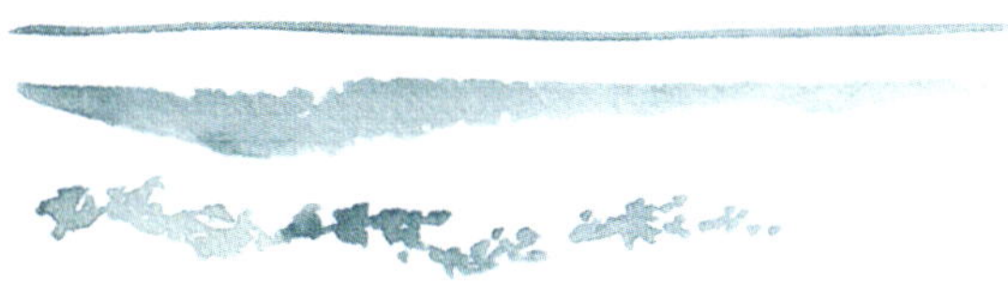

4. FLACHPINSEL

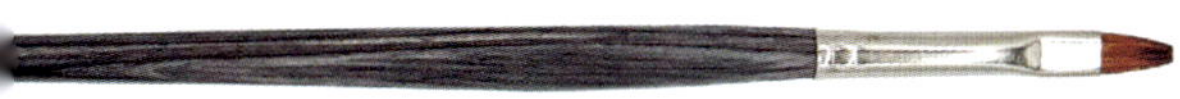

Ein Flachpinsel ermöglicht dir sehr genaues und konkretes Malen. Du kannst ihn ebenso für gleichmäßig breite Streifen nutzen wie für Backsteine, Schornsteine, Fenster und vieles mehr.

5. RETUSCHIERPINSEL

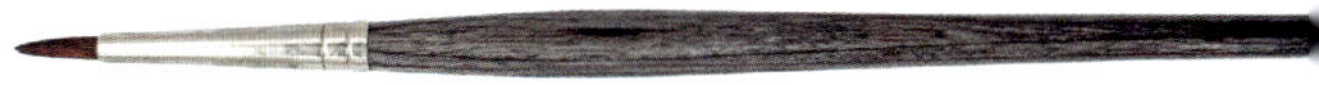

Ein Retuschierpinsel ist eine wundervolle Ergänzung zu deiner Basisausstattung. Im Gegensatz zum Schlepperpinsel fällt er durch stark verkürztes Haar auf. So kannst du ihn besser kontrollieren. Er erinnert dich vielleicht vom Malgefühl her an einen Brushpen. Besonders für den Start in die Watercolor Welt und für feines und sauberes Malen möchte ich dir diese Pinselart ans Herz legen.

Meine Empfehlung

Die COLINEO Reihe ist dem Kolinsky Pinsel mit Rotmarderhaar nachempfunden und hält Wasser perfekt. Nicht nur dieses Buch, auch mein erstes Buch, „Boho Watercolor", ist vollständig mithilfe dieser Pinsel entstanden. Sie sind so vielseitig einsetzbar und langlebig, dass ich sie gerne bei meinen Workshops, zum Einstieg in die Aquarellmalerei und natürlich auch dir sehr empfehlen möchte.

Aquarellfarben und ihre Eigenheiten

ERINNERST DU DICH NOCH AN DEINE SCHULZEIT, ALS DU MIT EINEM STÖRRISCHEN BORSTENPINSEL IN DEINEM WASSERFARBENKASTEN HERUMGERÜHRT UND VIEL ZU DÜNNES PAPIER WELLIG GEMALT HAST? UND AM ENDE WURDE ES SOGAR NOCH BENOTET! VERGISS DAS BITTE GANZ SCHNELL!

Aquarellfarben gehören zu den wasservermalbaren Farben und sind doch ganz anders. Bei keiner anderen Farbart kann man die Pigmente so wunderbar tanzen sehen. Pigmente sind kleinste wasserunlösliche, farbgebende Teilchen. Sie können zum Beispiel aus Erden oder sogar aus Halbedelsteinen bestehen, häufig werden sie aber synthetisch hergestellt.

MYTHEN AUS DER WELT DER PIGMENTE

Es gibt in der Welt der Farben und Pigmente einige spannende und sogar schaurige Geschichten. Ein paar meiner persönlichen Favoriten möchte ich dir hier vorstellen – und ein kleines Quiz daraus machen. Von den fünf Geschichten habe ich mir eine ausgedacht. Auf Seite 125 erfährst du, welche völlig frei erfunden ist.

1. Bis in das Jahr 1925 war Mumienbraun eine gängige Farbe. Der Name beschreibt genau das, woraus sie bestand. Doch irgendwann ging den Farbherstellern der „Rohstoff" aus und die dicke, dunkelbraune Farbe verschwand vom Markt.
2. Tyrischer Purpur ist das teuerste Pigment, das es gibt. Man benötigt 250.000 Purpurschnecken, um 14 Gramm Purpur zu gewinnen. Der Kilopreis liegt derzeit bei ca. 3.000.000 Euro. Zum Vergleich: Echter, reinster Lapislazuli kostet ca. 23.000 Euro pro Kilogramm. Ein richtiges Schnäppchen!
3. Vor der Entwicklung von Titanweiß war Bleiweiß das beliebteste und reinste Weiß. Wen wundert es da, dass es auch in Cremes und Kosmetik landete? Das hochgiftige Pigment führte vor allem im 17. Jahrhundert zu unzähligen bläulichen Hautverfärbungen, Wahnvorstellungen und nicht selten zum Tod. In den USA verbot man es erst 1977.
4. Einige der exotischsten und am weitesten gereisten Pigmente sind die sogenannten Mars-Pigmente, die farblich von einem tiefen, warmen Gelb über Braun bis ins typische Rot und granulierend-magnetische Schwarz gehen können. Pigmente, nicht von dieser Welt, oder?
5. Synthetische Pigmente sind keine Errungenschaft der Neuzeit. Tatsächlich konnten bereits die alten Ägypter wunderschönes blaues Pigment herstellen. Bis heute weiß keiner, wie sie dies bewerkstelligten. Wie vieles in der Geschichte der Farben wird es vielleicht sogar ein glücklicher Zufall gewesen sein …

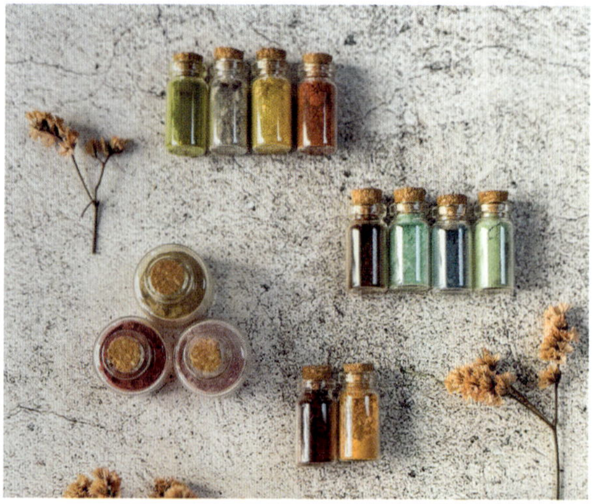

AQUARELLFARBEN FÜR EINEN GUTEN START

Wie ist es möglich, dass es Farbkästen mit 24 Farben von weit, weit weg für weniger als 20 Euro gibt und daneben Kästen in Studien- und Künstlerqualität namhafter Firmen, für die man wesentlich tiefer in die Tasche greifen muss?

Das Geheimnis liegt in der Qualität der Farben. Billige Farben entstehen aus billigen Pigmenten und jeder Menge Füllstoffen. Sie sind meistens nicht besonders lichtecht, sodass sich deine Bilder mit der Zeit verändern, vergilben und verblassen. Es ist rein rechnerisch nicht möglich, für einen so geringen Preis hochwertige und hochpigmentierte Farben herzustellen, die in ihrer Brillanz und Fließeigenschaft auf Dauer deinen Ansprüchen genügen werden.

Auch bei sehr günstigen Mica Farben, also Aquarellfarben mit Schimmer- und Glitzereffekt, kannst du davon ausgehen, dass der Abbau der Schichtsilikate unter keinen guten Bedingungen stattfand. Überlege dir genau, was du wirklich brauchst, und investiere lieber in einige wenige, dafür hochwertige Farben.

Gute Farben werden lange und mehrmals gewalzt oder, im Fall von handgefertigten Farben, lange und sorgsam angerieben. Auf diese Weise verbinden sich alle wertvollen Pigmente mit dem Bindemittel auf Basis von Gummiarabikum (dem wasserlöslichen Saft der Akazie). Qualitätsfarben zeichnen sich auch dadurch aus, dass sie eine sehr hohe Konzentration an lichtechten Pigmenten aufweisen und keine bzw. kaum Füllstoffe enthalten.

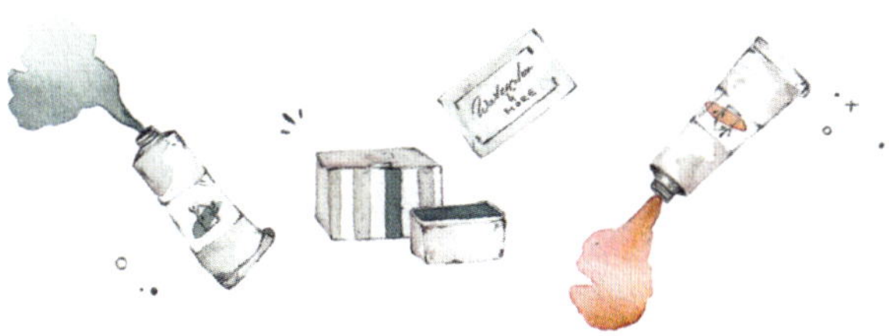

Schaue genau, welche Farbtöne du in deinen Bildern bevorzugst und was dich persönlich anspricht. Lege dir auch einige Grundtöne aus einem Pigment zu, um gut mischen zu können. „Einpigmentfarben" erkennst du daran, dass sie nur einen Pigmentcode tragen und nicht aus verschiedenen Pigmenten gemischt sind. Wenn du dir unsicher bist, welche Farben dir gefallen, empfehle ich dir eine sogenannte Dot Card. Es handelt sich dabei um kleine Farbproben, die du direkt mit Wasser vermalen kannst, um Granulation, Farbverlauf, Verhalten, Anlösbarkeit und Gesamteindruck zu testen. Mithilfe dieser Proben findest du dich leichter in der großen Auswahl zurecht.

In diesem Buch findest du keine genauen Angaben zu Farbnummern oder Herstellern. Zu jedem der Projekte gibt es aber eine Farbpalette in Form von Kreisen, die dir zeigt, welchen Farbton du für welches Motiv brauchst. Warum das so ist? Die Antwort ist ganz einfach: Ich gehöre zu den Paintmakern. Ich fertige meine Farben in alter Handarbeit aus den besten Pigmenten und Bindemitteln nach eigener Rezeptur selbst. Wenn du nun neugierig geworden bist, wie und wo es diese Farben zu sehen gibt oder du sie dir vielleicht sogar zu dir nach Hause holen möchtest, dann schau gerne hier vorbei:

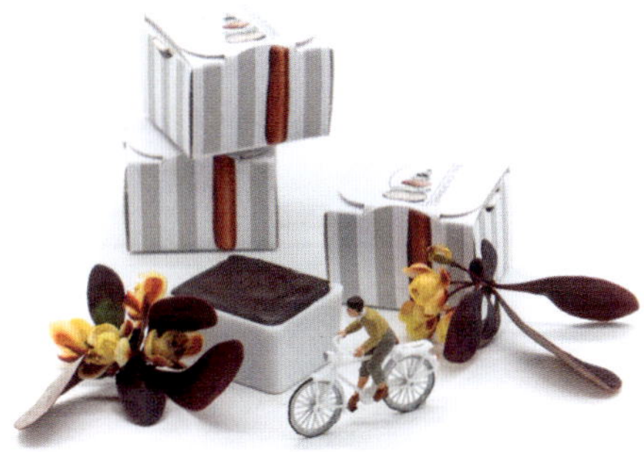

WWW.FRAUVONBOMMEL.DE

Tipp

Bereits mein erstes Buch entstand rein mit meinen handgefertigten Farben. Falls du diese Töne bereits hast, wirst du sie auch für die „Secret Places" wunderbar verwenden können. Alle Farben aus „Boho Watercolor" kommen zum Einsatz und werden nur durch wenige Farbtöne ergänzt.

Grundtechniken

LAVIEREN UND LASIEREN: BESTIMMT HAST DU DIESE BEIDEN BEGRIFFE SCHON EINMAL GEHÖRT. DOCH WANN SETZT DU WAS EIN? UND WIE UNTERSCHEIDEN SIE SICH VONEINANDER?

LAVIEREN UND LASIEREN

Wenn du hochpigmentierte Farbe aufträgst und mit Wasser verwäschst, spricht man von Lavieren. Ein typisches Anwendungsgebiet ist das Malen von Himmel. Feuchte dafür deine Fläche gut an und gib blaue Farbe in den noch nassen Bereich. Je mehr Pigment du hineintupfst, umso farbintensiver wird das Ergebnis. Durch die Feuchtigkeit können sich Pigmente sehr gut auf dem Papier verteilen, sie fließen. Achte jedoch darauf, es mit der Wassermenge nicht zu übertreiben. Lass besser keine „Pfützen" entstehen, sonst bilden sich Wasserränder. Tupfst du nasse Farbe in eine nasse Fläche, begegnet dir häufig auch der Begriff Nass-in-Nass-Technik.

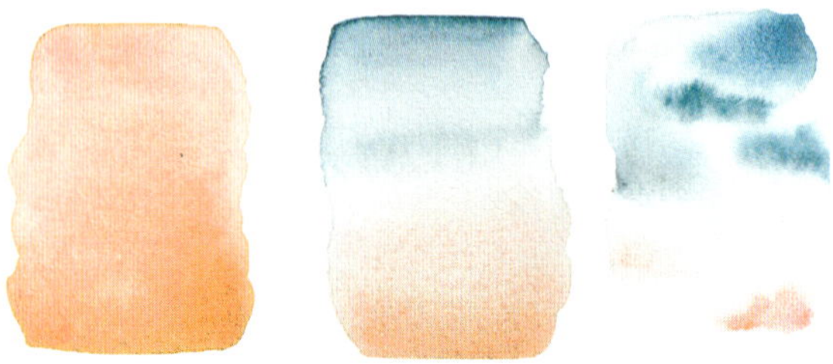

Beim Lasieren setzt du die Farbe Schicht für Schicht ein, malst also nass auf trocken. Diese Technik begegnet dir unter anderem bei Ziegelstrukturen, Lattenzäunen und immer dann, wenn es an die Details geht. Für diesen Lattenzaun ziehst du zunächst mit dem Flachpinsel parallele Streifen, die du gut trocknen lässt. Im Anschluss ziehst du über die Weißräume erneut Streifen, die die Streifen von zuvor teilweise überlappen. Male nicht zu nass, da sich sonst die darunterliegende Schicht anlöst und schwammig wird. Du siehst eine wundervolle Eigenschaft der Aquarellmalerei: Die erste Schicht scheint durch und wird von der zweiten abgedunkelt. Dieser Effekt ist auch bei der Überlappung verschiedener Farbtöne interessant. Durch die Überlagerung entstehen neue Nuancen. Probiere es aus!

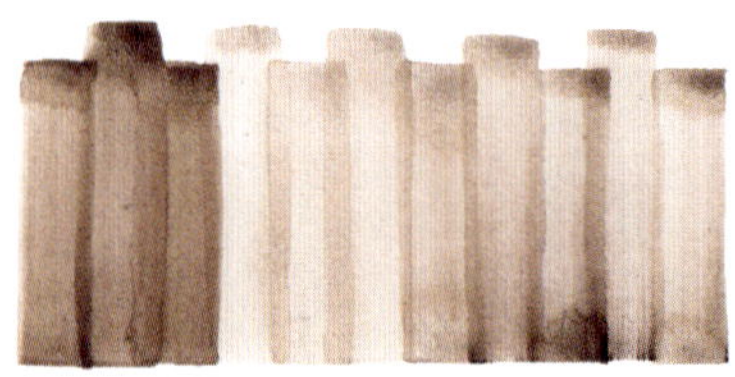

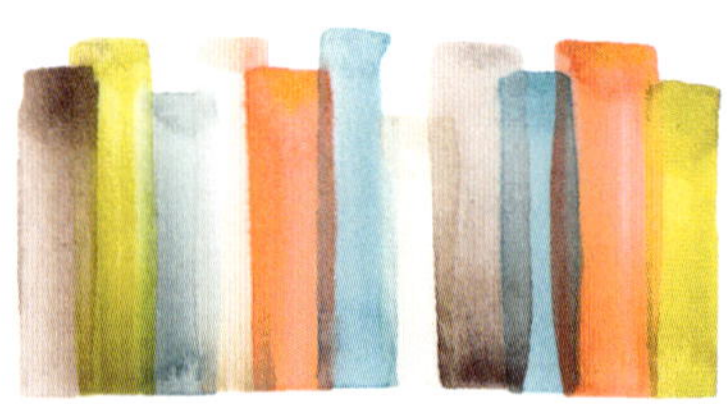

Tipp

Probiere mal destilliertes Wasser als Malwasser aus. Damit machst du es Wasserrändern sehr schwer, überhaupt zu entstehen.

viel Wasser

ideale Wassermenge

wenig Wasser

Weitere Materialien

HAST DU BEREITS VERSUCHT, DIE TECHNIKEN DER AQUARELLMALEREI MIT ANDEREN MEDIEN ZU KOMBINIEREN? ES SPRICHT ABSOLUT NICHTS DAGEGEN, AUF EINE EXPERIMENTIERFREUDIGE ENTDECKUNGSREISE ZU GEHEN. DU WIRST IN DEN FOLGENDEN PROJEKTEN VIELE SPANNENDE ANREGUNGEN FINDEN, UM ZUM BEISPIEL BLEISTIFTE, KOHLE, ESTOMPEN, WASSERVERMALBARE PASTELLKREIDEN UND ANDERE MEDIEN EFFEKTVOLL EINZUSETZEN.

BLEISTIFTE

Bleistifte gibt es in den verschiedensten Ausführungen und Härtegraden. Je weicher ein Bleistift ist, umso dunkler wirkt er. Leider verschmiert er aber auch stärker als ein harter. Zum Skizzieren nutze ich sehr gerne einen Druckbleistift mit HB-Mine, für Details eine weichere Variante.

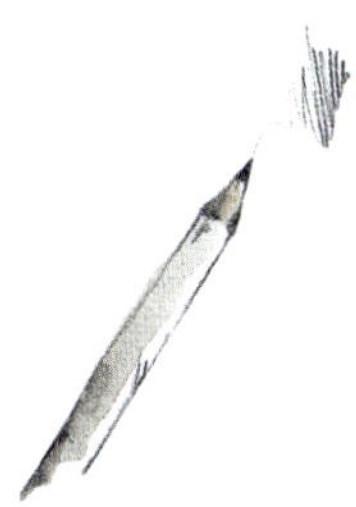

ESTOMPEN

Estompen werden auch Papierwischer genannt, und genau das tun sie. Sie bestehen aus eng zusammengerolltem Papier, mit dem man Bleistifte, Kohle, Pastellstifte und Buntstifte verblenden kann. Mit Schleifpapier lassen sie sich immer wieder neu „anspitzen".

KOHLE

Kohle kann in Aquarellzeichnungen tiefe, fast schon dramatische Schatten erzeugen. Mit dieser trockenen Technik Schatten zu setzen, hat den Vorteil, dass man damit nicht unbeabsichtigt die darunterliegende Aquarellschicht anlöst. Verblende die Kohle gerne mit dem Estompen, um sie weicher wirken zu lassen. Kohlestifte auf Ölbasis verschmieren übrigens nicht ganz so schnell, wie zum Beispiel Zeichenkohle.

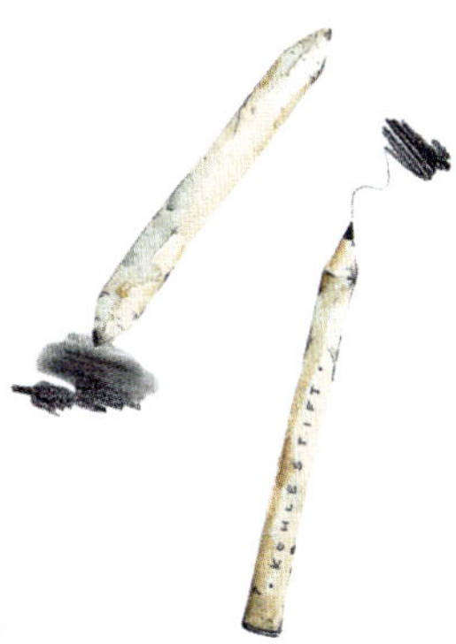

WASSERVERMALBARE WACHSPASTELLE

Durch ihre Form eignen sich die Stifte zum direkten Malen auf Papier. Sie erzeugen gröbere Linien. Versuche doch einmal, damit locker auf einem großen Bogen Skizzenpapier zu malen. Oder du nutzt sie wie Aquarellfarben, löst ein wenig Pigment direkt am Stift an und gibst es auf deine Mischpalette. Die Farben lassen sich wunderbar mit Wasser aufhellen oder direkt auf nasse Flächen malen. Das Ergebnis wirkt auf diese Weise besonders intensiv.

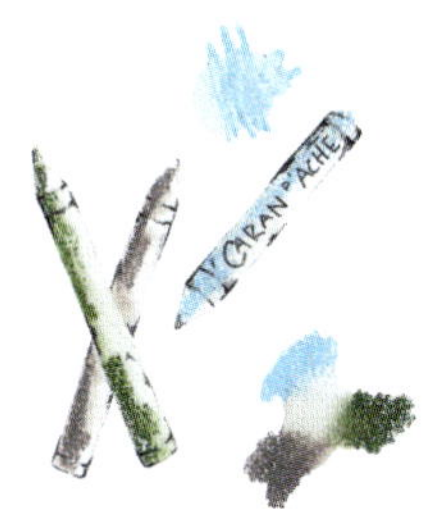

WEITERE HILFSMITTEL

Bestimmt haben sich auch bei dir schon einige Materialien angesammelt. Ob Tinte, Pastellstifte, Stempel oder Marker – deiner Neugier sind keine Grenzen gesetzt. Selbst bei meinen Projekten werden dir einige dieser Tools begegnen. Habe Spaß daran, ab und zu neue Wege zu gehen, doch fühl dich nicht gezwungen, die Bilder 1:1 umzusetzen. Gönn dir selbst den Freiraum, andere kreative Entscheidungen zu treffen und sie nach deinem Geschmack zu realisieren.

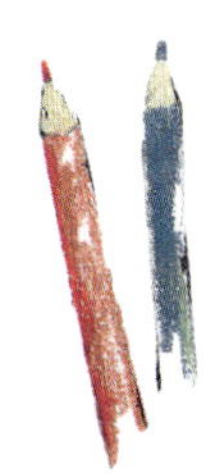

Mein persönlicher Lieblingsshop für Künstlermaterialien, Aquarellpapier in großer Auswahl und alles, was du zur Umsetzung der verschiedenen Techniken vielleicht gebrauchen könntest, ist Gustavson: **www.gustavson.store**

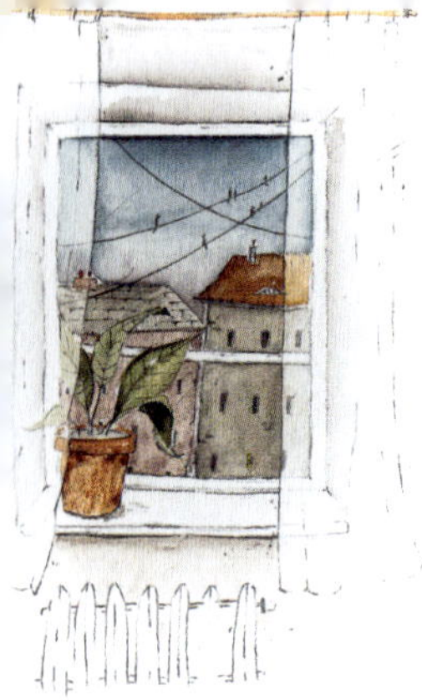

Inspiration ist überall

OB IM URLAUB, IM ALLTAG ODER GENAU JETZT IN DIESEM AUGENBLICK: INSPIRATION FINDEST DU ÜBERALL, AUCH DIREKT VOR DEINER NASE. DOCH WIE FINDET MAN KONKRET IDEEN? WIE GELINGT EINE SKIZZE, UND WIE ENTSTEHT DARAUS EINE WATERCOLOR ILLUSTRATION?

THUMBNAILS

Thumbnails sind Mini-Bilder, nicht viel größer als dein Daumennagel. Sie haben den Vorteil, dass durch den begrenzten Raum nur die wesentlichen und wichtigsten Bildinformationen angedeutet werden können. Ein großes leeres Blatt wie ein Skizzenpapier kann oft überfordernd wirken. Erleichtert wird die Ideensuche, wenn du die Fläche in kleine Vierecke einteilst.

Ein Bleistift oder Fineliner genügt, um grob und locker deine Vorstellungen festzuhalten. Was dir gefällt, hat das Potenzial, als detailliertere Skizze umgesetzt zu werden. Sollte dir die Daumennagelgröße zu klein sein, kannst du sie natürlich etwas vergrößern. Versuch es als Nächstes mit der Länge deines Daumens.

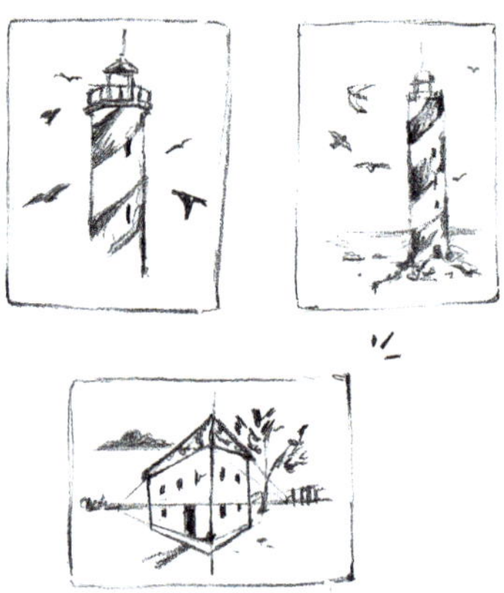

INSPIRATIONSKARTEN

Es ist so schön, auf Reisen neue, unbekannte Orte zu entdecken! Wie beeindruckend sind die fremden Landschaften, die Gebäude, die kleinen Läden. Unser Blick ist frisch und neugierig und saugt alles auf.

Da wir nicht immer im Urlaub sein können, ist es eine tolle Übung, so zu tun, als würde man seinen Wohnort das allererste Mal sehen. Mach einen Spaziergang und nimm dir vor, die Gebäude ganz genau zu betrachten. Wie viele verschiedene Fensterformen entdeckst du? Diejenigen, die dir besonders gut gefallen, legst du anschließend als Inspirationskarten an. Als Karten eignen sich Mini-Aquarellblöcke im Format 8 x 10 cm oder selbst zugeschnittenes Papier. Illustriere auf jeder Karte eines der Fenster. Als Hilfestellung kann dir zum Beispiel ein Foto dienen. Oder du hast Glück und findest bei gutem Wetter eine freie Sitzgelegenheit und kannst direkt vor Ort malen.

Diese Technik lässt sich auf alle möglichen Objekte übertragen. Egal ob Türen, Schornsteine, Dächer, Möbel oder Bäume – deine Sammlung wird beständig wachsen. Beim nächsten Projekt kannst du dann eine Kombination aus verschiedenen Karten zusammenstellen und beispielsweise ein Haus nur aus deinen Lieblingselementen erschaffen.

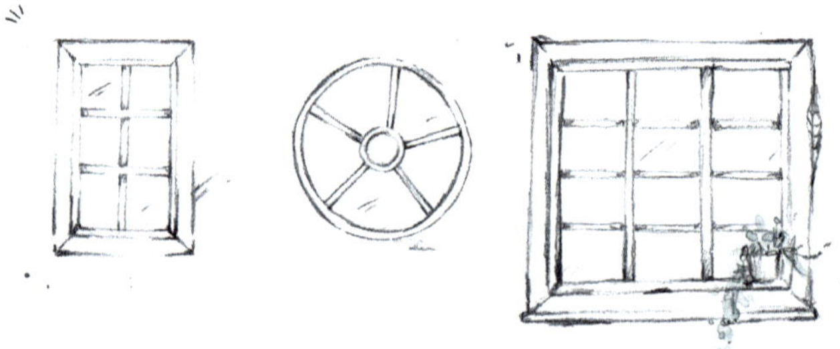

Eine Frage der Perspektive

UM OBJEKTE WIE GEBÄUDE ZU VEREINFACHEN, KANNST DU SIE IN DER FRONTALANSICHT UMSETZEN. SO MUSST DU DICH NUR AUF DIE VORDERE ANSICHT KONZENTRIEREN. DU WIRST SCHNELL ERKENNEN, AUS WELCHEN GRUNDFORMEN UND ELEMENTEN SIE BESTEHT, UND HAST KEINE PERSPEKTIVISCHEN VERZERRUNGEN UND SCHATTENSEITEN.

Häuser mit Perspektive umzusetzen, ist jedoch reizvoller. Dafür bestimmst du Fluchtpunkte, also Punkte, auf die die Geraden zulaufen. Diese können auch außerhalb des Papiers liegen. Sie zeigen dir an, wie sich Fenster, Türen, Dächer und das Fundament verzerren. Um das zu üben, eignen sich Fotos von schönen Häusern, die du sowohl frontal als auch in verschiedenen Perspektiven aufnimmst.

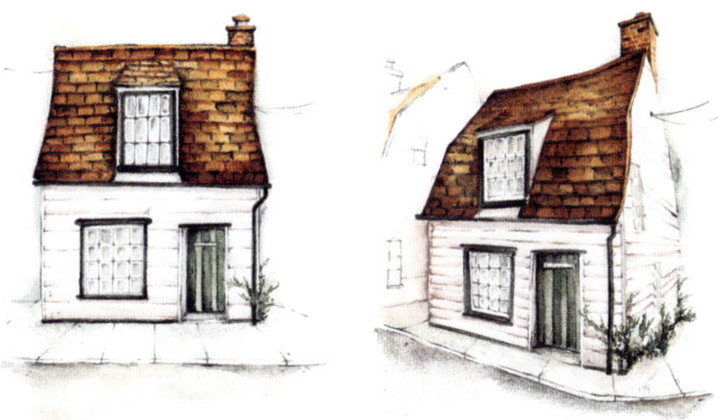

ÜBUNGSOBJEKT MILCHPACKUNG

Ist dir schon einmal aufgefallen, dass Milch- oder Saftpackungen aussehen wie Häuser? Das kannst du nutzen, denn im Gegensatz zum Haus passt die Getränkepackung prima auf deinen Zeichentisch. Schau genau, wie sich beim Drehen der Winkel verändert, die Linien sich optisch verkürzen oder sich Schatten bilden. Skizziere die verschiedenen Positionen.

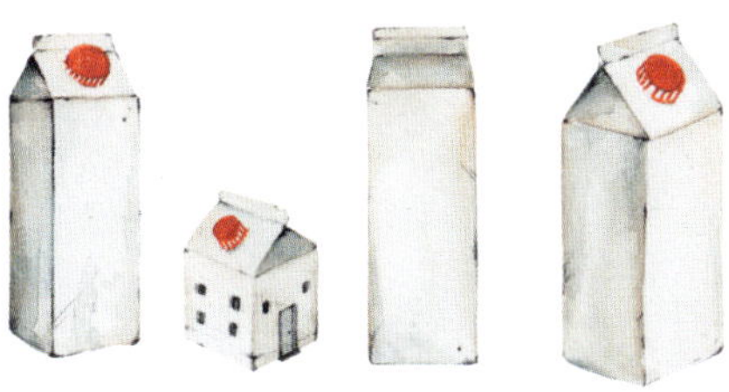

HORIZONTLINIE & FLUCHTPUNKT

Möchte man Perspektiven verstehen, kommt man nicht darum herum, sie auszuprobieren. Mach es dir dabei so einfach wie möglich. Denn, sobald du das Grundprinzip verstanden hast, ist jeder beliebige Blickwinkel im Handumdrehen umgesetzt.

1. Zeichne ein einfaches Quadrat mit einer Seitenlänge von je 3 cm. Du kannst natürlich ein Lineal benutzen.
2. Ziehe die Horizontlinie, hier in Rot. In den Beispielen siehst du den mittigen (normalen) Horizont, einen nach unten versetzten (Froschperspektive) und einen oberhalb des Quadrats (Vogelperspektive).
3. Lege auf dieser roten Horizontlinie einen Fluchtpunkt fest.
4. Auf diesen Punkt laufen jetzt alle Linien des Quadrats zu. So entsteht fast von allein ein dreidimensionaler Körper in verschiedenen Perspektiven.

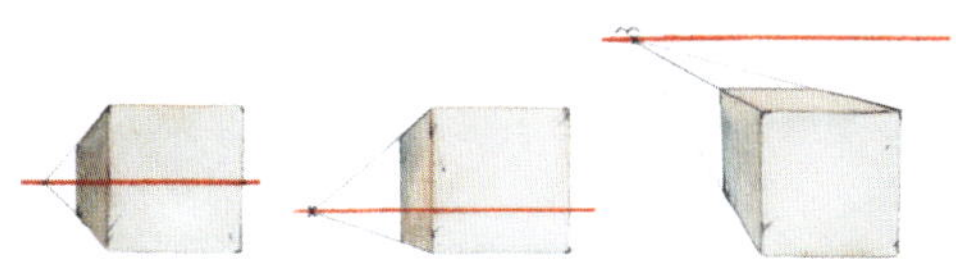

5. Das Ganze funktioniert auch mit zwei Fluchtpunkten. Fenster und Türen lassen sich auf diese Weise perspektivisch verzerrt konstruieren.

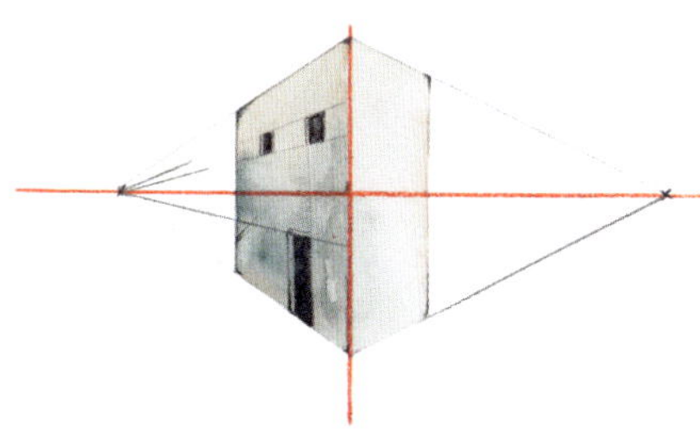

Der eigene Stil

EINE DER AM HÄUFIGSTEN GESTELLTEN FRAGEN, DIE MIR BISHER BEGEGNET IST, IST DIE, WIE MAN SEINEN STIL FINDET. SIE LÄSST DIE MEISTEN, BESONDERS ZU BEGINN IHRER KREATIVEN REISE, UNNÖTIG VERKOPFEN. DENN ICH KANN DIR SAGEN: DU MUSST DEINEN STIL NICHT FINDEN, ER FINDET DICH.

Mit jedem Bild, das du malst, mit jeder Technik und jeder Farbe, die du ausprobierst, wirst du für dich persönlich feststellen, was du magst. Und natürlich wirst du auch herausfinden, was du nicht magst. All diese kleinen Entscheidungen werden deinen Stil formen.

Wie du ganz persönlich die Welt um dich herum wahrnimmst, wird sich ebenfalls in deinen Bildern widerspiegeln. Seinen eigenen Stil zu finden, ist jedoch kein Prozess, der an einem bestimmten Tag abgeschlossen ist, er wird dich dein ganzes kreatives Schaffen über begleiten. Dein Stil wird sich verändern und immer wieder neu erfinden. Du darfst also neugierig bleiben, wohin dich deine Reise führt.

Im Übrigen ist es fantastisch, wenn du dich an Büchern orientierst, an Workshops teilnimmst und Vorlagen verwendest. Niemand würde von einem Musikschüler erwarten, dass er in seiner ersten Klavierstunde ein komplett in Eigenregie entstandenes Stück komponiert. Er wird zunächst damit starten, Noten zu lesen, Tonleitern zu üben und die Werke großer Komponisten zu studieren. Es gibt keinen Grund, warum dies in der Welt der Farben anders sein sollte.

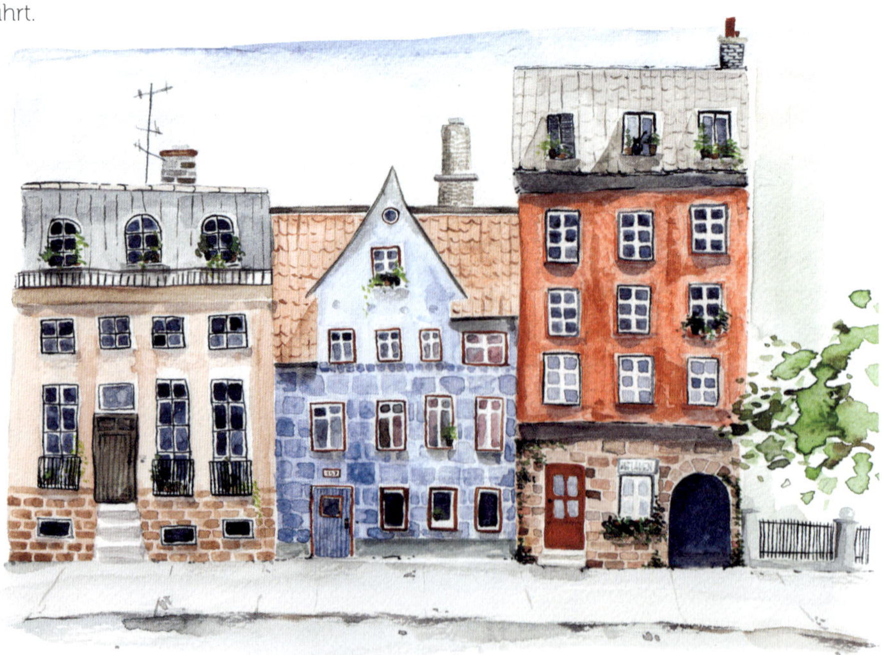

Einer meiner ersten Versuche, ein urbanes Motiv mit Aquarell zu malen aus dem Jahr 2020. Gar nicht so lange her, oder?

Vorlagen

ZU JEDEM PROJEKT IN DIESEM BUCH FINDEST DU VORLAGEN, DIE ES DIR ERLEICHTERN SOLLEN, DIE MOTIVE UMZUSETZEN. DU FINDEST SIE AUF DEM HERAUSNEHMBAREN POSTER GANZ AM ENDE.

Die Vorlagen kannst du mithilfe von Transfertechniken auf dein Aquarellpapier übertragen, zum Beispiel mit einem Lightboard oder ganz unkompliziert mit radierbarem Grafitpapier. Solltest du beides nicht zur Hand haben, schraffierst du mit einem weichen Bleistift die Rückseite deiner Motivvorlage und fixierst sie mit etwas Washi Tape oder sanftem Malerkrepp mit der Rückseite auf deinem Aquarellbogen. Nun ziehst du mit einem Bleistift oder angespitztem Buntstift alle Linien nach. Durch das Grafit übertragen sich die Linien auf deinen Bogen Papier. Bei zu dunklen Linien hilft es, sie sanft mit einem Knetradiergummi abzunehmen. Durch leichtes Tupfen reduzierst du die Stärke deiner Orientierungslinien.

Wenn du im Vorzeichnen bereits geübt bist, reicht dir eine kleine Vorskizze am Beginn jedes Projekts aus, um dein Blatt einzuteilen und das Motiv in deinem Stil nachzuempfinden.

Tipp

Noch detailliertere Vorlagen, Farbinspirationen und Extra-Material kannst du dir unter bit.ly/secret-places-watercolor als PDF herunterladen.

DAS GEHEIME SKIZZENBUCH

Du darfst kopierte Werke deiner liebsten Künstler weder als deine eigenen ausgeben noch ohne deren Zustimmung veröffentlichen. Und natürlich darfst du sie nicht kommerziell vermarkten. Aber an dieser Stelle verrate ich dir etwas: Male sie trotzdem! Das ist eine wunderbare Übung.

Lege dir dazu ein geheimes Skizzenbuch an und studiere die Bilder, die dich in den Bann ziehen. Was macht sie für dich so besonders? Ist es die Farbwahl oder die Technik? Vielleicht ist es auch eine besondere Perspektive oder ein Gefühl, das sie einfangen. In deinem Buch kannst du nicht nur genau diesen Fragen auf den Grund gehen, sondern dich auch von dem Druck, deine Ergebnisse jemandem zeigen zu müssen, lösen. Dieses persönliche Skizzenbuch bleibt bei dir, ist dein Secret Place. Also lass Uhren schmelzen, die Mona Lisa breit grinsen oder seltsame Gestalten auf Brücken schreien!

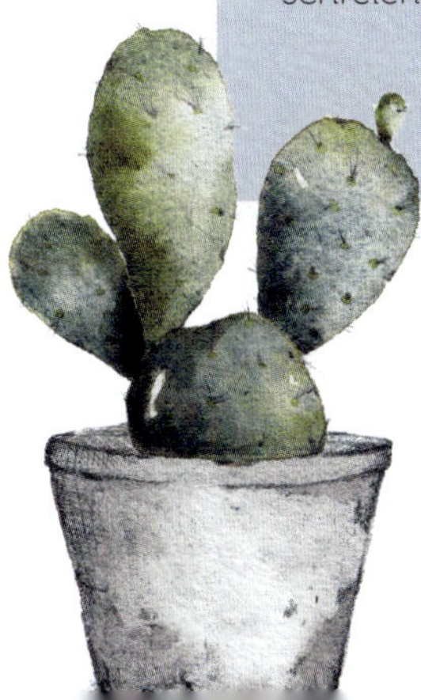

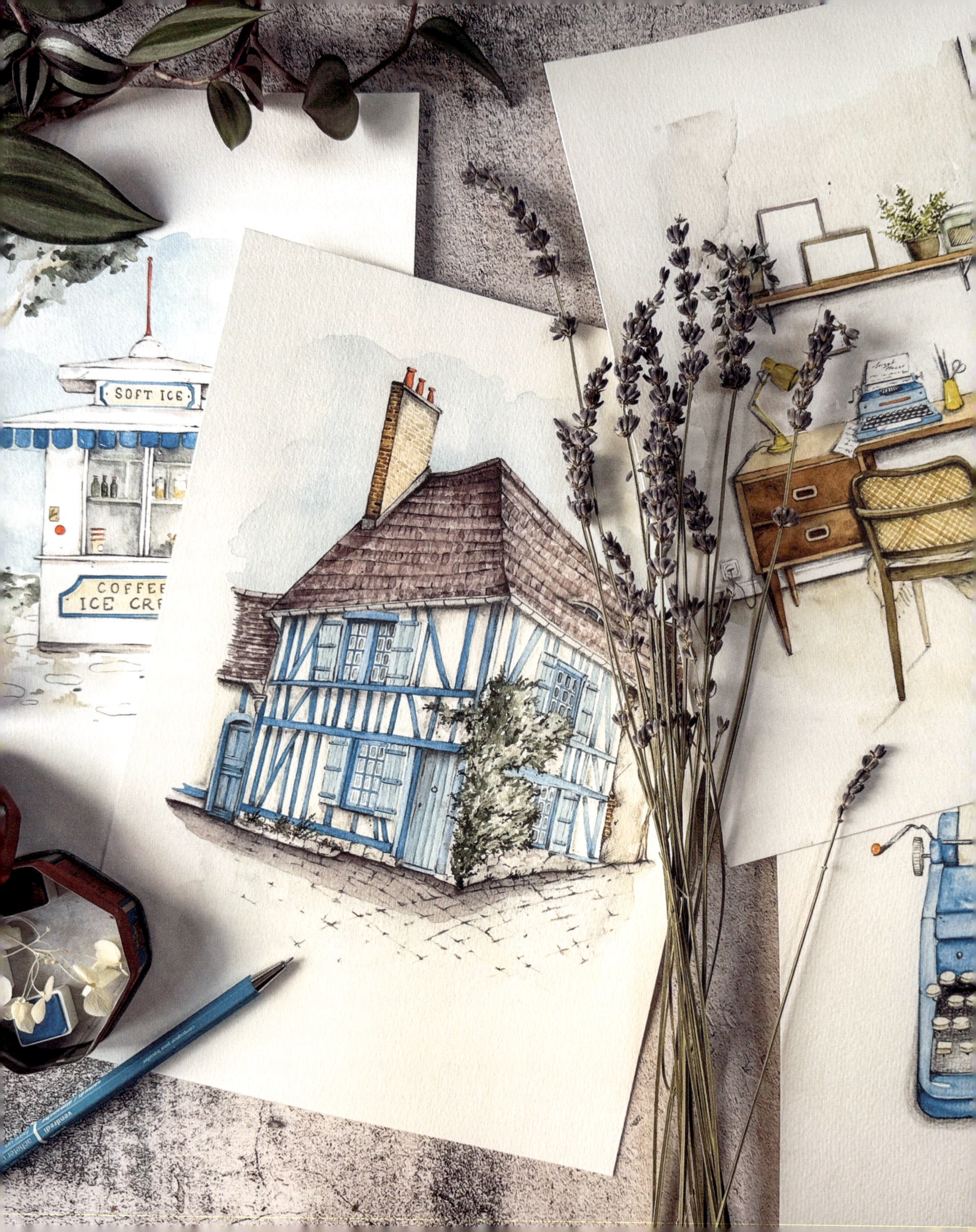
SOFT ICE

Projekte

NUN BEGINNT DAS ABENTEUER! STEIG EIN IN DEN ALTEN BLAUEN WAGEN, IN DEM ES SO WUNDERVOLL NACH BLUMEN DUFTET, UND ENTDECKE MIT MIR GEMEINSAM DIE ATMOSPHÄRISCH SCHÖNEN WELTEN DER SECRET PLACES. GUTE REISE!

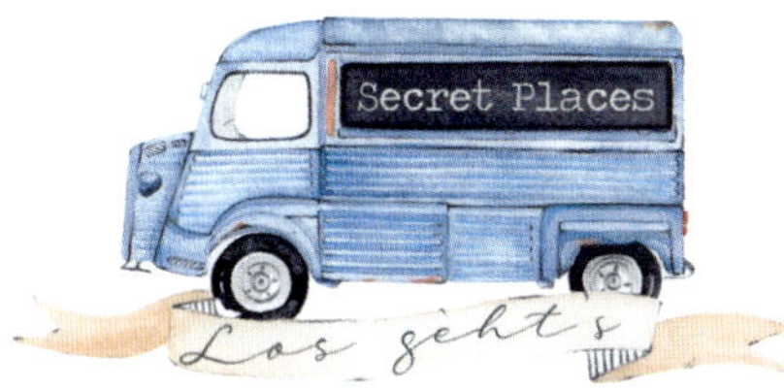

Die Projekte in diesem Buch bieten dir nicht nur Motivideen zu geheimen Orten, sondern auch viele Übungen. Es kann sich lohnen, sie umzusetzen, ehe du mit den eigentlichen Motiven beginnst.

Die Vorübungen erleichtern den Einstieg in die Watercolor Welt. So kannst du die später angewendeten Techniken zunächst ausprobieren und üben. Unsicherheiten, die du vielleicht noch hast, sind auf diese Weise schnell überwunden.

Nimm dir für die Projekte Zeit. Orientierung findest du in den Uhrensymbolen. Sie zeigen dir, wie komplex und detailverliebt eine Illustration ist. Eine Uhr steht für Illustrationen, die du an einem einzigen verregneten Nachmittag umsetzen kannst. Drei Uhren stehen für hohe Komplexität. An diesen Bildern malst du eine längere Zeit, die du dir auch auf mehrere Tage aufteilen kannst, in denen du in den Details versinken und Stück für Stück ohne Druck deinen Secret Place entstehen lässt. Du bestimmst das Tempo, mit dem du dich wohlfühlst und das in deinen Alltag passt.

KLEINER AUFWAND

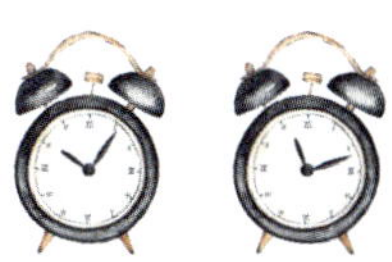

MITTLERER AUFWAND

GRÖßERER AUFWAND

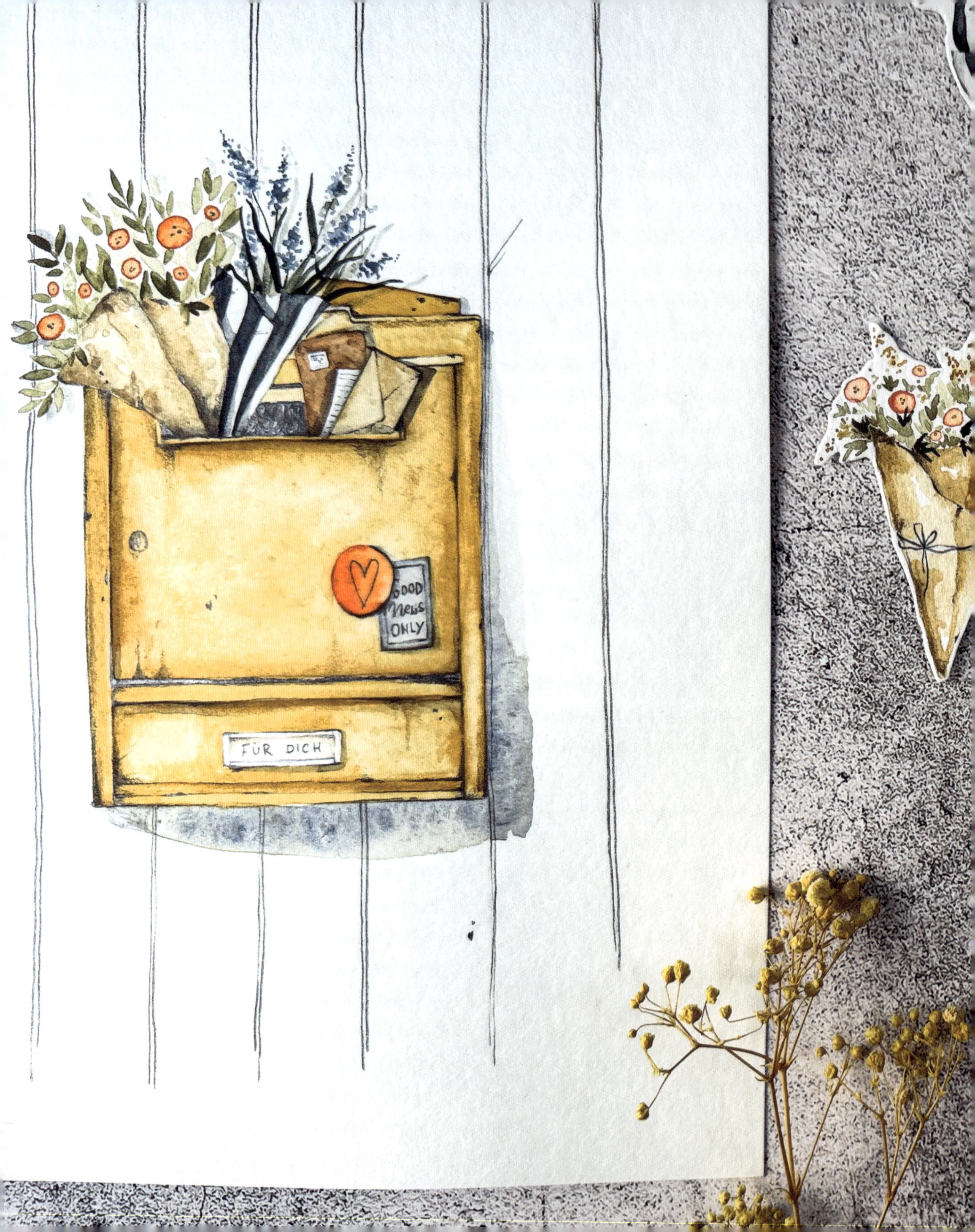
GOOD NEWS ONLY
FÜR DICH

Unterwegs im Blumenwagen

BIST DU BEREIT? LASS DEN ALLTAG HINTER DIR UND BEGINNE DEINE REISE IN DIE WELT DER TANZENDEN PIGMENTE UND SPANNENDEN MATERIALIEN. LASS DICH AN GEHEIMNISVOLLE ORTE ENTFÜHREN.

ÜBUNGSSEITE

BEVOR DU MIT DEN HAUPTMOTIVEN STARTEST, FINDEST DU AN JEDEM KAPITELANFANG INSPIRIERENDE AUFGABEN. SIE EIGNEN SICH NICHT NUR DAZU, SICH EIN WENIG WARM ZU MALEN, SONDERN AUCH, UM NEUE TECHNIKEN UND MEDIEN ZU ENTDECKEN. DABEI SIND SIE SO AUF DIE MOTIVWELTEN ABGESTIMMT, DASS DU DAS NEU GELERNTE GLEICH PRAKTISCH ANWENDEN KANNST.

ÜBUNG 1

Metalleimer

Skizziere drei einfach gehaltene Eimer. Um Metall zu illustrieren, kommen verschiedene Medien infrage.

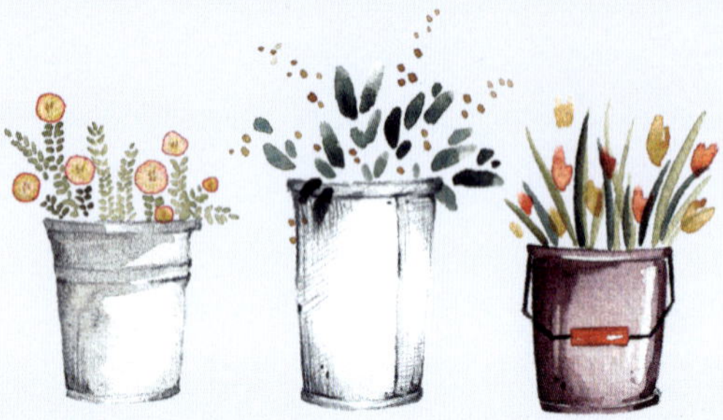

Der erste Eimer ist mit grafitgrauer Aquarellfarbe koloriert. Achte darauf, ein paar weiße Stellen stehenzulassen und an den Rändern dunkel zu werden. Das funktioniert besonders gut mit einem Verwaschpinsel, den du entlang der Eimerkante im flachen Winkel ziehst.

Der zweite Eimer erhält seine Metall-Optik durch einen HB-Bleistift. Schraffiere die Seiten mit kurzen, eng aneinanderliegenden Strichen. Betone mithilfe eines weichen Bleistifts (B) die Schattenpunkte und Metallnähte.

Beim dritten Eimer nutzt du Neutraltinte. Solltest du diesen Farbton nicht besitzen, kannst du ihn ganz einfach mischen, indem du alle drei Primärfarben kombinierst. Es entsteht ein dunkler Ton, der nicht ganz so hart wie reines Schwarz wirkt. Nutze einen Rundpinsel.

ÜBUNG 2

Little Flowers

Um das Illustrieren von Blumensträußen zu üben, malst du einen Strauß in drei verschiedenen Formen.

Das Packpapier deutest du mit einem erdigen Farbton wie Umbra grünlich an. Nutze dazu einen Rund- oder Retuschierpinsel. Arbeite dunkle Stellen ein, die das Papier knittrig erscheinen lassen. Mit Bleistift ergänzt du nach dem Trocknen eine Schnur mit Schleife.

Die Blüten gelingen mit dem Retuschierpinsel, da sich sein kurzes Haar perfekt kontrollieren lässt.

Bei dem Strauß im Eimer kannst du deine liebste Technik aus der ersten Übung wiederholen. Bei mir ist es eine Mischung aus grafitgrauer Aquarellfarbe und Bleistift. Lass ein wenig Packpapier aus dem Eimer blitzen und ergänze ein Preisschild.

Besonders schön wirkt eine gestreifte Papierumwicklung. Die weißen Streifen färbst du mit schwach pigmentierter Aquarellfarbe. Nachdem sie getrocknet sind, ergänzt du die dunklen Streifen mit einem blaugrauen Aquarellton (z. B. Indigo oder Dark Sea). Füge ein paar lockere Blätter und kugelige Blütenköpfe hinzu.

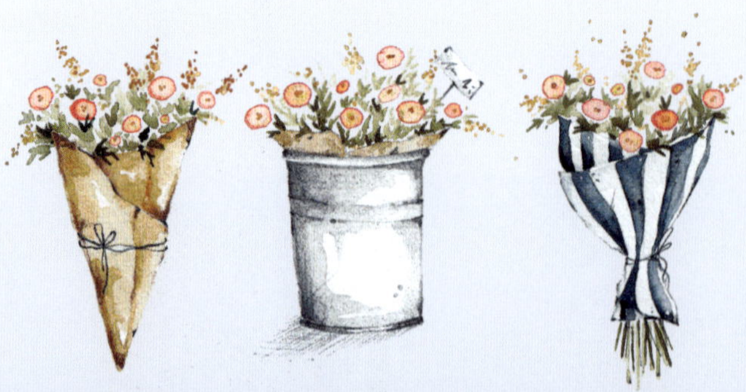

ÜBUNG 3

Mix mit Gouache

Gouache und Aquarellfarben gehören zu den wasserlöslichen Farben, sie sind sozusagen miteinander verwandt. Der größte Vorteil der pastösen Tubenfarbe ist ihre deckende Eigenschaft. Im Gegensatz zum Aquarellieren, bei dem du von hell nach dunkel arbeitest, ist Gouache in der Lage, auch von dunkel nach hell zu kommen. Wie viele Gouachefarben brauchst du, um diesen positiven Effekt zu nutzen?

Die Antwort lautet: genau eine, Titanweiß. Du kannst diese weiße Farbe mit deinen Aquarellfarben eintönen. Gib dazu ein wenig Gouache auf eine Mischpalette. Deine Aquarellfarbe löst du gut an und gibst etwas davon zur Gouachefarbe. Nutze dafür einen Rund- oder Retuschierpinsel und reinige ihn anschließend gründlich mit Wasser. Auf diese Weise entstehen viele zarte, pastellfarbene Töne. Viel Spaß beim Mischen!

ÜBUNG 4

Bleistiftelemente

Hast du schon einmal probiert, die skizzenhaften Eigenschaften von Bleistiftzeichnungen mit deinen Watercolor Illustrationen zu verbinden? Die fließenden, sanften Farben mit konkreten Linien zu verbinden, erschafft einen reizvollen Gegensatz.

Nimm für diese Übung Reststücke verschiedener Aquarellpapiere als Grundlage. Sehr raue Papiere erzeugen fast schon krakelige, durchbrochene Linien. Präzisere Ergebnisse erhältst du auf Aquarellpapier mit feinerer Oberflächenstruktur, wie auf Expression Watercolor von Hahnemühle oder auf satiniertem hot pressed Papier.

Teste auch verschiedene Bleistifte. Die Stärke HB eignet sich gut zum Vorzeichnen, dunkler und intensiver wird das Bild mit der Stärke B. Oft sieht man auch Bezeichnungen wie 2B, 6B und sogar 10B. Je höher die Zahl, umso weicher der Bleistift. Und je weicher ein Bleistift, umso weniger Bleistiftton wurde beigemischt. Der Grafitanteil ist also höher. Das macht den Bleistift optisch dunkler und intensiver, lässt die Farbe jedoch auch schneller verschmieren. Ein wenig Fixativ, zum Beispiel von Schmincke, wirkt dem entgegen.

Schnappe dir deine Bleistifte in HB und B und skizziere locker einen Topf mit Lavendelblüten. Nutze für eine Hälfte einen HB-Bleistift und für die andere einen B. So bekommst du ein gutes Gefühl für die Unterschiede.

Tipp

Um sich das ständige Anspitzen zu ersparen, empfehle ich dir Druckbleistifte. Auch hier gibt es Minen in verschiedenen Härtegraden.

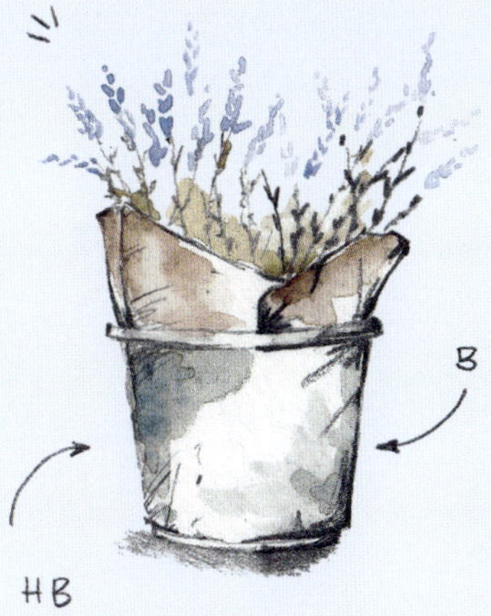

Am FELDRAND

PLÖTZLICH STAND ER DA AM RAND DES FELDES. ANGELOCKT VOM DUFT DER SCHÖNSTEN BLUMEN, SCHLEICHST DU DICH IMMER NÄHER HERAN. WOHIN DIESER WAGEN WOHL FÄHRT? STEIG DOCH EINFACH EIN UND FINDE ES HERAUS.

FARBEN

PINSEL

- Verwaschpinsel
- Rundpinsel
- Schlepperpinsel
- Retuschierpinsel

MATERIAL

- Hahnemühle Expression, Originalformat A4
- weiße Gouache
- Washi Tape
- (Druck-)Bleistift
- evtl. Küchentuch

VORLAGE

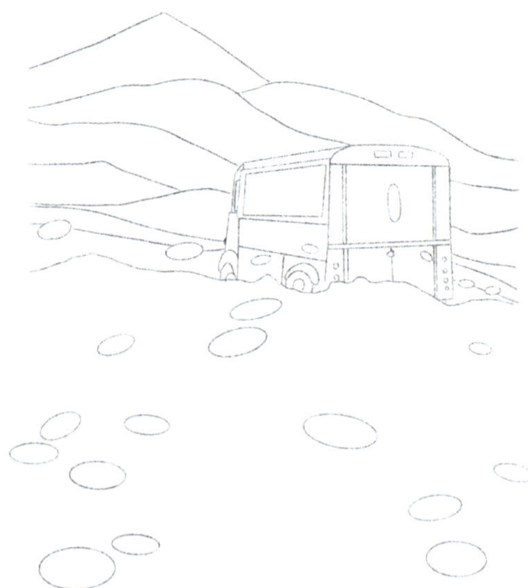

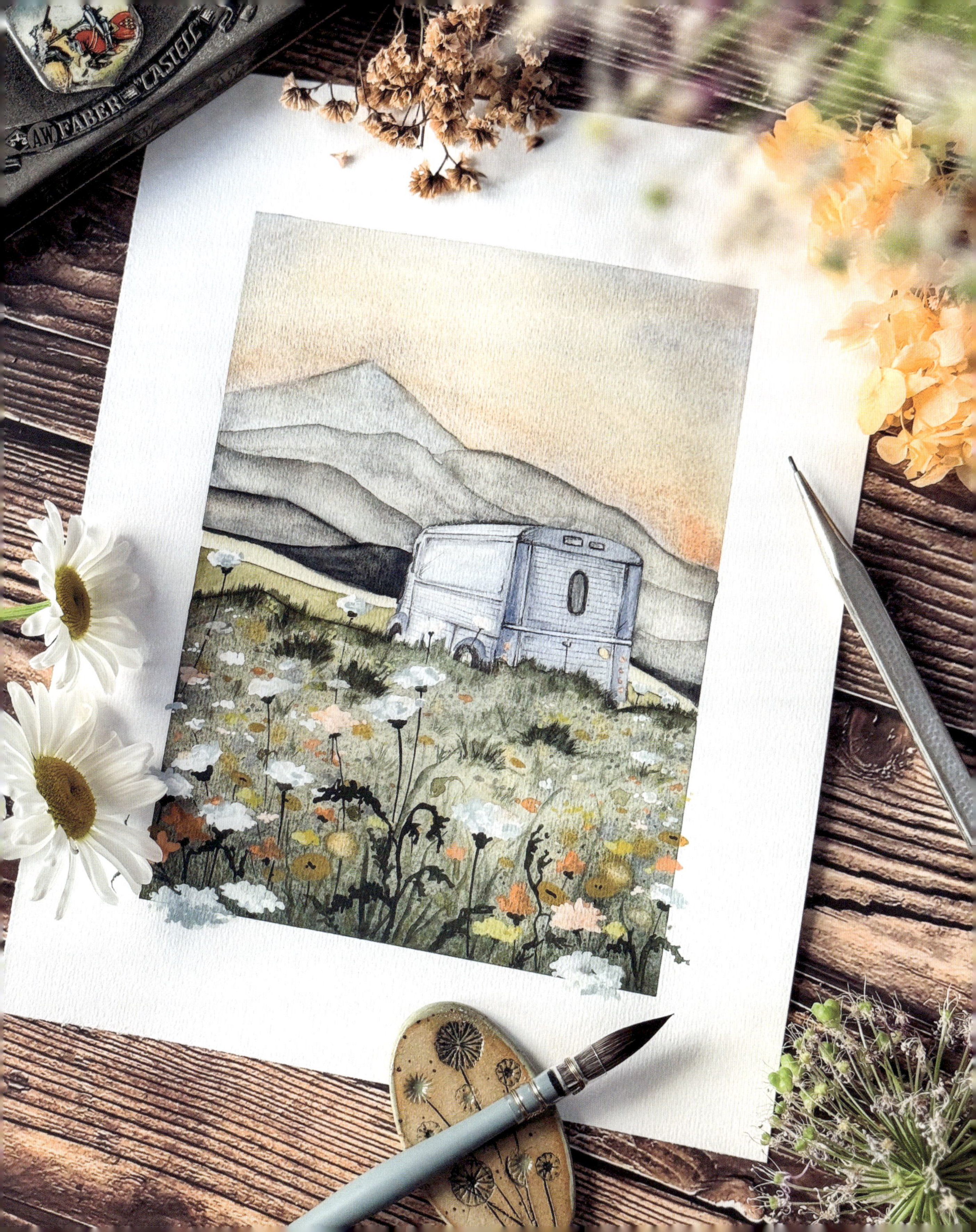
A.W. FABER "CASTELL"

So geht's

Schritt 1

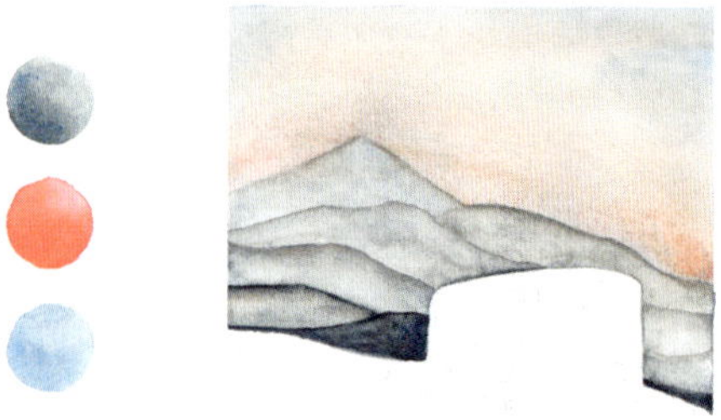

Klebe die Ränder deines Motivs mit Washi Tape oder Malerkrepp ab. Deute mit dem Verwaschpinsel den Himmel und die Berge an. Befeuchte den Himmel und färbe ihn zartblau ein. Gib in die noch nasse Fläche rosa- bis orangerote Farbe. Ziehe sie für einen schönen Farbverlauf entlang der Bergkante und lass alles gut trocknen. Koloriere den ersten Berg in einem graublauen Ton, vermischt mit viel Wasser. So gehst du, stetig dunkler werdend, bis zum untersten Berg vor.

Schritt 2

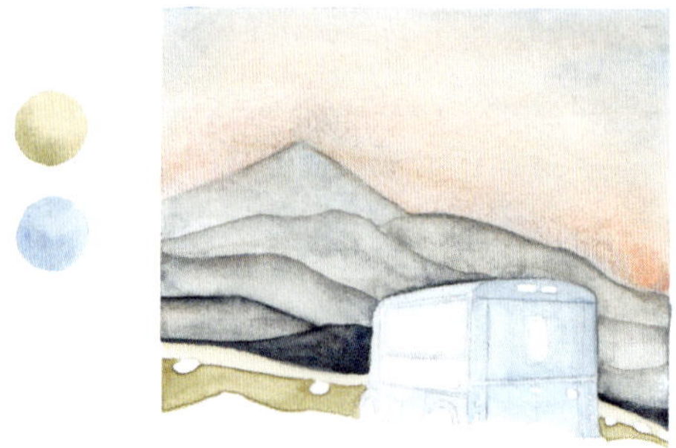

Grundiere mithilfe eines Rundpinsels und einem hellblauen Farbton den Bus. Achte darauf, nicht zu dunkel zu werden, gib also nur wenig Aquarellfarbe auf deine Palette und mische sie mit viel Wasser an. Die Wiesenfläche im Hintergrund färbst du in hellem Olivgrün. Deute sie heller an als die vordere.

Schritt 3

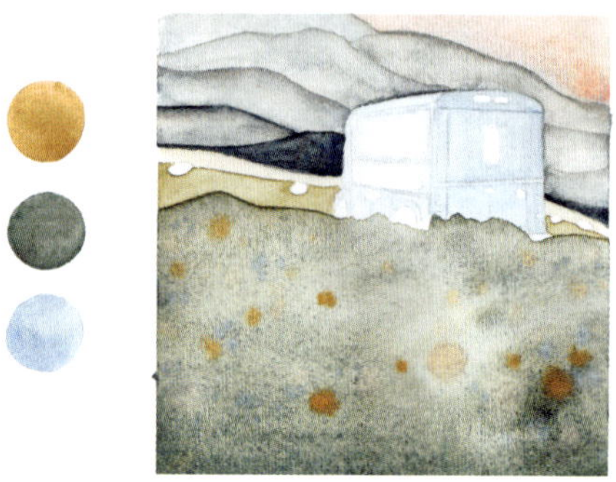

Für die vordere Wiese kannst du gerne einen granulierenden, dunklen Grünton nutzen und etwas mehr Wasser, um den Effekt schön herauszukitzeln. Feuchte die Fläche mit dem Verwaschpinsel an und verteile die Farbe. Am unteren Rand darf es gerne etwas dunkler werden. Tupfe mit dem Rundpinsel in die noch nasse Fläche ein paar senfgelbe und blaue Punkte. Achte darauf, dass die Tupfen im Vordergrund größer sind als die hinteren. Lass die Fläche trocknen.

Schritt 4

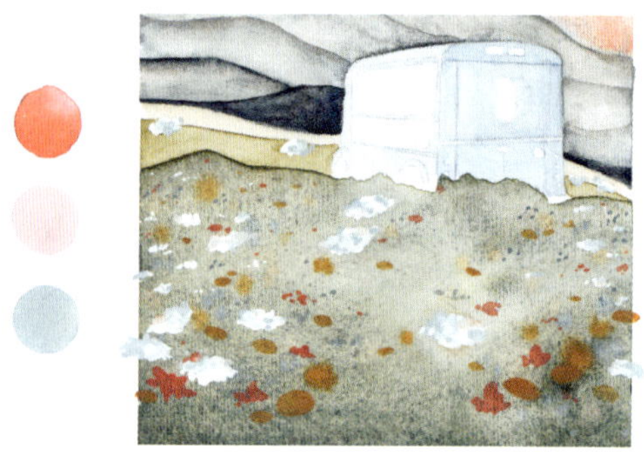

Deute mit vielen weiteren Tupfen bunte Blüten an. Nutze dazu wieder dein Gelb, das Hellblau des Busses und das Rosa des Himmels. Mit dem Gouacheweiß lassen sich ganz unkompliziert ein paar weiße Blütenköpfe andeuten. Töne es mit etwas Aquarellfarbe ein.

Tipp

Zu starkes Tape klebst du zuerst ein- bis zweimal auf deine Jeans. Das reduziert die Klebkraft und verhindert Risse im Aquarellpapier.

Schritt 5

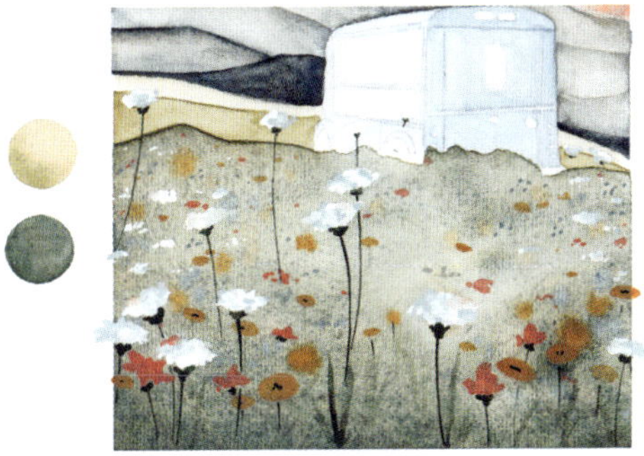

Wenn du mit der Anzahl deiner Blütenköpfe zufrieden bist, verbindest du einige davon mithilfe des Schlepperpinsels und dunkler grüner Farbe direkt aus dem Näpfchen mit einem Stiel. Deute auch einige Blätter und Halme an. Wieder gilt, dass alles, das im Vordergrund ist, größer und dunkler sein sollte als das im Hintergrund. Entferne vorsichtig dein Washi Tape.

Schritt 6

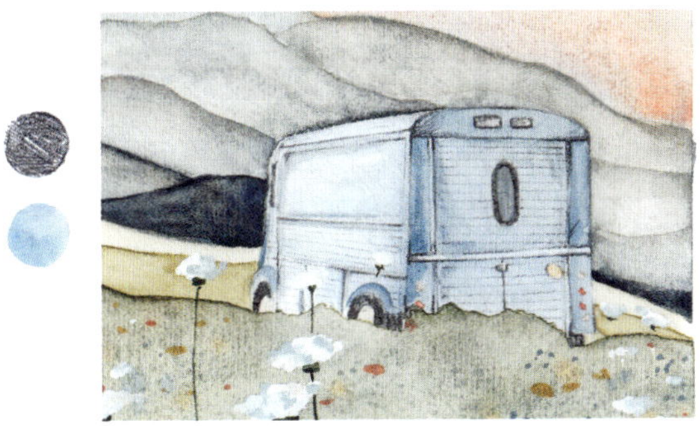

Nun beginnt die Detailarbeit am Bus. Trage über der Grundierung stellenweise den blauen Farbton auf, um einige Fahrzeugbereiche hervorzuheben. Greife für die sehr zarten Details gerne zu einem Druckbleistift und deute mit seiner Hilfe Räder, Rillen und Fenster an. Verstärke ein paar der Kanten des Wagens. Die Rücklichter tauchst du in ein knalliges Orange.

Schritt 7

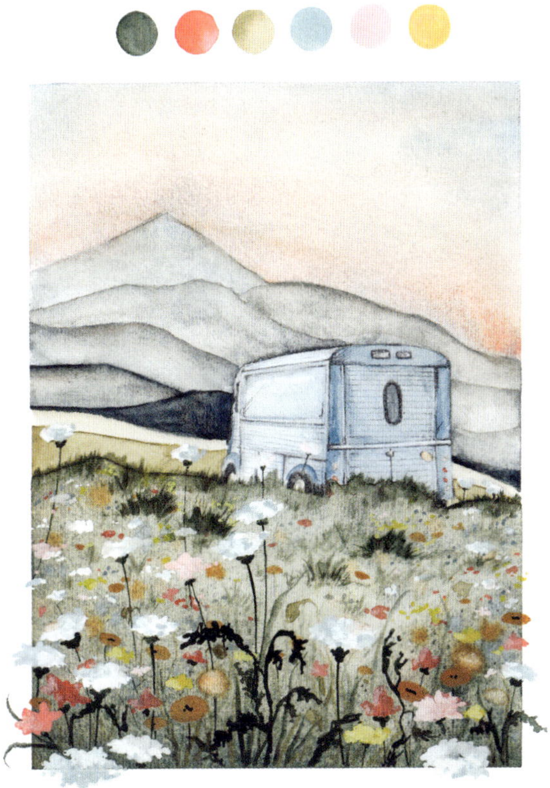

Setze noch weitere Blütenköpfe und Pünktchen im hinteren Bereich. Grasbüschel lässt du entstehen, indem du ein wenig grüne Farbe auftupfst und diese mit der Rückseite deines Pinsels oder einem alten Borstenpinsel herausziehst. Im vorderen Bereich lässt du weitere große, dunkle Gräser wachsen. Spiele dabei mit verschiedenen Formen und variiere deine Grüntöne, indem du auch zum Grünton der hinteren Wiesen greifst. Trau dich, den starren Rand des abgeklebten Bildes zu durchbrechen, indem du Blüten und Gräser über den Rand hinaus entstehen lässt.

Der blaue WAGEN

DU HAST ES TATSÄCHLICH GEWAGT: DU BIST EINGESTIEGEN UND MIT DEM BLAUEN WAGEN VOLLER BLUMEN IN DIE NÄCHSTE STADT GEREIST. WIE GRAU UND TROSTLOS ES HIER IST! WIRD ES NICHT DRINGEND ZEIT FÜR EIN PAAR BUNTE BLÜTEN?

FARBEN

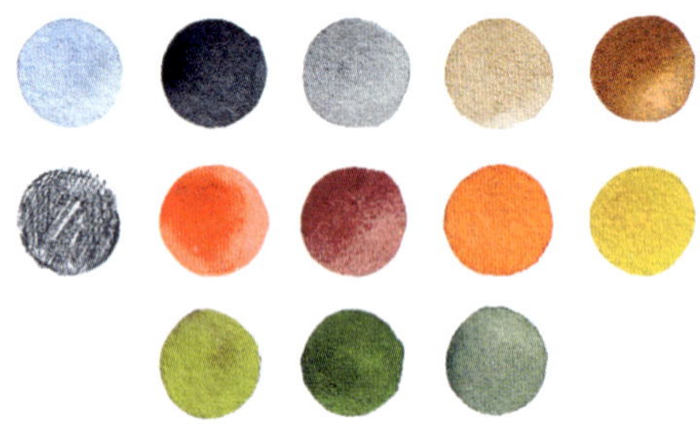

PINSEL

- Verwaschpinsel
- Rundpinsel
- Schlepperpinsel
- Flachpinsel
- Retuschierpinsel

MATERIAL

- Hahnemühle Expression, Originalformat A4
- (Druck-)Bleistift
- Papierwischer
- weißer Gelstift
- evtl. Küchentuch

VORLAGE

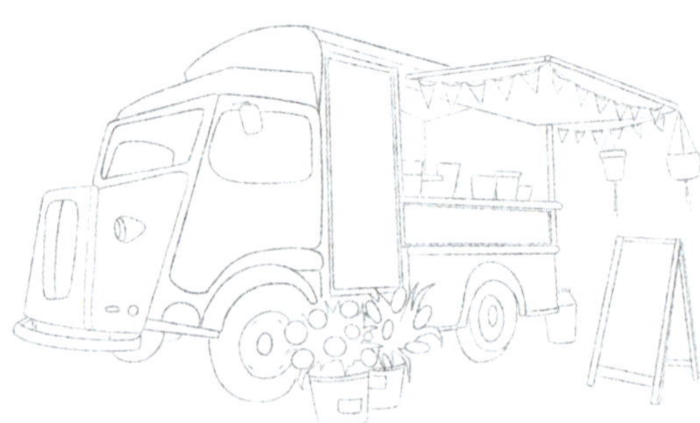

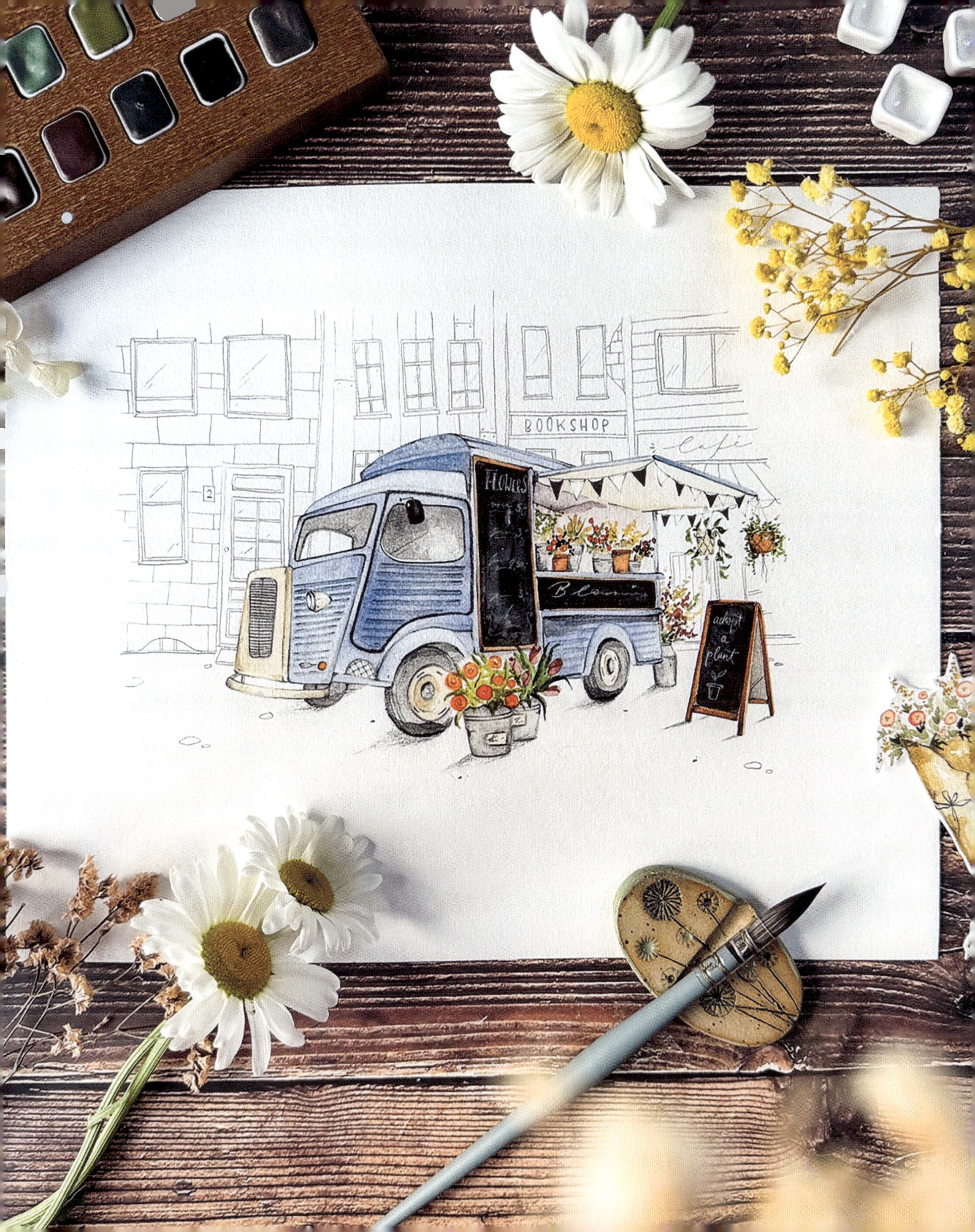
BOOKSHOP
FLOWERS
adopt a plant

So geht's

Schritt 1

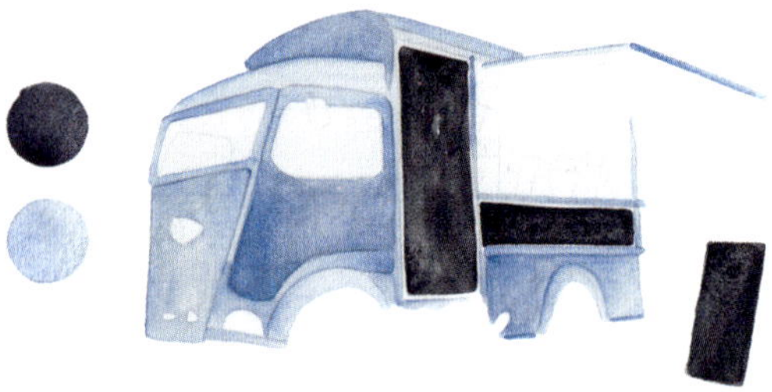

Beginne mit den größten Flächen des Wagens. Achte beim Kolorieren mit einem leichten Blauton darauf, dass die einzelnen Farbfelder nicht ineinanderlaufen. Lass sie gut trocknen, bevor du die angrenzende Fläche einfärbst. Nutze für die Tafeln einen granulierenden Schwarzton. Arbeite die typische Granulation noch besser heraus, indem du nass arbeitest.

Schritt 2

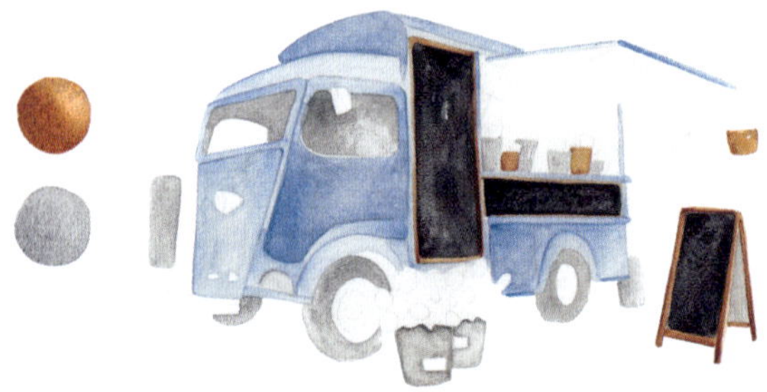

Mit einem mittleren Rundpinsel füllst du die grauen Flächen mit leicht angemischter Aquarellfarbe. Mit einem kleinen Rundpinsel ziehst du um die Tafeln goldbraune Streifen und lässt diesen Ton auch in einigen Blumentöpfen zur Geltung kommen. Achte wieder darauf, angrenzende Bereiche erst trocknen zu lassen, um ein Ineinanderlaufen zu vermeiden.

Schritt 3

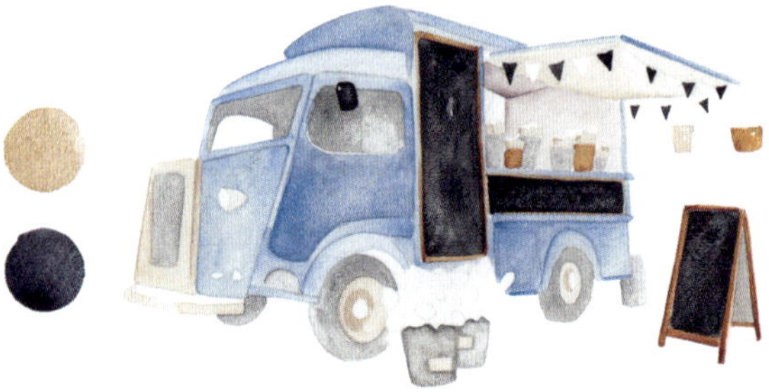

Mit einem Sandton und dem mittleren Rundpinsel deutest du die restlichen Flächen des Wagens und der Räder an. In die Ecken im Innenraum gibst du zusätzlich etwas Schwarz, da dort am wenigsten Licht hinkommt. Achte bei dieser Fläche darauf, die weißen Wimpel auszusparen. Mit einem feinen Rundpinsel ergänzt du die schwarzen Wimpel, sodass ein wechselndes Farbmuster entsteht.

Schritt 4

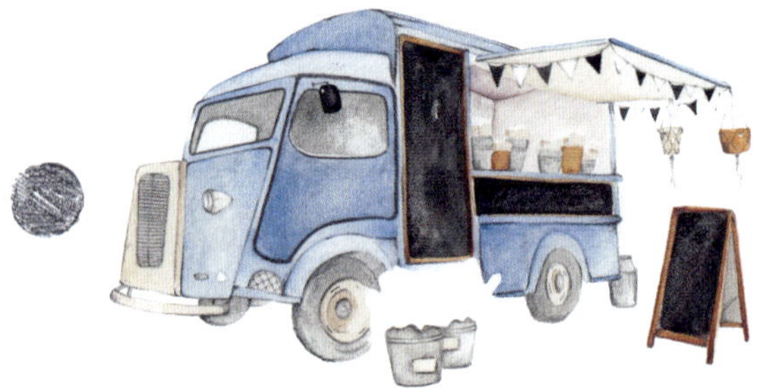

Mit dem Druckbleistift lassen sich feine Linien und Schraffuren am besten darstellen. Verbinde die einzelnen Wimpel miteinander, sodass eine Kette entsteht. Deute die Schnüre der Blumenampeln an. Auch die Eimer vor und im Wagen lassen sich durch einige Linien am Rand, Boden und an den Schildern komplexer gestalten. Ein paar Linien am Kühlergrill, Scheinwerfer und der Stoßstange ergänzen die Aquarellgrundierung. Die einzelnen blauen Flächen des Fahrzeugs grenzt du mit Bleistiftstrichen und -punkten voneinander ab.

Schritt 5

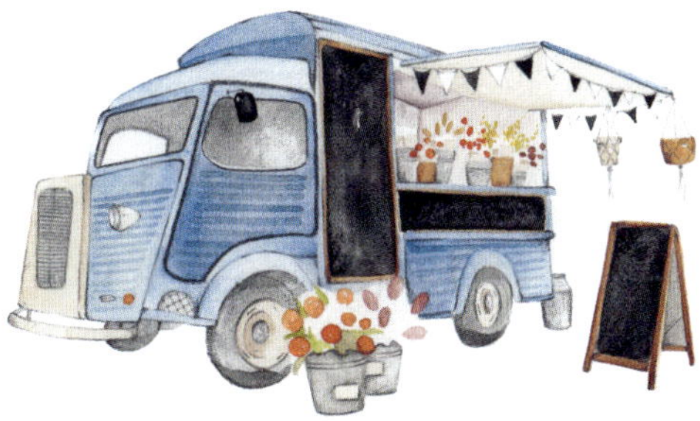

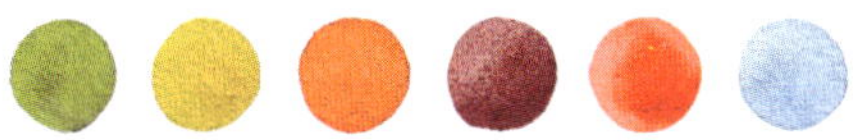

Nun kommt wieder Farbe ins Spiel! Mit einem kleinen Rundpinsel und verschiedenen Rot-, Rosa-, Orange- und Gelbtönen deutest du ganz locker ein paar Blumen an. Probiere verschiedene Formen wie Kreise, Ovale oder viele kleine Pünktchen aus. Um noch mehr Detailreichtum am Wagen anzudeuten, nutzt du den Rundpinsel und stark pigmentierte Aquarellfarbe. Ziehe damit die typischen, parallel verlaufenden Linien.

Schritt 6

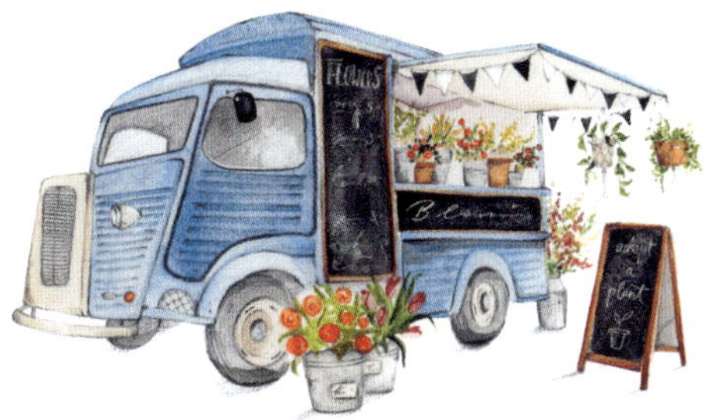

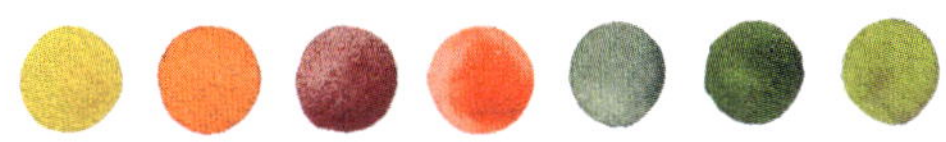

Nimm einen kleinen Rundpinsel und verschiedene Grüntöne wie Gelbgrün, Dunkelgrün und Oliv, um die Blätter der Sträuße zu ergänzen. Drücke den Pinselkörper auf das Papier, um die bauchige Form der Blätter nachzuempfinden. Für die rankenden Pflanzen und Blätter, die nur mit kleinen Punkten angedeutet sind, greifst du zu einem Schlepperpinsel. Mit seiner Pinselspitze tupfst du ein paar zarte Strukturen. Überall dort, wo der Wagen fest auf dem Boden steht, ergänzt du durch Bleistiftschraffuren Schatten. Die Tafeln beschreibst du mit einem weißen Gelstift.

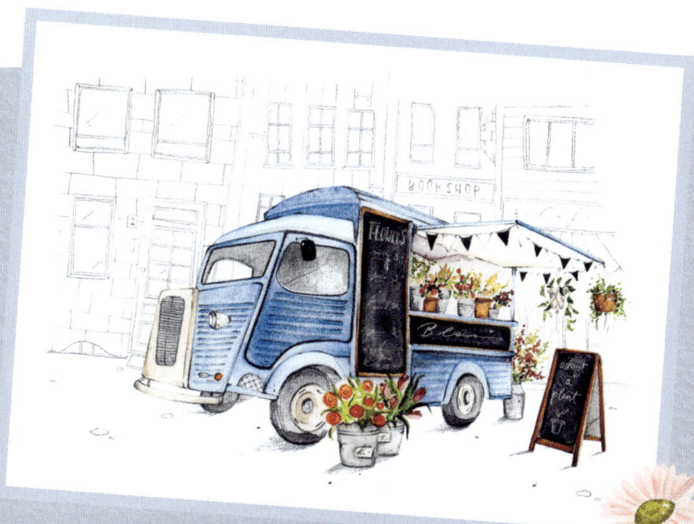

ZUSATZSCHRITT

Es ist immer eine fantastische Idee, sein Bild über Nacht liegenzulassen und es am Morgen mit frischem Blick erneut zu betrachten. Wie wäre es wohl, an diesem Motiv weiter zu malen? Greife gerne zu deinem Bleistift und skizziere eine graue Stadt im Hintergrund, die dringend bunte Blumen braucht. Du hast ein wenig Bedenken, dein fertiges Bild zu zerstören? Dann zeichne zunächst nur ganz dünn vor oder male digital weiter.

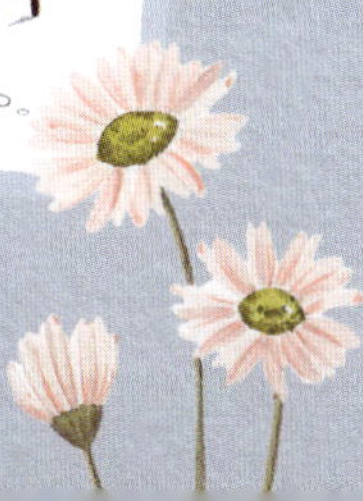

Im WAGEN

HAST DU DICH SCHON GEFRAGT, WIE ES WOHL IM WAGEN AUSSIEHT? STELL DIR VOR, DU REIST MIT IHM VON ORT ZU ORT, IMMER UMGEBEN VOM FRISCHEN DUFT DER SCHÖNSTEN BLUMEN. KOMM HEREIN, ICH ZEIGE ES DIR!

PINSEL

- Verwaschpinsel
- Rundpinsel
- Schlepperpinsel
- Flachpinsel
- Retuschierpinsel

MATERIAL

- Carnet de Voyage, Hahnemühle, Originalformat A5
- (Druck-)Bleistift
- weißer Gelstift
- evtl. Küchentuch

FARBEN

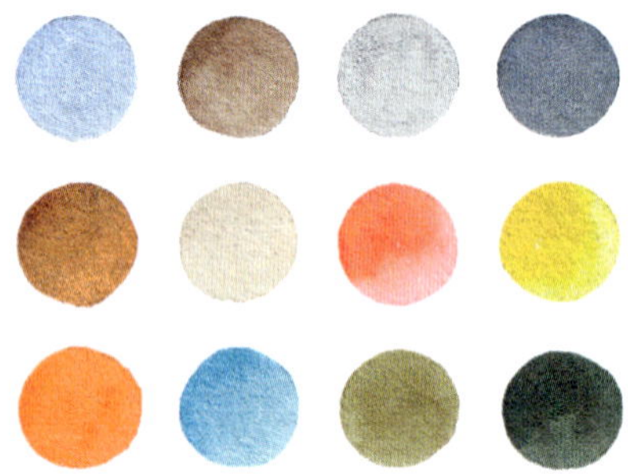

VORLAGE

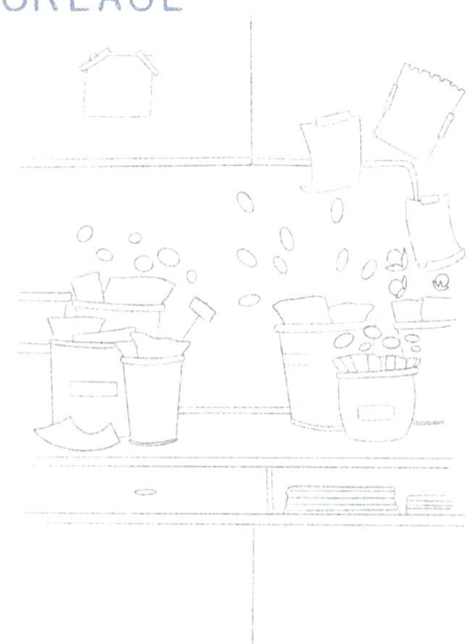

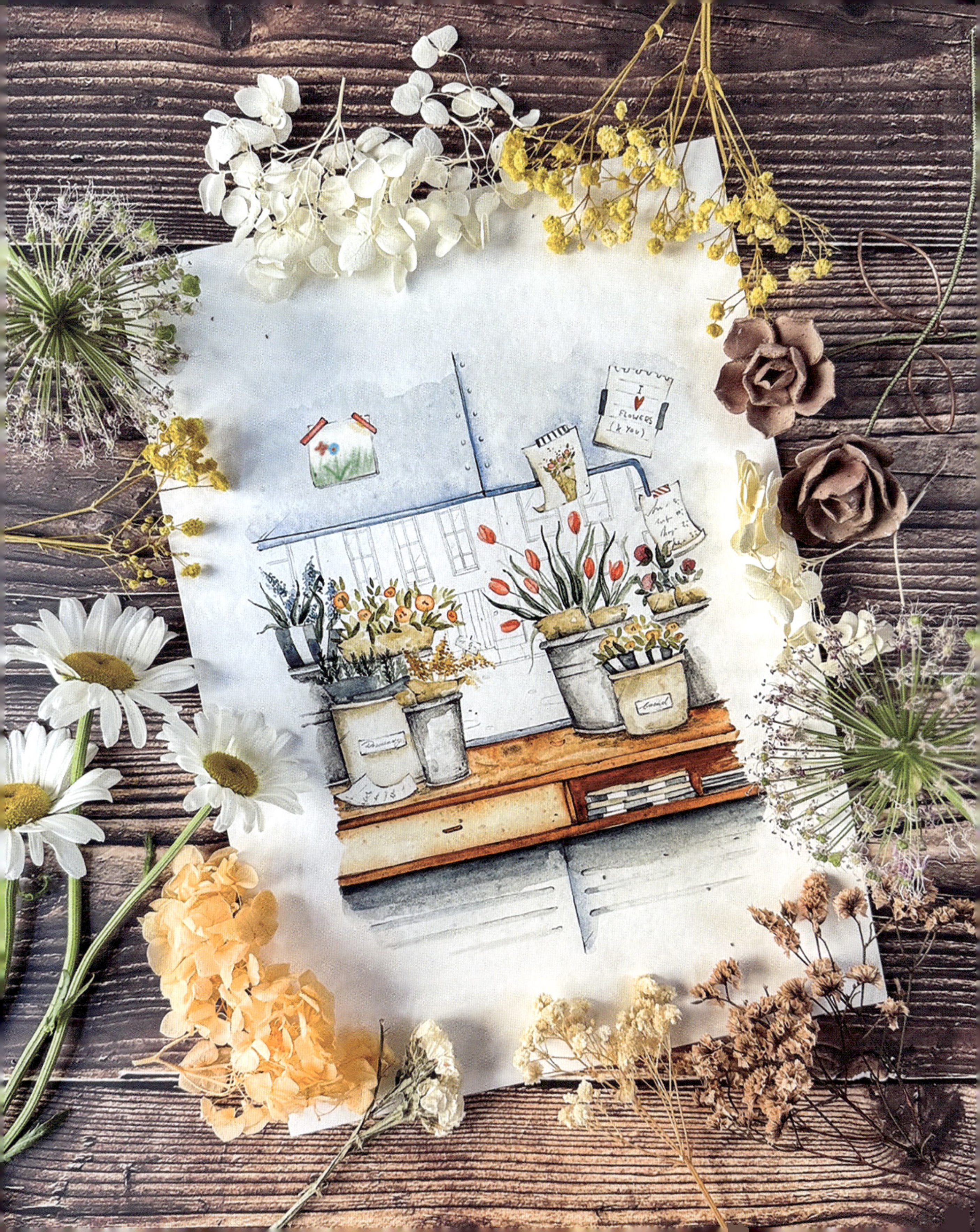
I ♥ FLOWERS (& YOU)

So geht's

Schritt 1

Starte mit den größten Flächen. Das Blaugrau sollte nicht zu dunkel ausfallen. Koloriere mit den Braun- und Grautönen die Blumentöpfe und Zinkeimer. Bilden sich Pfützen, nimmst du sie mit einem trockenen, sauberen Pinsel ab, um Wasserkränze zu vermeiden. Nutze den kompletten Körper des Verwaschpinsels, indem du ihn über das Papier ziehst. Die feine Spitze führst du entlang der Linien. Die höhere Pigmentkonzentration dort macht die Ränder schön dunkel.

Schritt 2

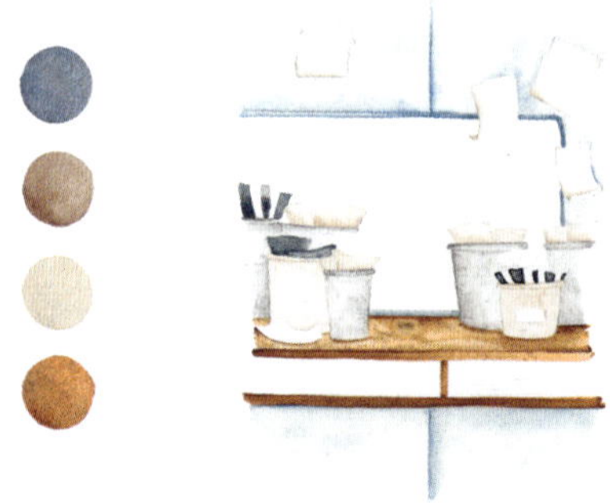

Mit granulierendem Goldbraun und einem mittleren Rundpinsel grundierst du die Theke. Setze einige Pünktchen in die noch nasse Fläche. Dies verleiht ihr eine schöne, alt wirkende Holz-Optik. Achte darauf, die Zettel an der Wand und das Papier in den Töpfen nicht zu dunkel zu grundieren. Das Papier sieht durch ein wenig Buff Titanium leicht angegilbt aus, ohne zu dunkel zu wirken. Mit ein wenig Dunkelblau deutest du die Streifen auf dem restlichen Einwickelpapier an.

Schritt 3

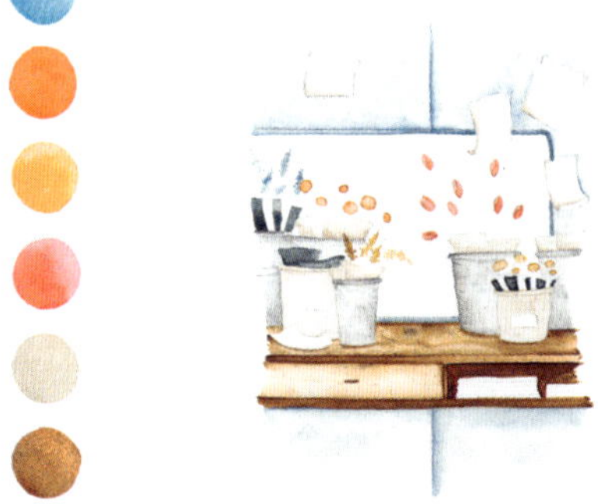

Jetzt wird es bunt! Nimm dir ein paar Gelb-, Rosa-, Orange- und Blautöne, um mit dem kleinen Rundpinsel (alternativ: dem Retuschierpinsel) ein paar einfache Blumenstrukturen aus Kreisen, Ovalen und Tupfen anzudeuten. Ist die goldbraune Holzfläche komplett getrocknet, ergänzt du mit demselben Ton die Schublade und das Fach. Spare dabei die Papierstapel aus.

Schritt 4

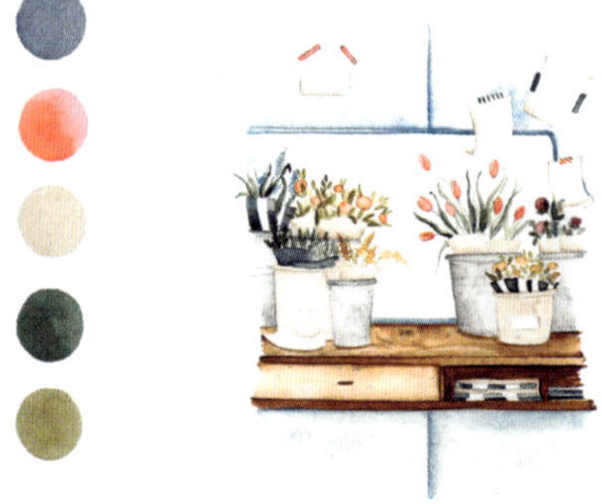

Mit dem Schlepperpinsel und einem dunklen Grünton deutest du Stängel und Blätter an. Ziehe für die Stängel den Strich vom Blütenkopf zum Eimer, so lassen sie sich besser an der gewollten Stelle verbinden. Für die kleinen Blätter in hellem Olivgrün nimmst du einen kleinen Rundpinsel. Die rosmarinartige Struktur wirkt mit dem Schlepperpinsel besonders natürlich. Ergänze die Papierstapel im Thekenfach. Greife hier die Farben und Muster der Papierstrukturen in den Eimern auf. Das lässt dein Bild „rund" wirken.

Schritt 5

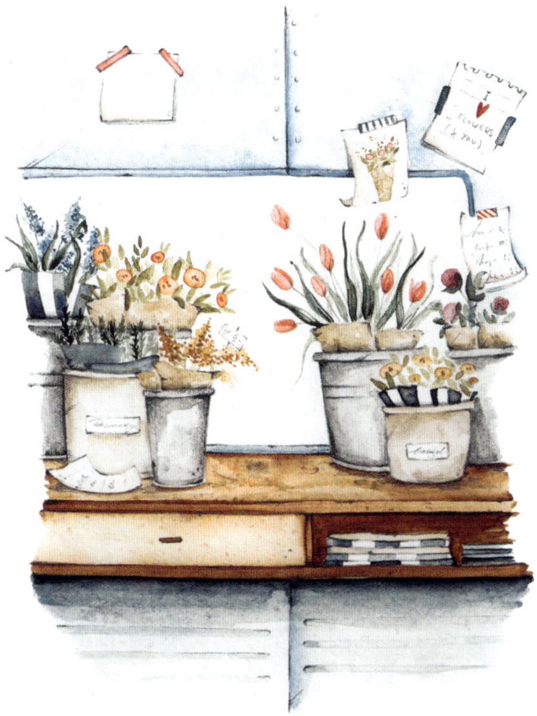

Mit dem Bleistift arbeitest du zusätzliche Kontrastpunkte und Details heraus. Ergänze die Beschriftungen an den Blumentöpfen und die Nieten am Blech. Verfeinere durch Striche und Punkte die Oberflächenstruktur und schreibe Notizen auf die Zettel. Mit einem kleinen Rundpinsel kannst du Mini-Bilder auf die Zettel malen. Entdeckst du die Kinderzeichnung darunter? Hier durfte meine Tochter ein Mini-Bild hinzufügen. Lass auch deine Illustration zu etwas ganz Persönlichem werden. Unter der Theke deutest du mit Dunkelblau Schatten an, um mehr Tiefe zu erzeugen. Ein paar lockere Streifen sorgen für die typische Rillenoptik des Blechs.

ZUSATZSCHRITT

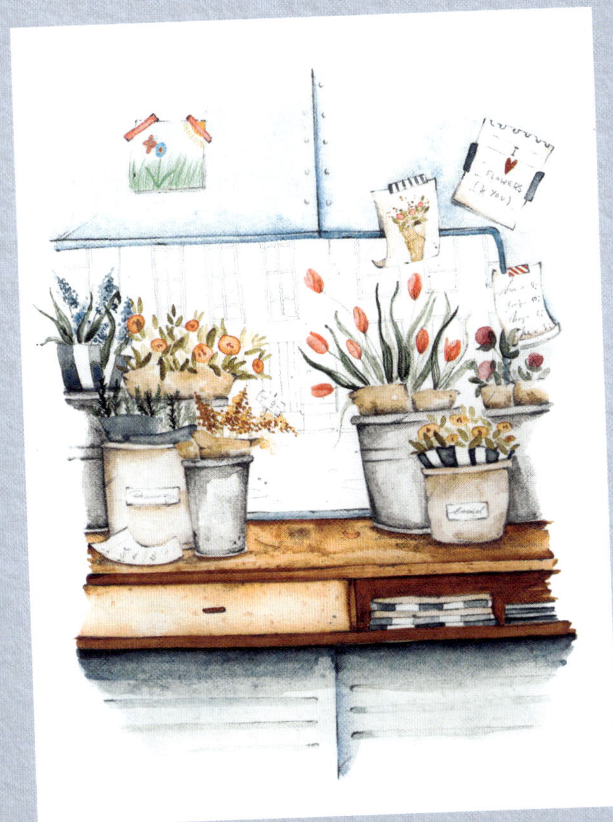

Wieder siehst du aus dem Blumenwagen heraus die Stadt. Deute durch Bleistiftlinien einige Häuser an. Überlege dir verschiedene Fensterformen, Türen und Details.

Du merkst schon jetzt, wie gut die Bilder der einzelnen Kapitel zusammenpassen. Trau dich und rahme deine fertigen Werke! Sie ergeben ein wundervolles Gesamtbild.

Kleine Blumengrüsse

ÜBERALL, WO BLUMEN SIND, WIRD ES BUNT. EIN FARBLOSER ALTER BRIEFKASTEN BEGINNT WIEDER GELB ZU STRAHLEN. FÜR WEN DIE STRÄUSSE WOHL BESTIMMT SIND?

FARBEN

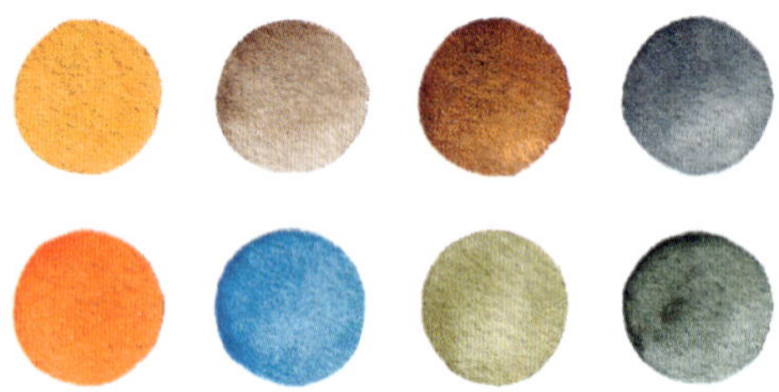

PINSEL

- Verwaschpinsel
- Rundpinsel
- Schlepperpinsel
- Flachpinsel
- Retuschierpinsel

MATERIAL

- Carnet de Voyage, Hahnemühle, Orginalformat A5
- (Druck-)Bleistift
- evtl. Küchentuch

VORLAGE

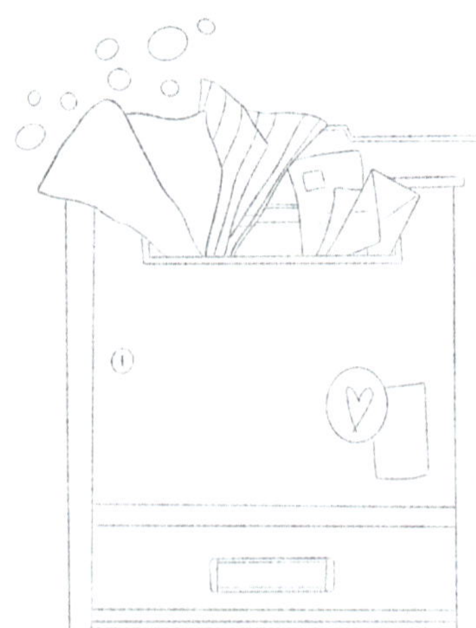

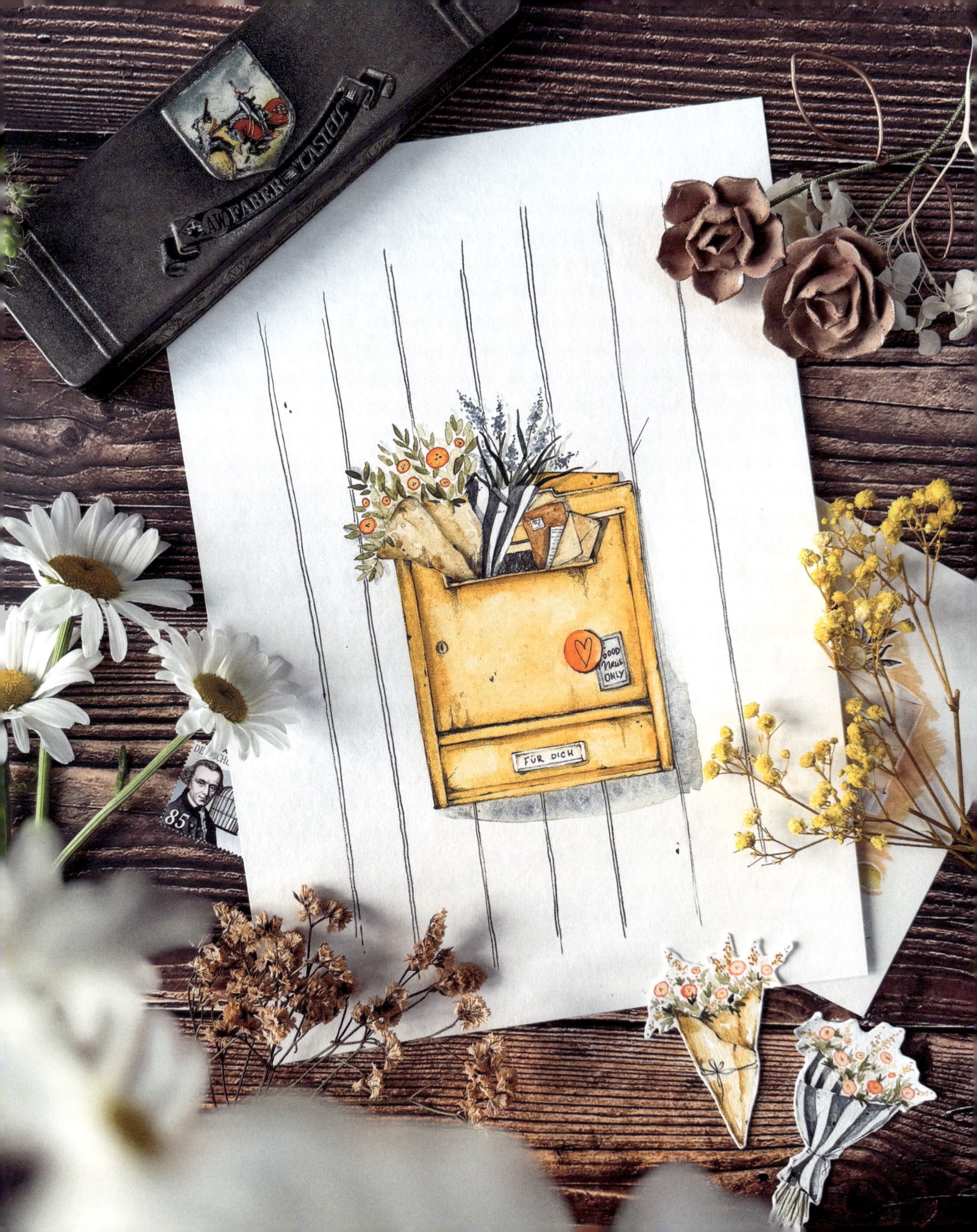
A.W.FABER-CASTELL
GOOD NEWS ONLY
FÜR DICH
85

So geht's

Schritt 1

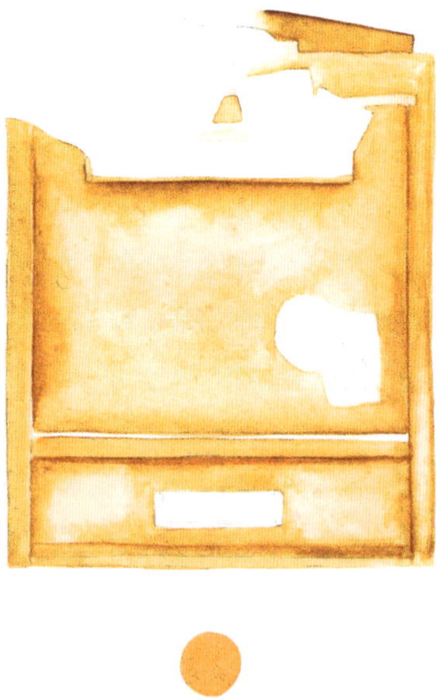

Nimm einen warmen goldgelben Ton, zum Beispiel Gelbe Erde, und grundiere die einzelnen Flächen des Briefkastens. Schon an dieser Stelle kannst du Tiefe und Räumlichkeit in deinem Bild erzeugen, indem du nicht den ganzen Kasten auf einmal grundierst, sondern Fläche für Fläche vorgehst. Dabei nutzt du den gesamten Verwaschpinsel. Tupfe die Spitze des Pinsels vor dem Farbauftrag noch einmal in das Näpfchen und ziehe den gesamten Körper entlang der Kante über das Papier. So wirkt es automatisch an den Rändern dunkler. Diesen Vorgang wiederholst du in jeder Fläche. Die kleineren Abschnitte gelingen dir mit dem Rundpinsel.

Schritt 2

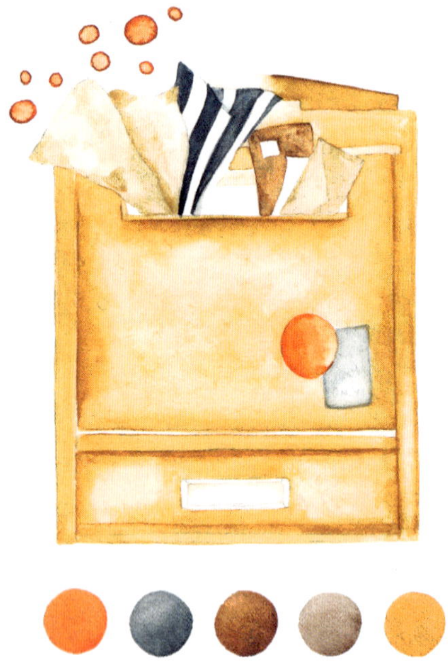

Nachdem die gelben Flächen getrocknet sind, grundierst du die Briefumschläge in Goldbraun und einem Sandton. Lass den mittleren Brief weiß. Das Einwickelpapier der Sträuße gestaltest du genauso wie in den vorherigen Bildern und in der Vorübung mit der Streifenoptik. Dies erzeugt einen Wiedererkennungswert, der sich als roter Faden durch die Bilder zieht. Die Kugeln malst du mit dem Retuschierpinsel. Tropfe nach dem Farbauftrag etwas Wasser in die Blütenmitte, dann werden die Pigmente an den Rand gedrängt.

Schritt 3

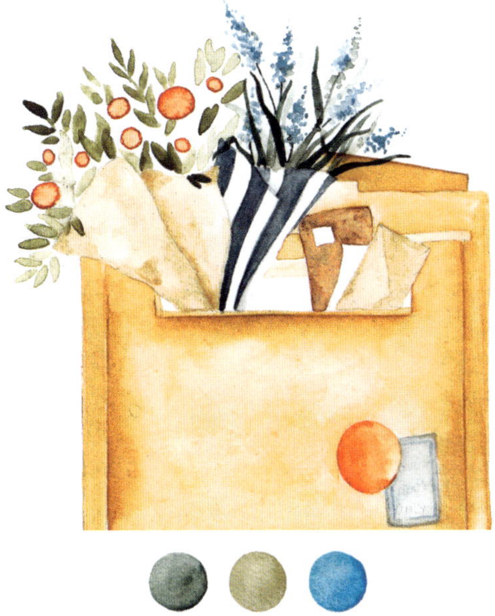

Ergänze Blätter und getupfte Blüten. Für die kleinen Blätter greifst du zu einem hellen Olivgrün und einem Rundpinsel. Die kleinen blauen Blüten malst du mit dem Schlepperpinsel. Auch die langen Blätter ziehst du mit diesem Pinsel und einem dunklen Grünton.

Schritt 4

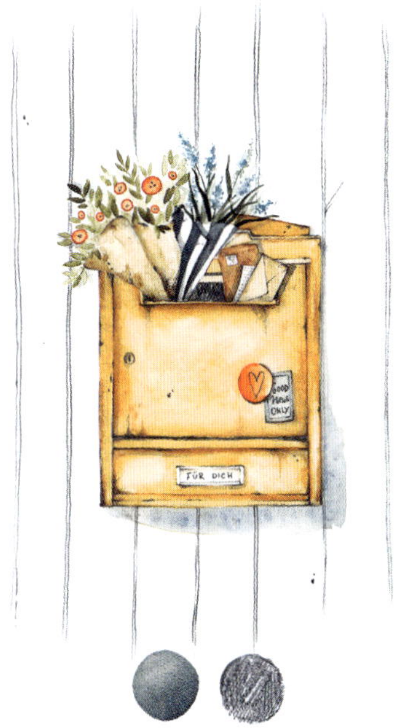

Mit dem Bleistift hebst du die einzelnen Rillen und Kanten hervor. Das Innere des Briefkastenschlitzes dunkelst du mit Bleistiftschraffuren ab. Nutze dafür gerne einen weicheren Stift (Mine B), um noch dunklere Effekte zu erzielen. Einige Linien im Hintergrund lassen den Briefkasten nicht mehr so verloren im Raum wirken. Greife noch einmal zu deinem Verwaschpinsel und setze unterhalb und an der rechten Seite des Kastens einen Schatten, indem du dunkelblaue Aquarellfarbe verteilst. Das Schöne am Bleistift ist, dass die Striche nicht verwischen können. Solltest du keinen Bleistift einsetzen oder die wasservermalbare Variante nutzen, ziehst du die feinen Linien erst nach dem Schattieren.

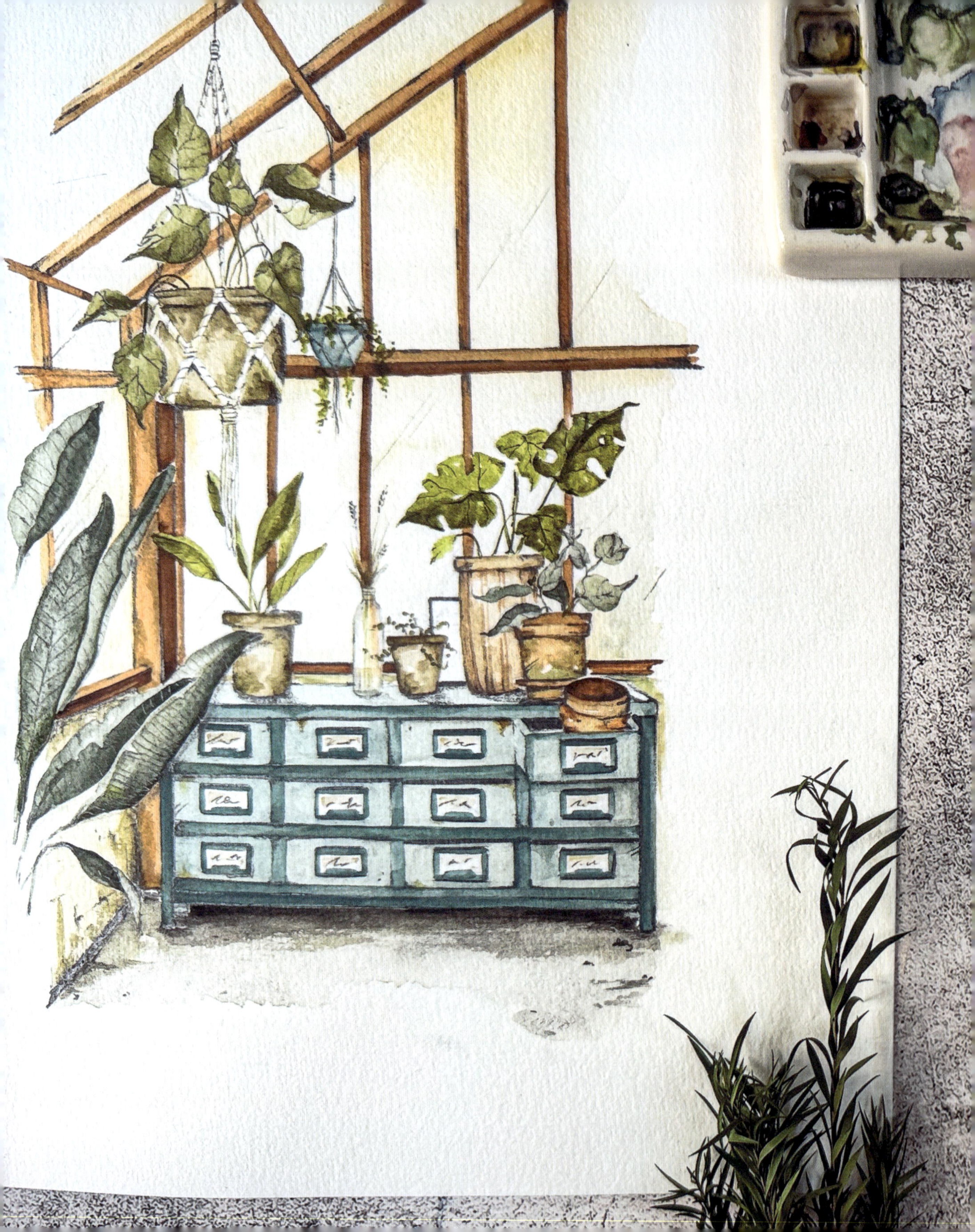

Der geheime Garten

WAS VERBIRGT SICH WOHL HINTER DIESEM ALTEN GARTENTOR? ES MUSS SO WUNDERBAR RUHIG UND ENTSPANNT DORT SEIN. LASS ES UNS HERAUSFINDEN!

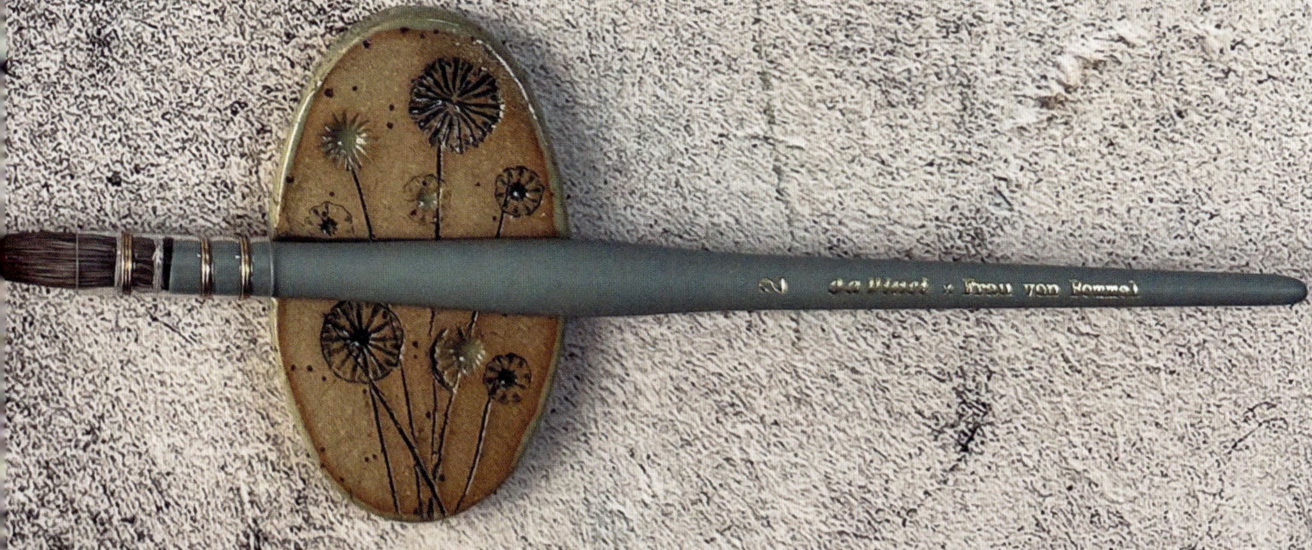

ÜBUNGSSEITE

MACH ETWAS GANZ EIGENES AUS DEINEN BILDERN! DOCH WIE? DIESE INSPIRIERENDE ÜBUNG ERLAUBT ES DIR, DEINEN BILDERN EINE PERSÖNLICHE NOTE ZU VERLEIHEN.

ÜBUNG 1

Mini-Pflanzen

Es gibt so viele wunderschöne Pflanzen. Illustriere doch ein paar! Für kleine rankende Pflanzen eignet sich der Schlepperpinsel sehr gut. Durch Tupfen und filigrane Striche entstehen zarte Triebe und winzige Blätter. Größere Blätter lassen sich mit Rund- und Verwaschpinsel locker andeuten. Variiere im Tonwert, indem du helle und dunkle Stellen einbaust. Probiere gleich aus, die zwei Pflanzen zu malen, und überlege dir gerne noch einige weitere dazu.

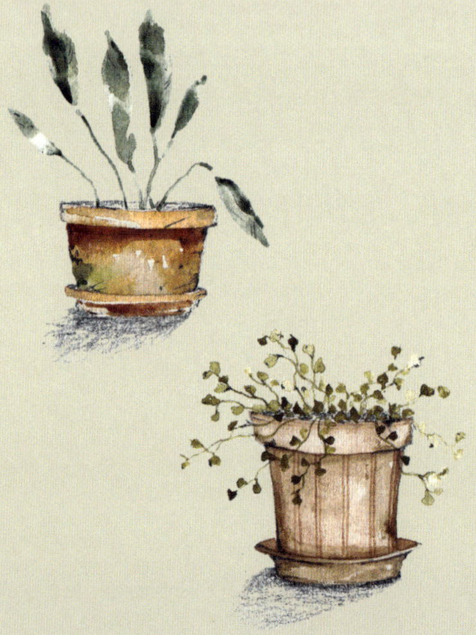

ÜBUNG 2

Schatten

Schatten bringen Tiefe in jede Illustration und verankern Objekte. Doch womit lassen sie sich am besten andeuten?

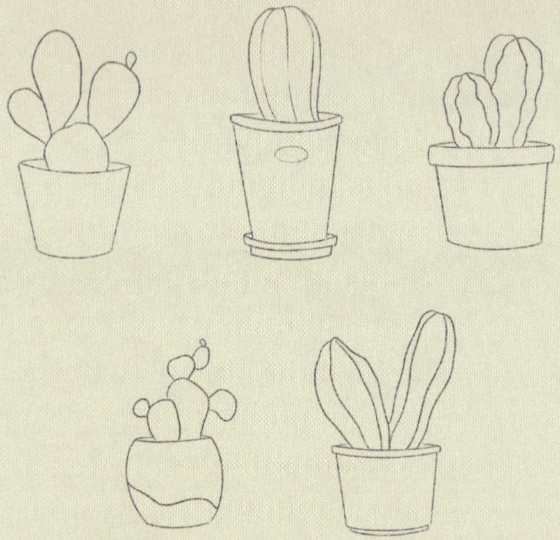

Zeichne ein paar Blumentöpfe und Kakteen vor und koloriere sie. Nun kannst du unterhalb der Töpfe verschiedene Schattensetzungen ausprobieren. Nutze dazu verschiedene Bleistiftstärken, Kohle, Neutraltinte, Tinte oder andere Farbnuancen und Medien.

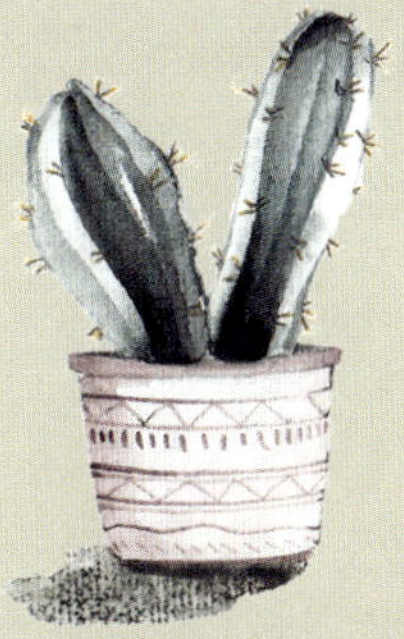

WASSERVERMALBARE WACHSPASTELLE

TINTE

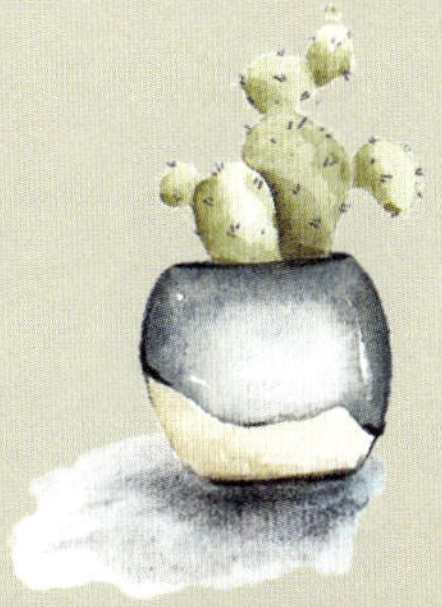

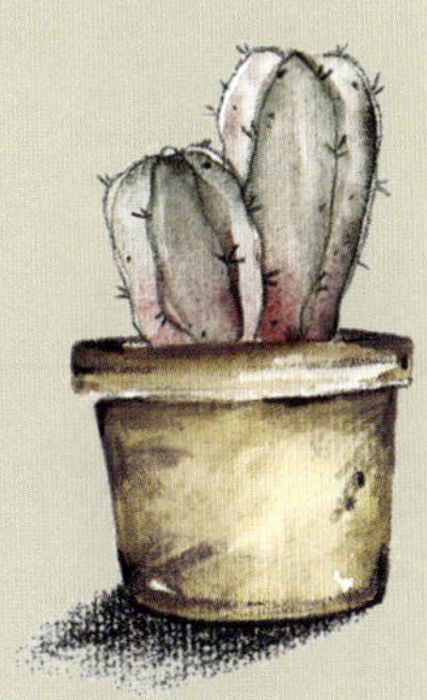

KOHLE

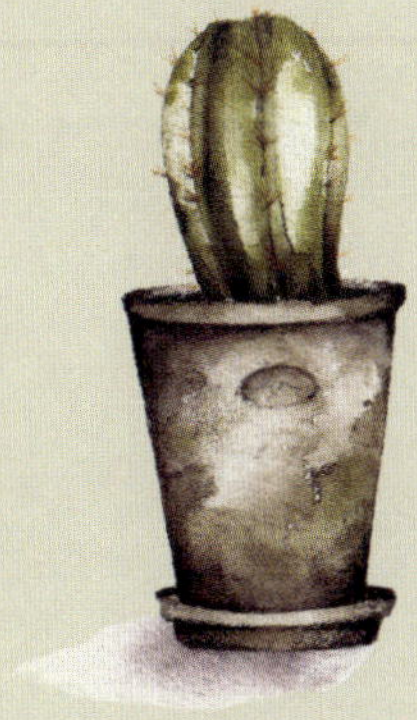

NEUTRALTINTE

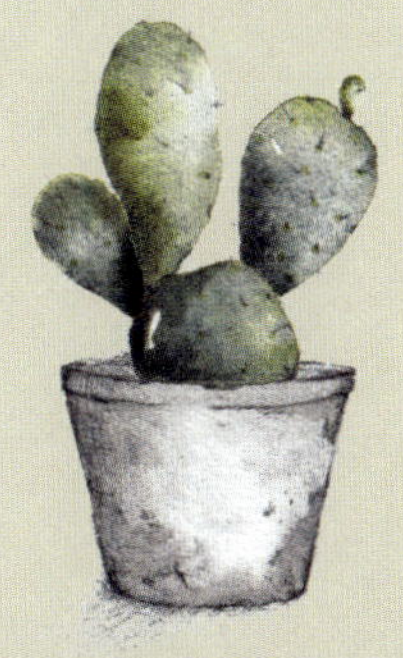

BLEISTIFT

ÜBUNG 3

Vorlagen erweitern

Mach deine Illustration mit individuellen Details zu deinem Liebling. Nachdem du eine Motivvorlage auf dein Aquarellpapier übertragen oder skizziert hast, überlegst du dir, wo du noch mehr Gartenelemente hinzufügen könntest. Nimm dir gerne die Bilder dieser Seite als Inspiration und überlege dir noch weitere.

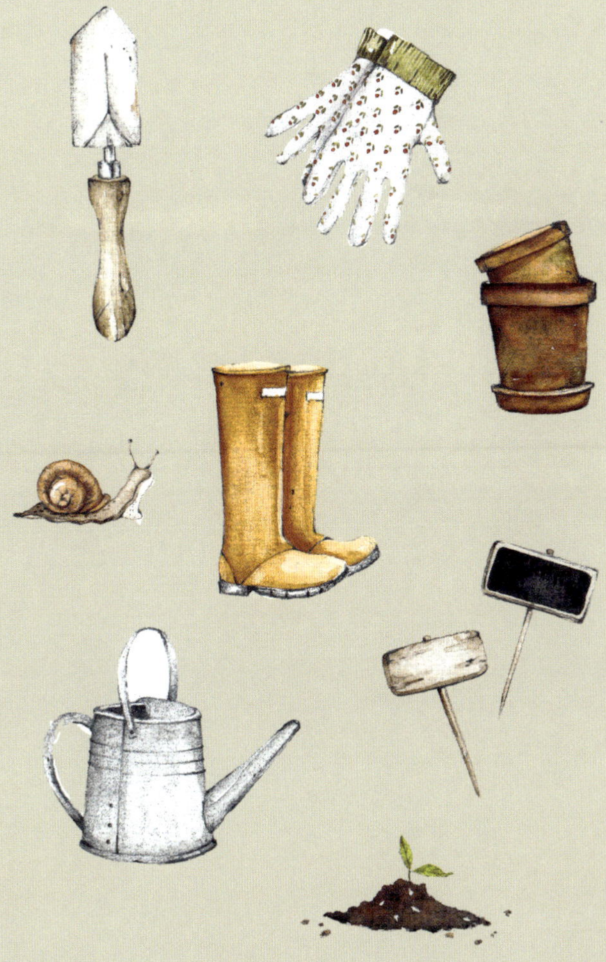

Das GARTENTOR

DU ENTDECKST EIN ALTES, HOHES GARTENTOR. IRGENDETWAS DARAN ZIEHT DICH MAGISCH AN, UND DU MÖCHTEST GERNE WISSEN, WAS SICH DAHINTER VERBIRGT. OB DER ROSTIGE SCHLÜSSEL WOHL PASST?

FARBEN

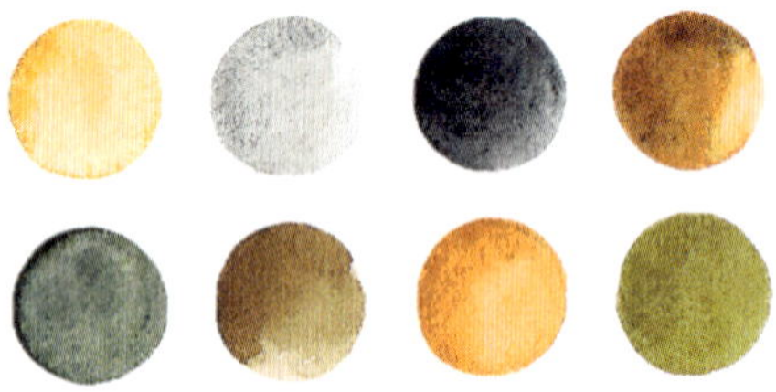

PINSEL

- Verwaschpinsel
- Rundpinsel
- Schlepperpinsel
- Retuschierpinsel

MATERIAL

- Hahnemühle Expression, Originalformat A4
- Kohlestift
- Papierwischer
- (Druck-)Bleistift in B und HB
- evtl. Küchentuch

VORLAGE

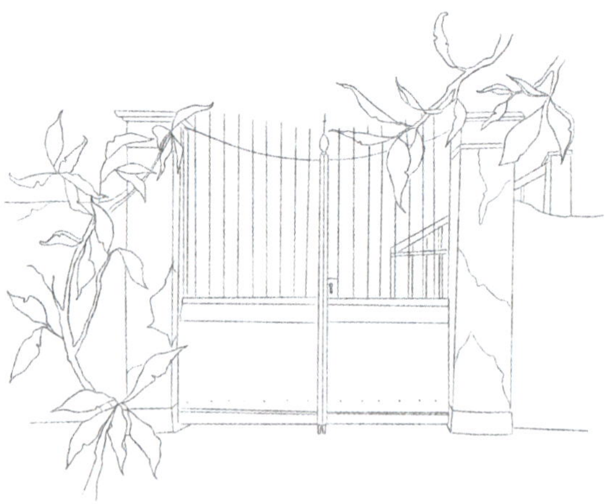

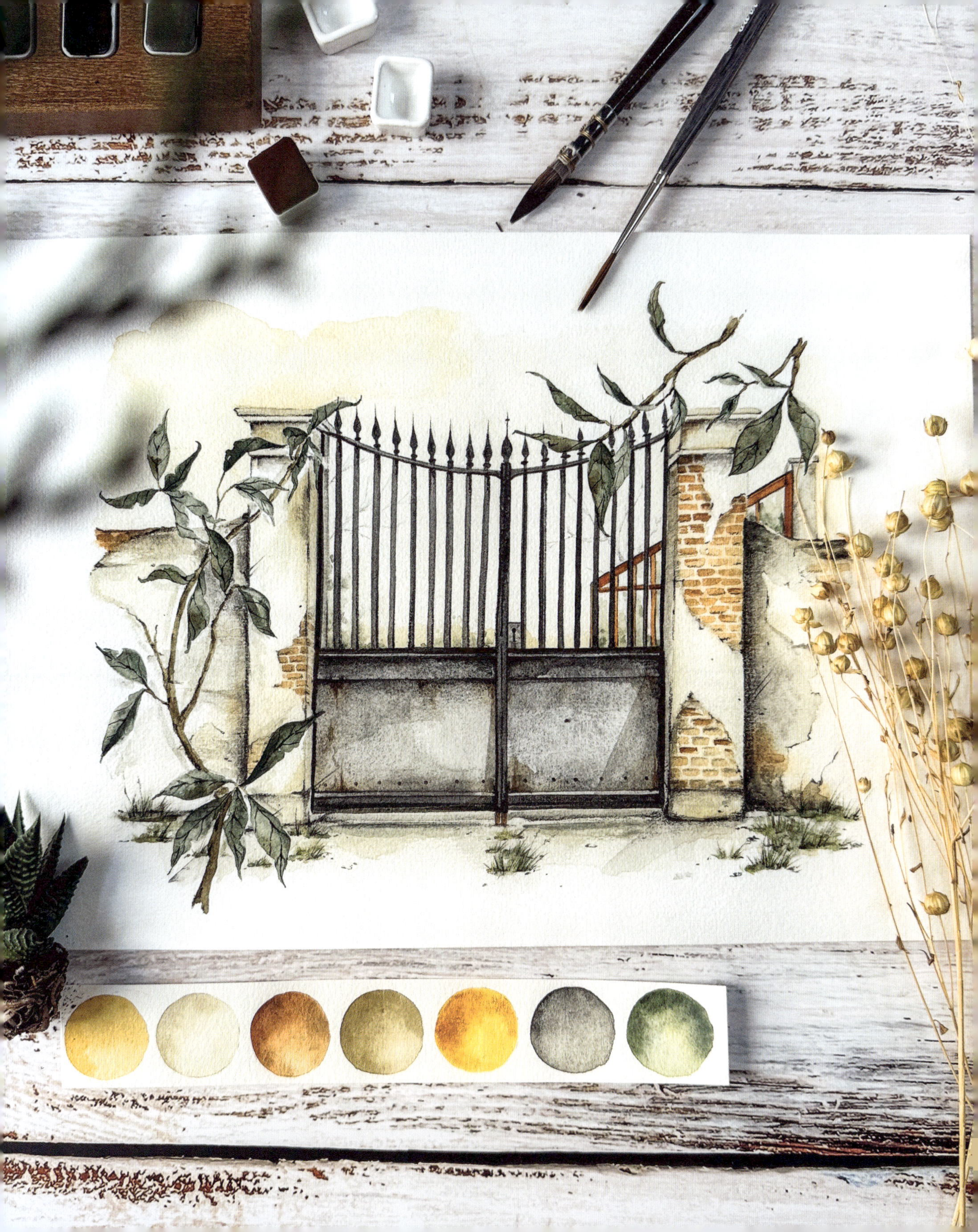

So geht's

Schritt 1

Grundiere mithilfe des Verwaschpinsels und ein wenig Aquarellfarbe in einem warmen, gelben Ton zart den Himmel. Spare die Mauer und die Blätter aus. Den Boden deutest du in grafitgrauem Ton an. Nutze die feine Spitze des Verwaschpinsels, um Pflanzenstrukturen und saubere Kanten entlang der Begrenzung zur Mauer zu ziehen.

Schritt 2

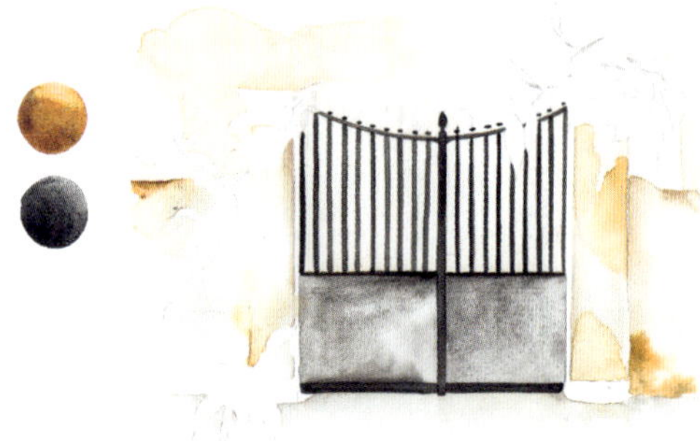

Färbe das Tor in einem granulierenden, schwarzen Ton ein. Die Granulation von Eisenoxidpigmenten lässt die Oberfläche alt und rau erscheinen. Mit einem goldbraunen Farbton deutest du die Mauer an. Dabei gehst du locker und „fleckig" vor. Baue bereits beim Grundieren hellere und dunklere Stellen ein, damit die Mauer später schön verwittert wirkt.

Schritt 3

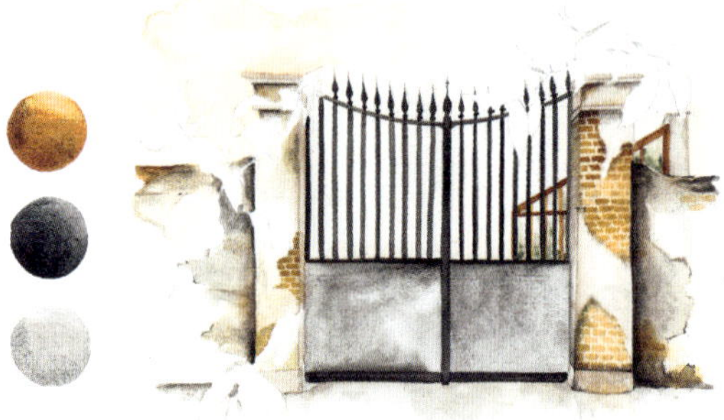

Deute mit dem Flachpinsel auf den dunkleren Flächen Backsteine an. Hellere Flächen lässt du als Putzreste frei. Gestalte die Übergänge für mehr Tiefe etwas dunkler aus. Die schattigen Stellen gewinnen an Tiefe, wenn du Grafitgrau darauf gibst und sie an den Kanten mit Kohlestift oder schwarzer Aquarellfarbe abdunkelst. Male nicht zu nass. Strukturen schaffst du mit einem trockenen mittleren Rundpinsel, der Schlieren zieht. Hinter dem Tor lässt sich ein Gewächshaus erahnen. Grundiere mithilfe eines kleinen Rundpinsels das braune Holz und den grauen Beton.

Schritt 4

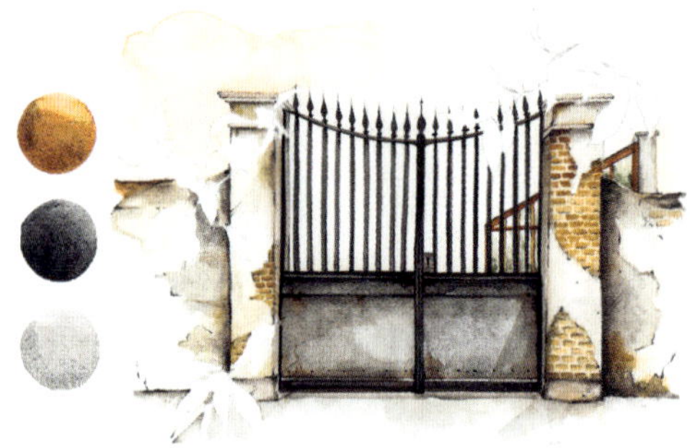

Um dein Tor noch älter wirken zu lassen, setzt du mit einem erdigen Rotbraun rostige Stellen auf das Metall. Erzeuge zusätzliche Tiefe, indem du Gitter und Metall am Boden, mittig und an den Seiten mit weiteren Schichten schwarzer Aquarellfarbe verstärkst. Ein Schlüsselloch, Schatten, der von der Mauer fällt, und ein paar weitere Bleistiftstrukturen lassen dein Tor interessanter erscheinen. Gehe mit dem Bleistift auch immer wieder in die Mauer hinein, um Punkte, Striche und Strukturen zu ergänzen.

Schritt 5

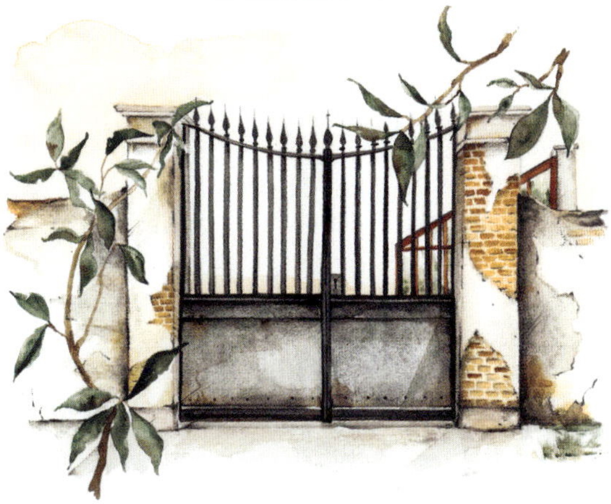

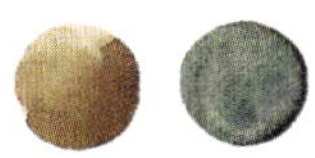

Die Mauer und das Tor werden von den Blättern eines Baumes im Vordergrund umspielt. Greife zu einem kleinen bis mittleren Rundpinsel (je nach Blattgröße) und einem dunklen Olivgrün. Achte darauf, dass du im Tonwert variierst, also durch mehr und weniger Aquarellfarbe hellere und dunklere Blätter erzeugst. In manche Blätter gibst du ein wenig Braun, um einen herbstlichen Charakter herauszukitzeln. Mit dem Rundpinsel deutest du lockere, hellbraune Äste an. Dafür eignet sich zum Beispiel Umbra grünlich sehr gut. Mit demselben Grünton der Blätter malst du ein paar Grasbüschel auf den Boden. Dazu ziehst du mit dem Pinselstiel oder einem alten Borstenpinsel ein paar Striche aus einem noch feuchten, grünen Farbfleck heraus.

Schritt 6

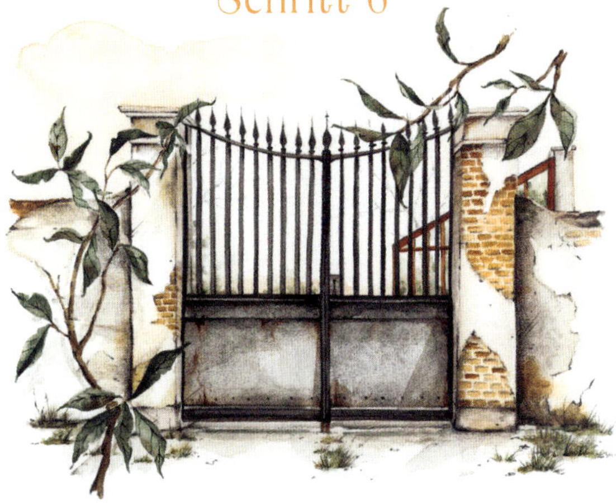

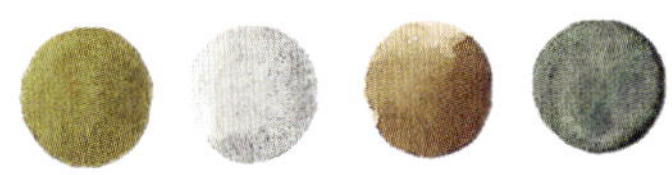

Mit dem Schlepperpinsel und etwas dunklem Olivgrün ziehst du Blattadern in die Blätter. Auf dem Boden ergänzt du weitere Grasbüschel, durchzogen von dunklen Halmen, die für mehr Tiefe sorgen. Hinter dem Tor deutest du ganz sanft Baumstrukturen mit Olivgrün an. Lass diese unscharf wirken, tupfe also nur wenig Farbe auf. Mit einem weichen Bleistift setzt du zusätzliche Punkte und Striche. Male mit dem Rundpinsel weitere rostige Stellen an dein Gartentor. Verwende einen trockenen Pinsel, um die darunterliegenden Schichten nicht anzulösen. Greife abschließend zu deinem Kohlestift und verstärke dunkle Bereiche und Schatten. Zu starke Kanten verblendest du mit dem Estompen. An diesem haften anschließend noch Rückstände von den Kohlepigmenten, die du nutzen kannst, um die Schatten anzudeuten, die Äste und Blätter auf die Mauer werfen.

Tipp

Für Blätter fasst du deinen Pinsel etwas weiter hinten als gewohnt. Dadurch hast du weniger Kontrolle und deine Pflanzenstrukturen wirken natürlicher.

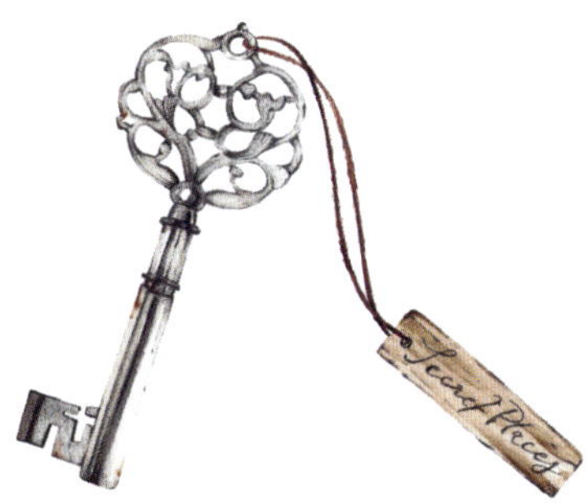

Komm mit zum

GEWÄCHSHAUS

HINTER DEM GROßEN TOR VERBIRGT SICH EIN GEHEIMNISVOLLER GARTEN. DIE SONNE STEHT TIEF, ES IST BEREITS HERBST GEWORDEN. TAUCHE EIN IN DAS GOLDENE LICHT UND ENTDECKE EINEN WUNDERVOLLEN ORT ZUM TRÄUMEN.

FARBEN

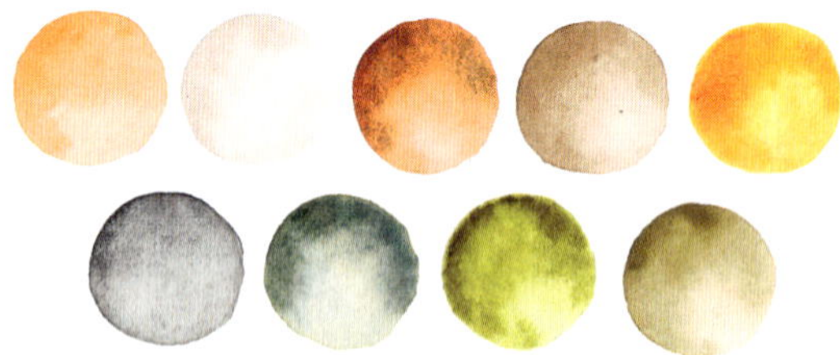

PINSEL

- Verwaschpinsel mit feiner Spitze
- Rundpinsel in kleiner und mittlerer Größe
- Schlepperpinsel
- Flachpinsel

MATERIAL

- Hahnemühle Expression, Originalformat A4
- (Druck-)Bleistift in den Stärken HB und B
- evtl. Küchentuch

VORLAGE

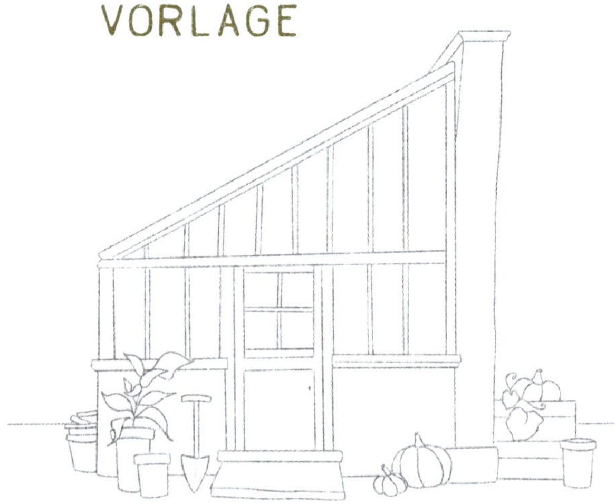

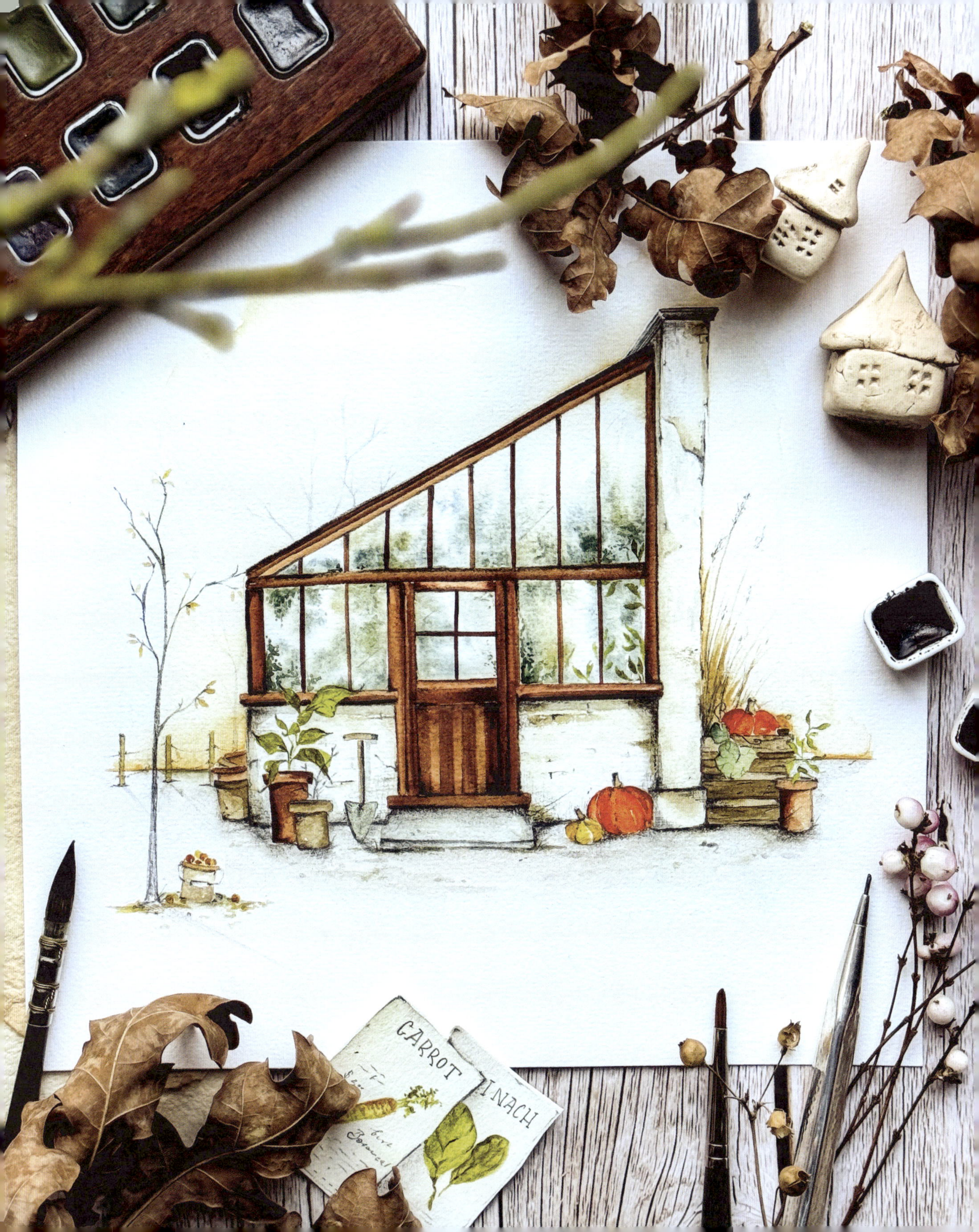
CARROT
INACH

So geht's

Schritt 1

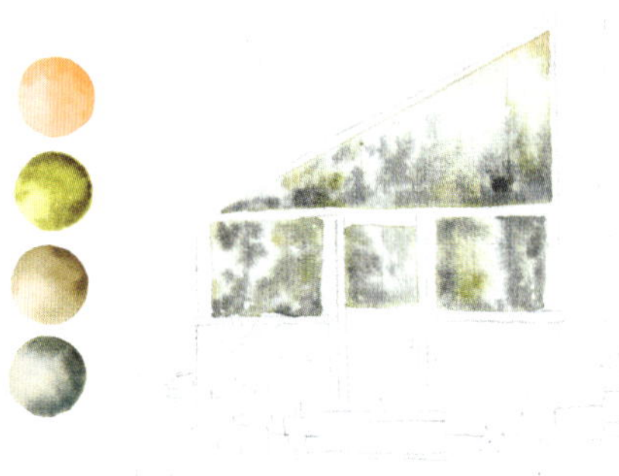

Übertrage deine Vorzeichnung und feuchte die Fensterflächen mit einem mittleren Rundpinsel an. Male nicht zu nass, damit keine Pfützen entstehen. In die angefeuchteten Stellen tupfst du mit der Pinselfläche ein wenig dunkel- und hellgrüne Farbe und lässt sie fließen. Unscharfe Ränder sind hier gewollt. Am oberen Fenster gibst du ein wenig warmgelbe Farbe hinzu.

Schritt 2

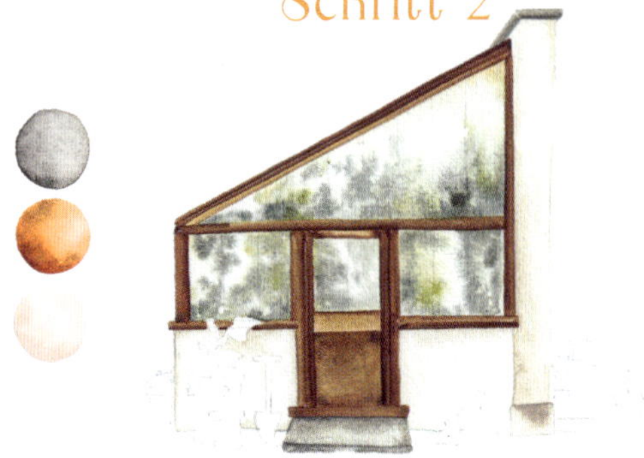

Sind die Fenster getrocknet, deutest du mit dem Flachpinsel und warmem Rotbraun die Holzbalken an. Um einen Hell-Dunkel-Kontrast zu erzeugen, kolorierst du sie bereits in einem mittleren Tonwert, nutzt also mehr Pigment und weniger Wasser. Färbe die Mauern in einem cremefarbenen Ton ein. Es kommen nur wenige Pigmente auf viel Wasser. Deute mit einem Grauton den oberen Teil der Mauer und den Fußtritt an.

Schritt 3

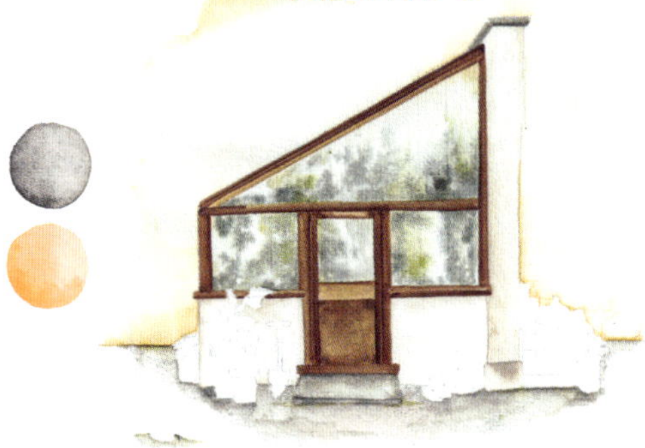

Himmel und Boden bekommen erst jetzt ihre Farben, da es nun leichter ist, den richtigen Tonwert zu bestimmen. Lass die Ränder gerne unregelmäßig auslaufen. Wer es geradliniger mag, kann das Papier mit Masking Tape abgrenzen. Wähle für den Himmel denselben warmen Gelbton wie für den oberen Bereich der Fenster. Für die großen Flächen eignet sich der Verwaschpinsel. Fahre nicht zu nass an den Rändern entlang, damit die Farbe nicht ausläuft. Nach dem Trocknen kolorierst du den Boden in warmem Grau.

Schritt 4

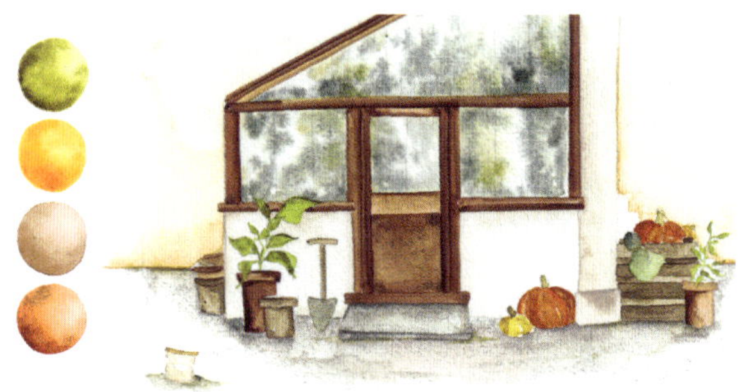

Für die Details sind Rund- und Retuschierpinsel in kleinen Größen ideal. Färbe die Übertöpfe in verschiedenen Brauntönen ein. Setze dabei erneut das Rotbraun der Balken sowie einen natürlichen Umbraton ein. Für die Pflanzen eignen sich gelbgrüne Nuancen. Orange- und Gelbtöne bringen deine Kürbisse zum Leuchten.

Schritt 5

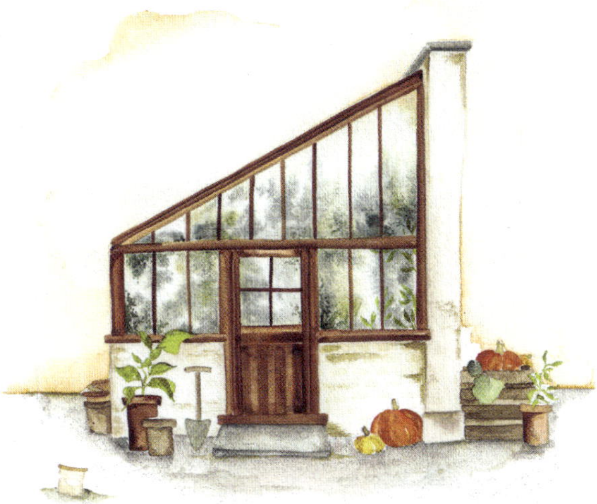

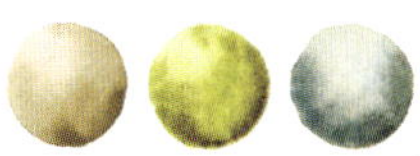

Bringe mehr Tiefe in dein Gewächshaus. Da die erste Schicht durch die Lavierung unscharf und verschwommen ist, wirkt sie optisch weiter weg. Mit einem kleinen Rund- und Schlepperpinsel deutest du nun in höher pigmentierten Grüntönen zarte Blätter- und Pflanzenstrukturen an. Diese erscheinen durch die stärkere Farbgebung und schärfere Begrenzung näher am Fensterglas. Deute mit dem Schlepperpinsel durch wenige Striche und Tupfen einige Hängepflanzen an.

Tipp

Achte auf einen warmen goldgelben Ton für den Himmel. Grüntöne sollten nicht zu blaustichig sein. Besonders wirkungsvoll ist der Einsatz granulierender Grünnuancen bei den Fenstern des Gewächshauses.

Schritt 6

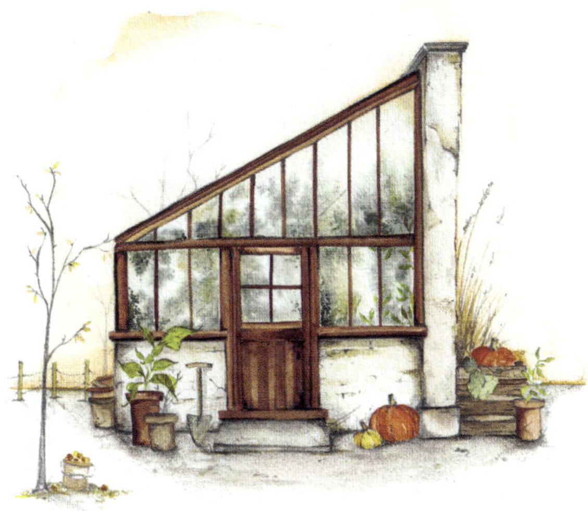

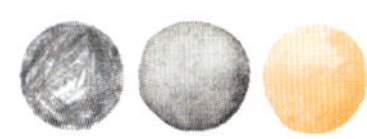

Male mithilfe des Schlepperpinsels und dem warmen Gelbton lange Gräser. Nimm dir auch einen Bleistift zu Hilfe und setze durch bewusst wackelige Striche und Punkte Strukturen an das Mauerwerk, die an verputzte Ziegel und Risse erinnern. Nutze den Bleistift auch für Baumstrukturen. Durch leichten Druck entstehen zarte Äste und Bäume im Hintergrund, durch mehr Druck oder einen weicheren Bleistift wirken die Bäume näher. Ein paar gelbe Blätter unterstreichen die herbstliche Stimmung. Unterhalb des Gewächshauses, der Übertöpfe und der Bäume deutest du nach rechts vorne verlaufende Schatten an. Je länger du diese ziehst, desto tiefer scheint die Sonne zu stehen.

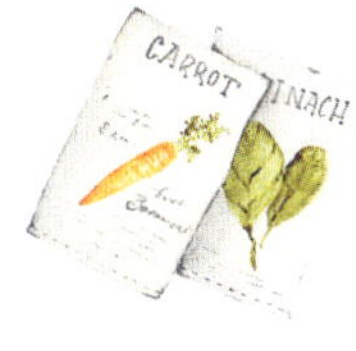

Im GEWÄCHSHAUS

WIE SCHÖN ES HIER IST! IM GEWÄCHS-HAUS GIBT ES SO VIEL ZU ENTDECKEN. ALL DIE PFLANZEN, ALTEN BLUMENTÖPFE UND AUCH DER BLAUE SCHRANK MIT DEN UNZÄHLIGEN SCHUBLADEN SCHEINEN AUF DICH ZU WARTEN.

FARBEN

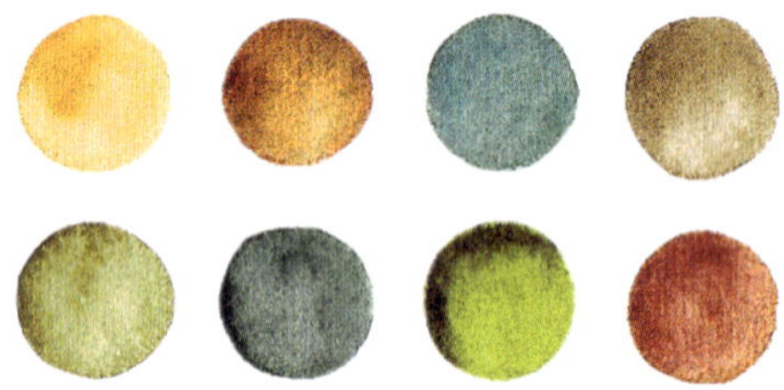

PINSEL

- Verwaschpinsel
- Rundpinsel
- Schlepperpinsel
- Flachpinsel
- Retuschierpinsel

MATERIAL

- Hahnemühle Expression, Originalformat A4
- (Druck-)Bleistift
- evtl. Küchentuch

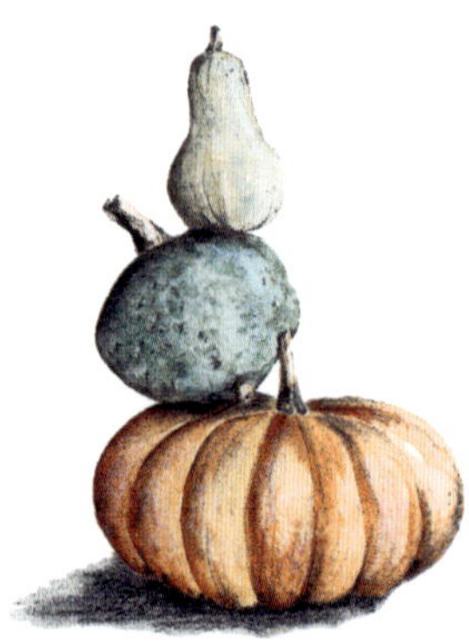

VORLAGE

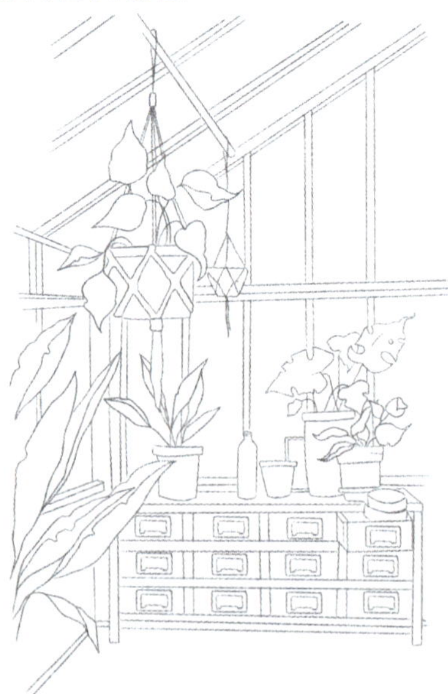

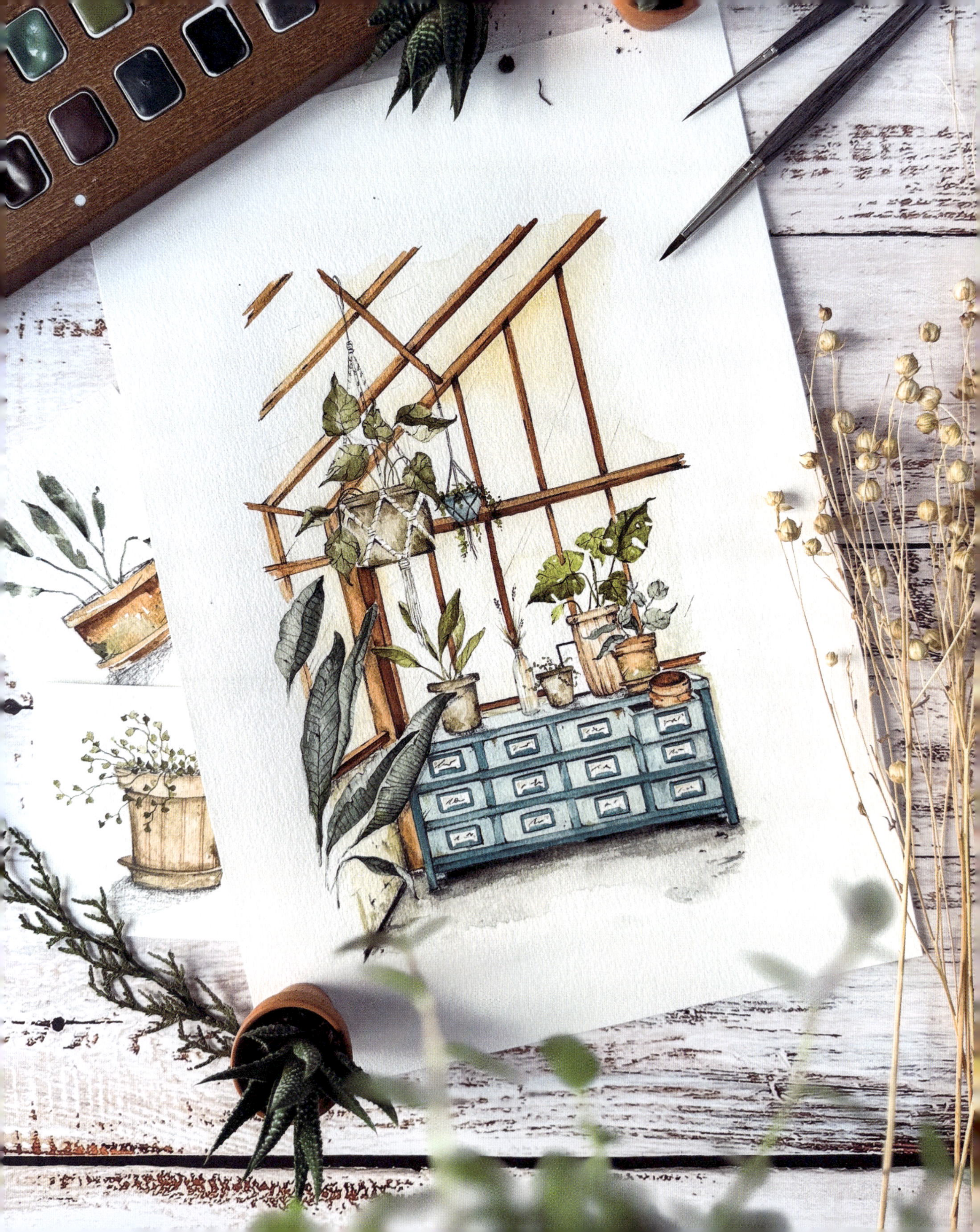

So geht's

Schritt 1

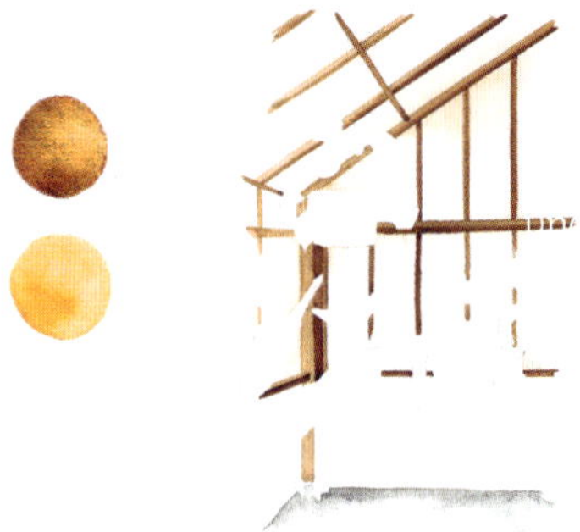

Grundiere den Himmel mit einem warmen, gelben Farbton. Arbeite dabei mit wenig Farbe und einem Verwaschpinsel. Die Balken musst du nicht aussparen, lass aber die Flächen für die Pflanzen weiß. Nach dem Trocknen ziehst du mithilfe des Flachpinsels und goldbrauner Aquarellfarbe die Balken. Halte die unteren Bereiche der Querbalken etwas dunkler. Am Boden trägst du grafitgraue Farbe mit dem Verwaschpinsel auf.

Schritt 2

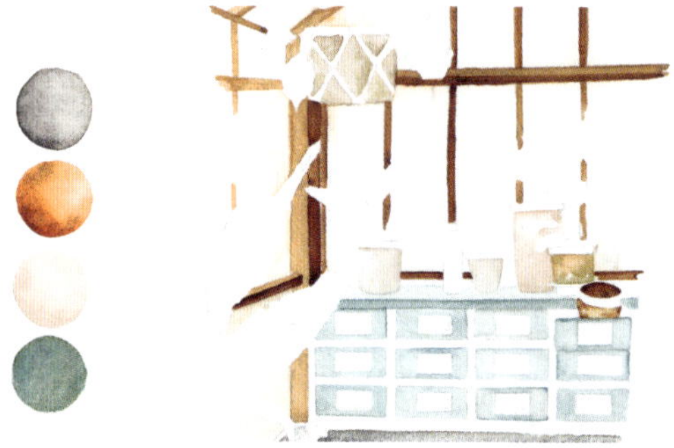

Mit dem Rundpinsel und verschiedenen Brauntönen wie Goldbraun und Umbra grünlich färbst du die Pflanztöpfe ein. Der Schrank ist in Petrol gehalten. Diesen Farbton kannst du in der Kombination von Ultramarinblau und einem blaustichigen Grünton nachempfinden und selbst anmischen. Nimm dir Zeit, um Fläche für Fläche einzufärben, und spare die weißen Räume an den Schubladen sorgsam aus.

Schritt 3

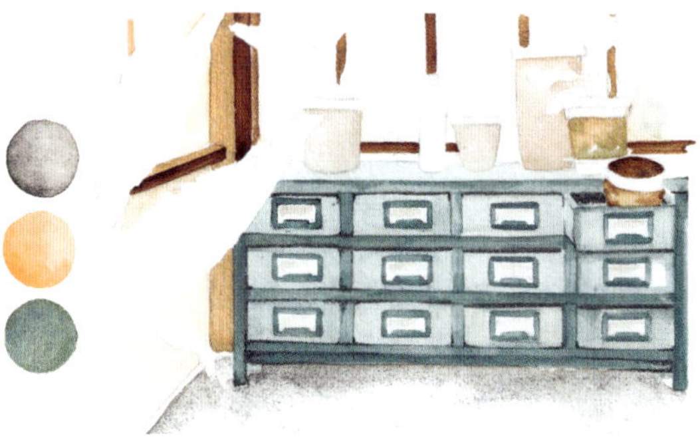

Mit dem gleichen Farbton und einem Rundpinsel ergänzt du die restlichen Teile des Schrankes. Mische deinen Farbton mit mehr Pigment und einem niedrigeren Wasserverhältnis an. Umrande die weiß ausgesparten Flächen an den Schubladen und töne die Seiten- und Zwischenräume dunkler ein als die Schubladen.

Schritt 4

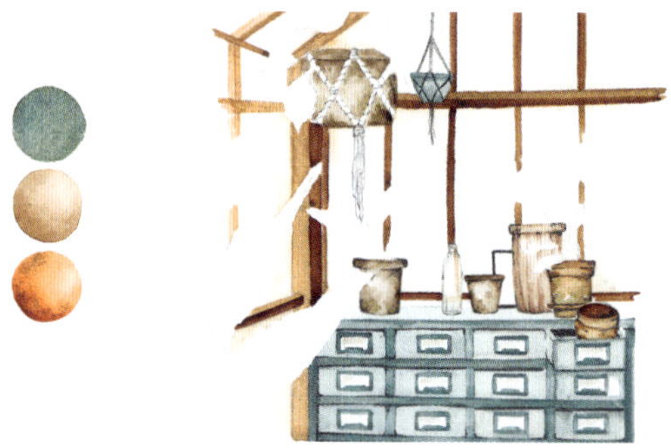

Mit den Brauntönen und einem kleinen Rundpinsel arbeitest du die Blumentöpfe aus. Gib besonders an den Rändern mehr Pigment dazu. Etwas Grün wirkt wie Moos an den Töpfen. Lass den Farbton des Schranks in einem der hängenden Töpfe noch einmal aufblitzen. Mit dem Bleistift ergänzt du die zarten Strukturen der Blumenampeln. Die Glasvasen illustrierst du, indem du ein wenig bläuliches Pigment an die Ränder des Objektes gibst und den Balken des Gewächshauses hinter dem Glas sehr hell und leicht versetzt wirken lässt.

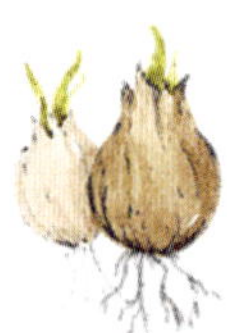

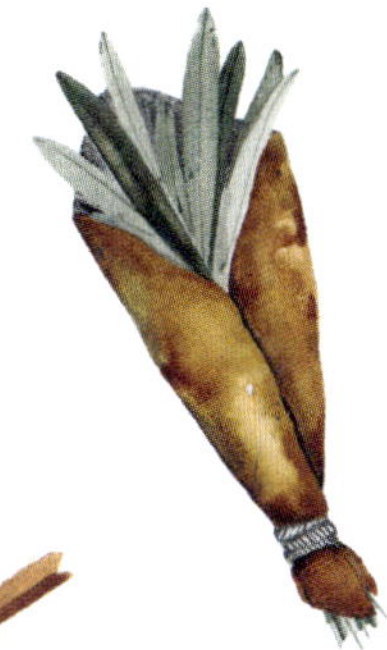

Schritt 5

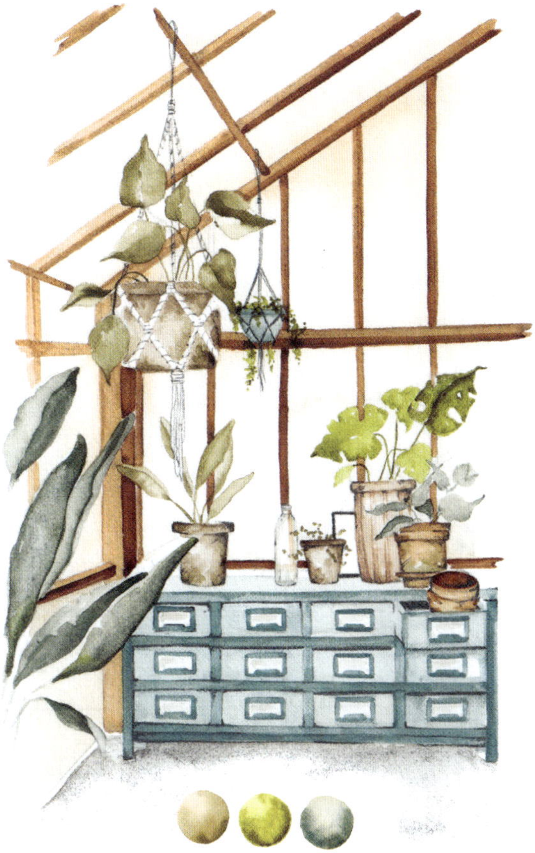

Schnappe dir verschiedene grüne Nuancen und erdige Naturtöne. Kleine rankende Blätter gelingen dir mit tupfenden Bewegungen des Schlepperpinsels. Bei größeren Pflanzen kommt der Rundpinsel zum Einsatz. Auf diese Weise wanderst du von Topf zu Topf.

Schritt 6

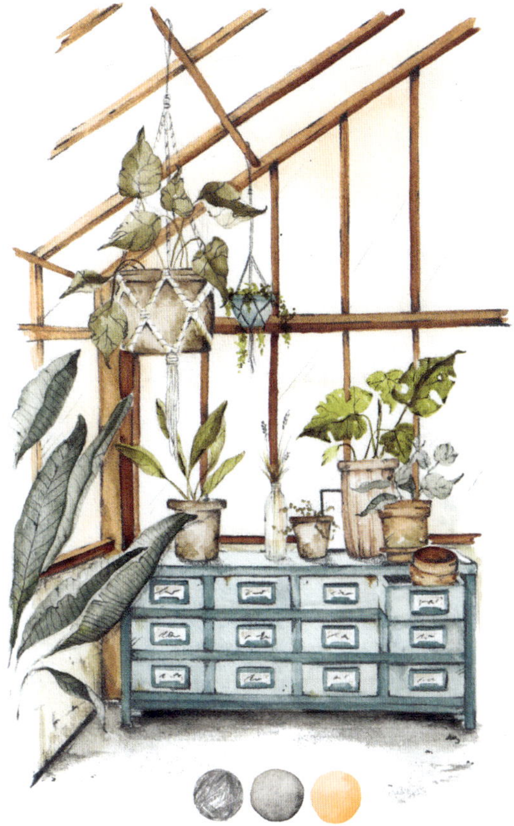

Verlier dich in den Details. Mit einem feinen Rundpinsel oder dem Schlepperpinsel lässt du Blattadern entstehen. Greife anschließend zum Bleistift und bringe mehr Kontrast in dein Werk. Ergänze zum Beispiel überall dort dunkle Stellen, wo sich die Balken treffen. Ein paar einfache Bleistiftstriche auf den gelben Fensterflächen unterstützen die Glas-Optik. Der Schrank wirkt älter und abgenutzter, wenn du ein paar dunkle und rostige Flecken mit Bleistift und erdiger, oranger Aquarellfarbe platzierst. Der Boden und die Seitenwand erscheinen schmutziger und lebendiger, wenn du Schatten unter den Schrank malst und durch Striche und Punkte zusätzliche Struktur in die Bereiche bringst.

Tipp

Bei knalligen Mischergebnissen gibst du einfach etwas Umbra grünlich dazu. Es dämpft zu intensive Strahlkraft ab.

Der PFLANZTOPF

LASS UNS NÄHERTRETEN UND ETWAS GENAUER HINSEHEN. IST DIR SCHON EINMAL AUFGEFALLEN, WIE SCHÖN DIE STRUKTUREN UND MASERUNGEN EINES ALTEN TONTOPFES SIND?

FARBEN

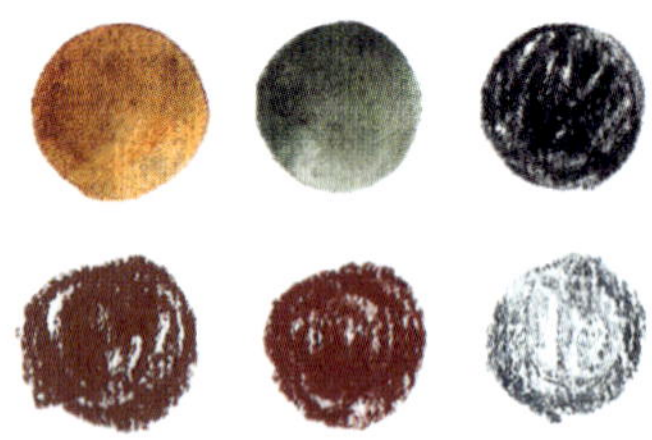

PINSEL

- Verwaschpinsel
- Rundpinsel
- Retuschierpinsel
- Schlepperpinsel

MATERIAL

- Hahnemühle Expression, Originalformat A4
- (Druck-)Bleistift
- Ölpastellkreiden (alternativ: Buntstifte in erdigen Brauntönen und Moosgrün)
- Papierwischer
- evtl. Küchentuch

VORLAGE

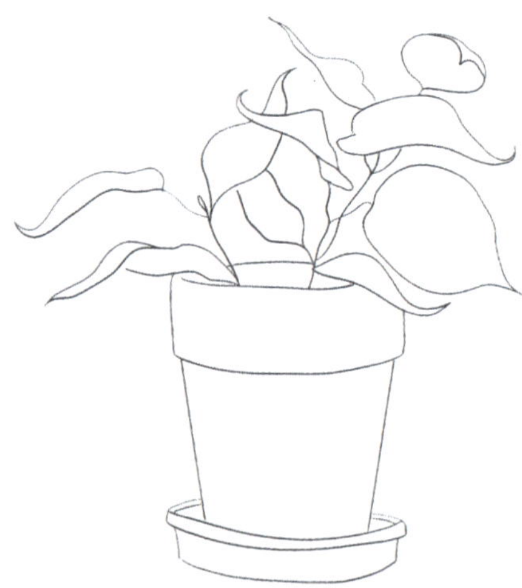

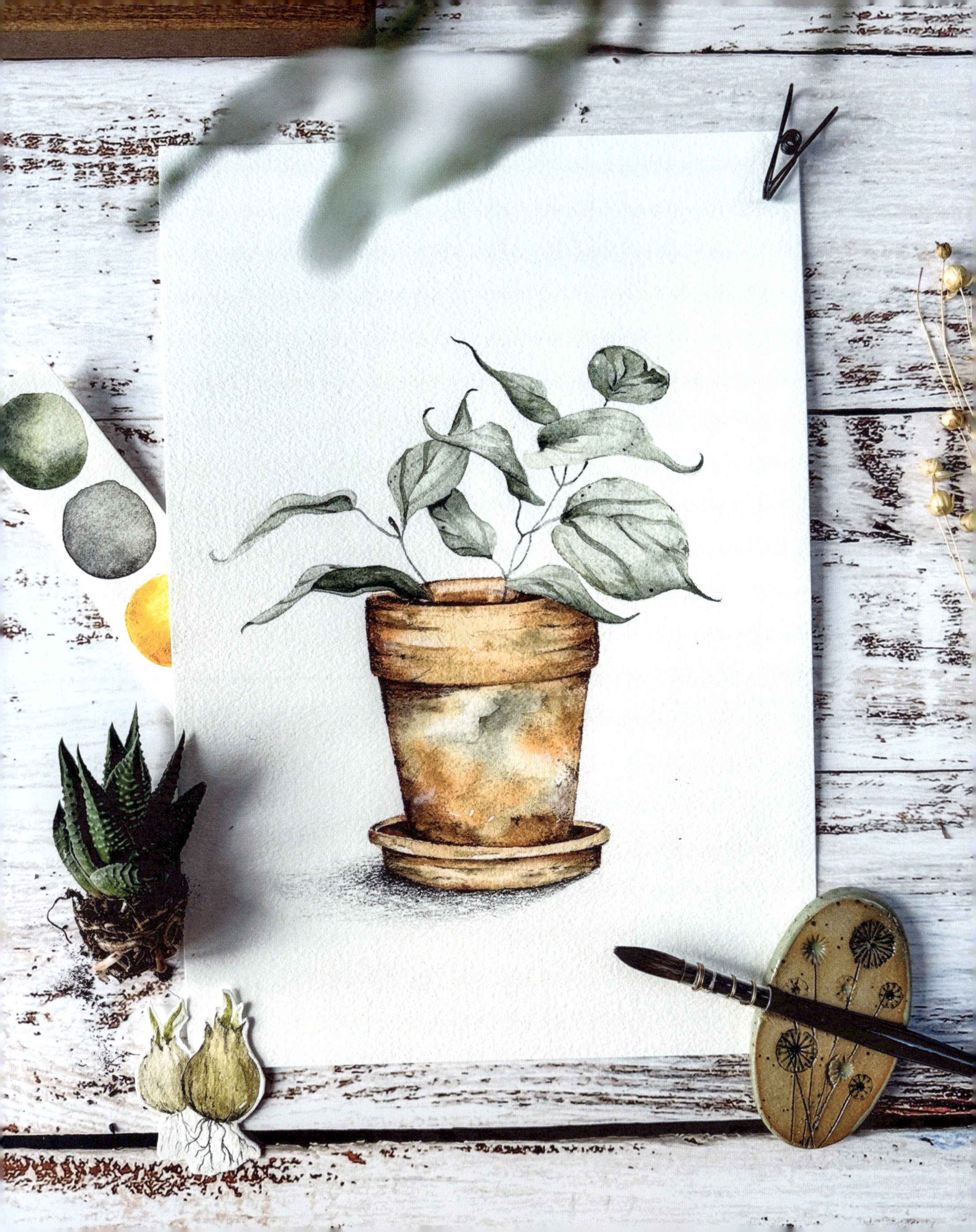

So geht's

Schritt 1

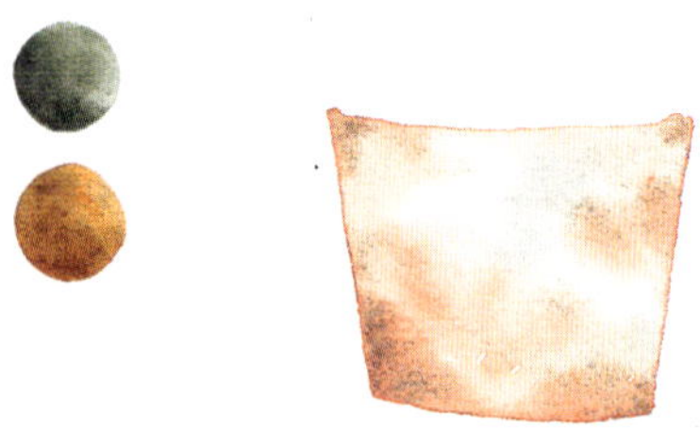

Einen alten Tontopf zu illustrieren, gelingt besonders gut, wenn du Nass in Nass aquarellierst. Feuchte dazu deine Fläche leicht an und gib vor allem an die Ränder goldbraune Farbe. Nutze sehr gerne auch granulierende Farbtöne, denn der Effekt passt hervorragend zur porösen Oberfläche des Tons. Ein wenig natürliches Oliv- oder Moosgrün lässt den Topf älter wirken.

Schritt 2

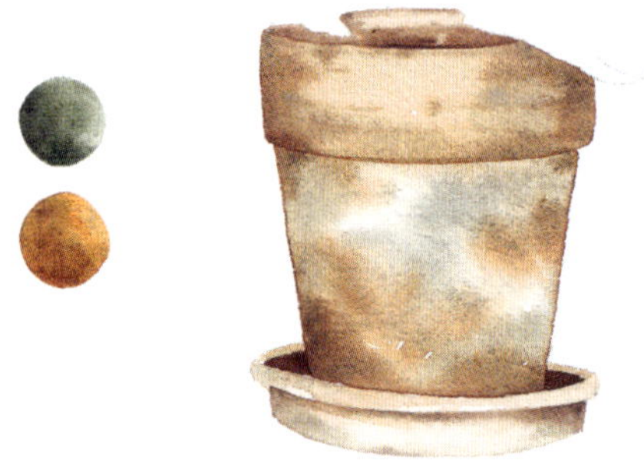

Genau wie beim ersten Schritt gehst du auch bei den anderen Flächen des Tontopfes vor. Achte darauf, die einzelnen Flächen trocknen zu lassen, ehe du die nächsten malst. So vermeidest du, dass die Farben ineinanderlaufen. Das Innere des Tontopfes und des Untersetzers kolorierst du dunkler. Platz für Blätter sparst du sorgfältig aus.

Schritt 3

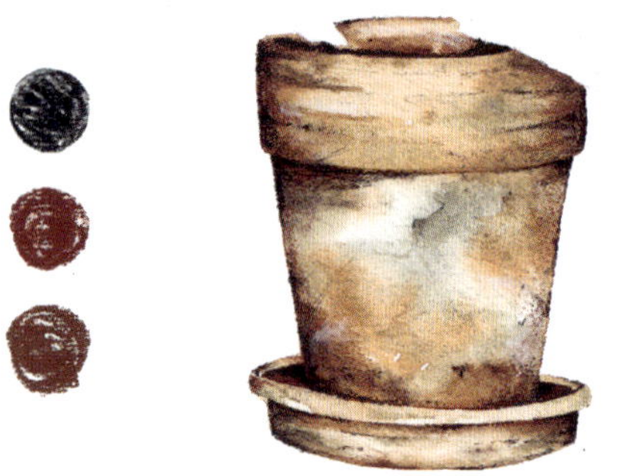

Mit einem trockenen Pinsel kannst du Schlieren und andere Oberflächenstrukturen entstehen lassen. Trau dich, weitere Medien zu testen. Ölpastellkreiden zum Beispiel geben deinem Topf eine wunderschöne Struktur. Wähle Farbtöne, die zu denen passen, die bereits in deiner Illustration vorkommen. Strukturen, die dir zu stark erscheinen, kannst du mithilfe des Papierwischers sanft verblenden. Ein weißer Ölpastellstift hinterlässt so etwas wie Kalkreste – probiere das unbedingt aus!

Schritt 4

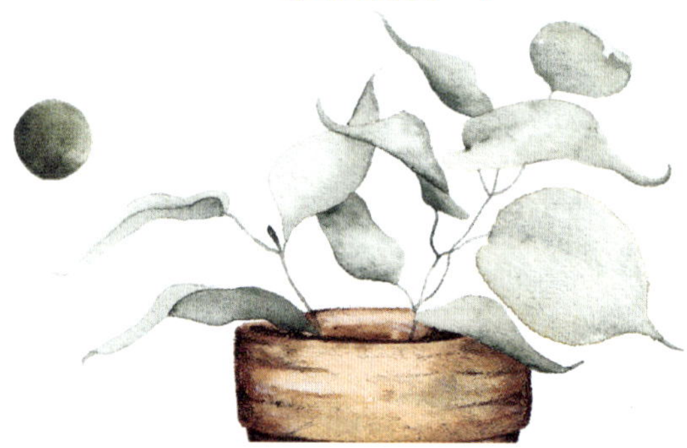

Besonders schön und natürlich wirken Blätter, wenn sie aus verschiedenen Perspektiven gemalt werden. Achte auf verschiedene Blickwinkel und Blattgrößen, wenn du sie frei skizzierst. Mit einem sanften, dunklen Olivgrün und einem mittleren Rundpinsel grundierst du die Blätter der Pflanze. Lass einige hell und andere etwas dunkler erscheinen. Nachdem die Blätter koloriert sind, verbindest du sie mithilfe des Schlepperpinsels mit ihren Stielen.

Schritt 5

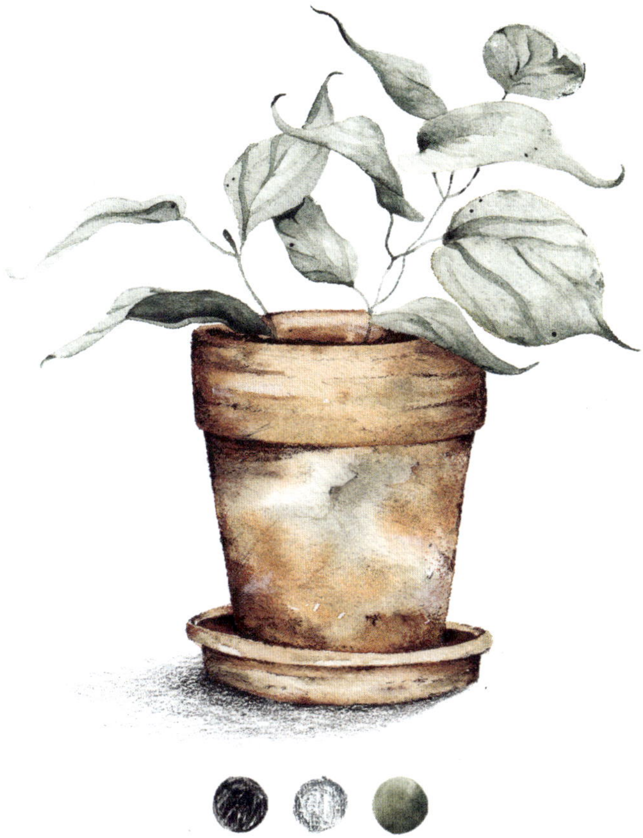

Mit einem Rund- oder Schlepperpinsels ergänzt du die Blattadern und einige Pünktchen in demselben Farbton. Der Schatten unterhalb des Topfes sorgt dafür, dass er nicht mehr so frei im Raum schwebt. Nutze dafür gerne noch einmal die Ölpastellkreide, diesmal in einem dunkelbraunen bis schwarzen Farbton. Durch die nicht vollkommen glatte Oberfläche deines Aquarellpapiers entsteht eine lebendige und schöne Struktur. Die dunkelste Stelle liegt direkt am Topf und wird davon ausgehend heller. Das erreichst du, indem du immer weniger Druck auf die Kreide ausübst.

Tipp

Haarspray oder Fixativ?
Um dein fertiges Bild vor dem Verwischen zu schützen, brauchst du ein fixierendes Spray. Nutze dazu vorzugsweise ein Universal Fixativ, zum Beispiel von Schmincke. Haarspray kann mit der Zeit vergilben.

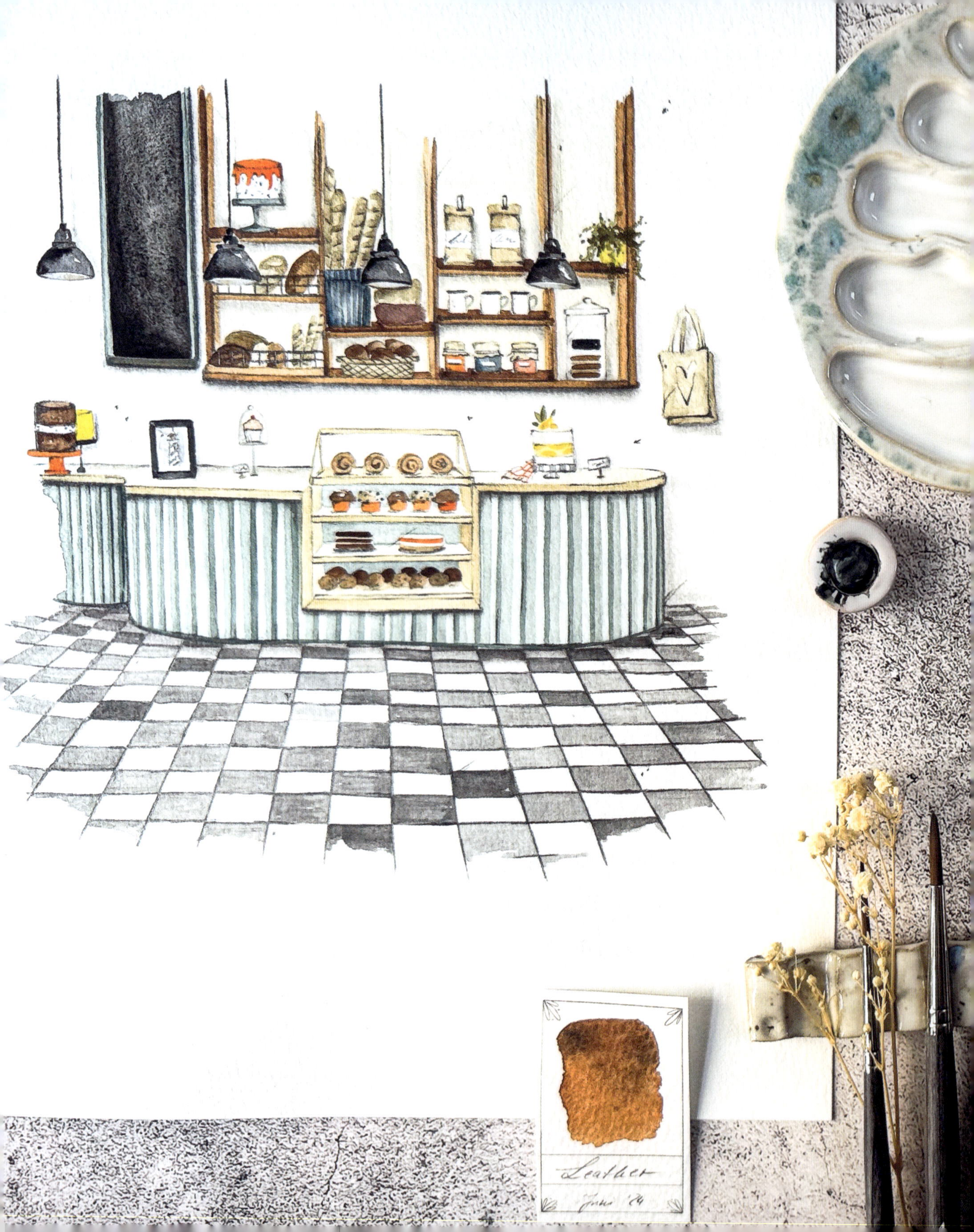
Leather

Das Café in der Maple Avenue

WILLKOMMEN IN DER MAPLE AVENUE! LASS UNS DIE ALTE AHORNALLEE ENTLANGGEHEN UND SCHAUEN, WOHIN SIE UNS FÜHRT.

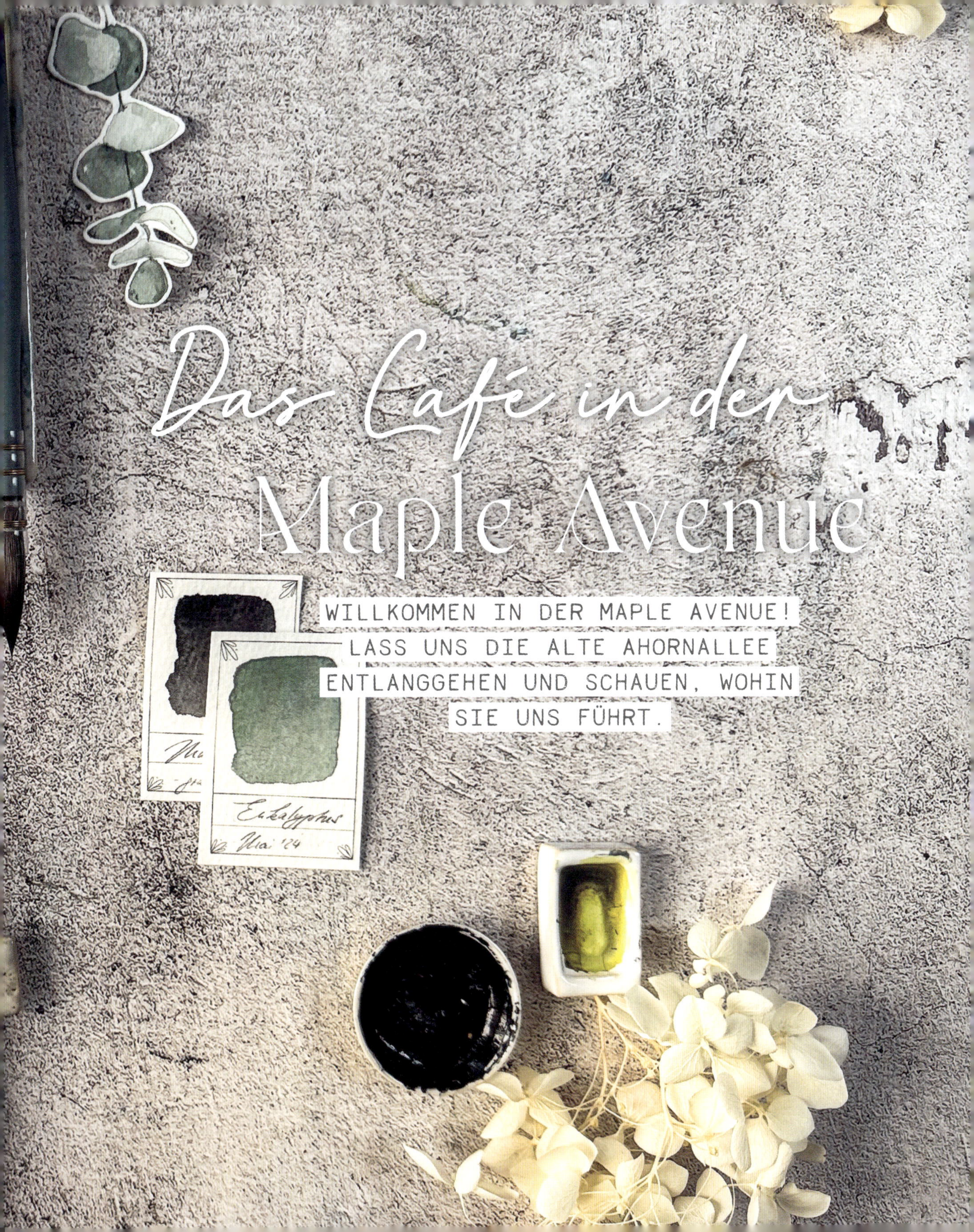

ÜBUNGSSEITE

AB UND ZU FÄLLT ES SCHWER, EIN PAAR KREATIVE STUNDEN IN SEINEN ALLTAG EINZUBAUEN. MIT KLEINEN PINSELÜBUNGEN GEHT ES GANZ EINFACH.

ÜBUNG 1

Lockere Bäume

Um Bäume zu malen, nimmst du einen Verwaschpinsel und lässt ein paar Kleckse auf deinem Übungspapier entstehen. Achte darauf, helle und dunkle Stellen einzubauen. Teste verschiedene Farbtöne wie frühlingsfrisches Gelbgrün, saftiges Dunkelgrün oder herbstlichere Nuancen mit mehr Braun. Lass die Tupfen trocknen und ergänze mit einem Kohle- oder Buntstift Stamm, Äste und Zweige.

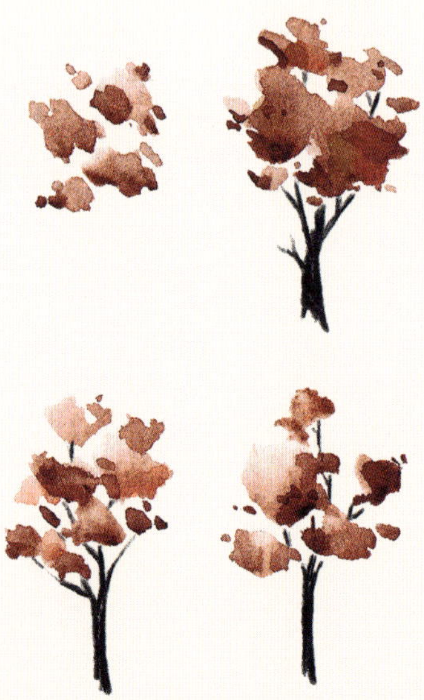

ÜBUNG 2

Metall malen

Glatte Oberflächen zeichnen sich vor allem dadurch aus, dass sie schimmernde Lichtreflexe erzeugen. Um diesen metallischen Glanz in deinen Bildern einzufangen, ist es wichtig, weiße Flächen stehen zu lassen. Genau das kannst du an diesen Straßenschildern üben.

Auf der linken Seite siehst du eine Version mit grafitgrauer Aquarellfarbe, ergänzt durch Bleistift. Auf der anderen Seite ist das gleiche Schild mithilfe von Eisenoxidschwarz und Kohle entstanden. Solltest du einmal vergessen, weiße Lichtstreifen auszusparen, kannst du sie im Nachhinein noch mit einem weißen Gelstift oder weißer Gouache einfügen.

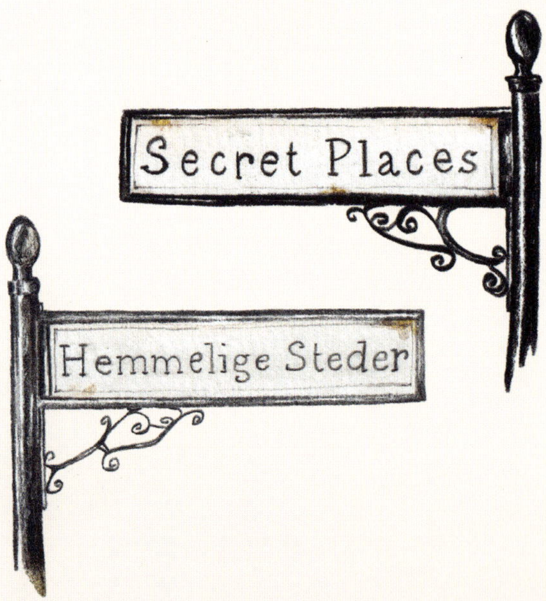

ÜBUNG 3

Ein kleines Motiv pro Tag

Wann ist deine liebste Zeit zum Malen? Wie oft kommst du überhaupt dazu? Kleine, überschaubare Motive sind leicht in den Alltag zu integrieren und helfen dir dabei, in Übung zu bleiben, dich „warm zu malen" oder Neues zu probieren. Mach es dir dazu gemütlich und nimm dir eines dieser leckeren Bilder vor. Nach und nach wird auf diese Weise eine ganze Sammlung an Mini-Illustrationen entstehen.

Mach dir auch Gedanken, wie du ein und dasselbe Element unterschiedlich darstellen könntest. Schaffst du es zum Beispiel, das Croissant in verschiedenen Stilen anzudeuten? So füllst du deine Regale im Café ganz individuell.

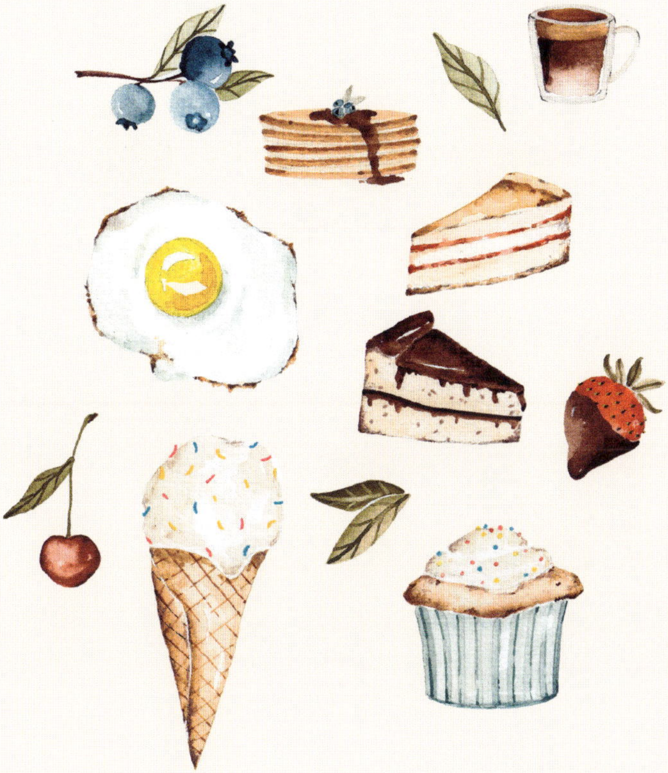

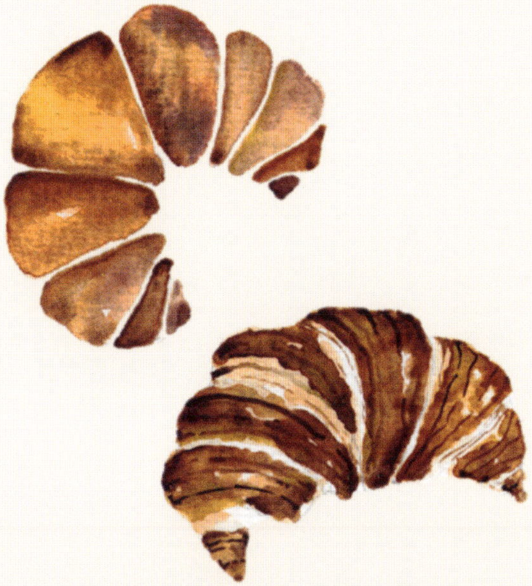

Tipp

Wo könnte man sich bessere Inspiration holen als in einem gemütlichen Café? Nimm dir ein Skizzenbuch mit und lass zu einem guten Kaffee und leckerem Gebäck ein paar Entwürfe entstehen.

Maple AVENUE

DIE LUFT RIECHT HERBSTLICH NACH LAUB UND AHORNSIRUP. UND SELTSAMERWEISE AUCH NACH FRISCH GEBACKENEM KUCHEN. LASS UNS DIESEM WUNDERVOLLEN PFAD DER DÜFTE FOLGEN!

FARBEN

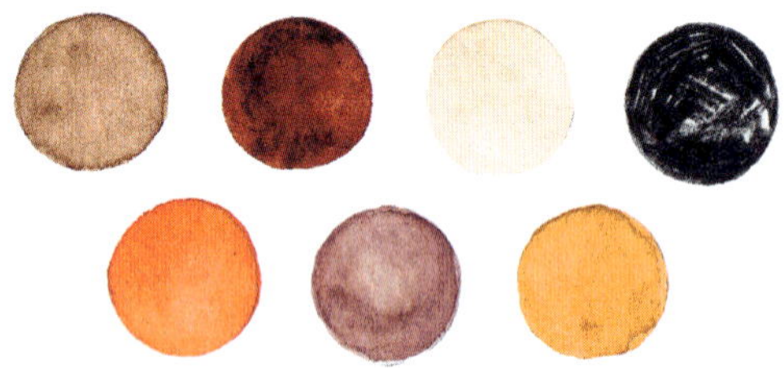

PINSEL

- Verwaschpinsel
- Rundpinsel
- Schlepperpinsel
- Retuschierpinsel

MATERIAL

- Hahnemühle Expression, Originalformat A4
- Kohlestift
- Küchentuch

VORLAGE

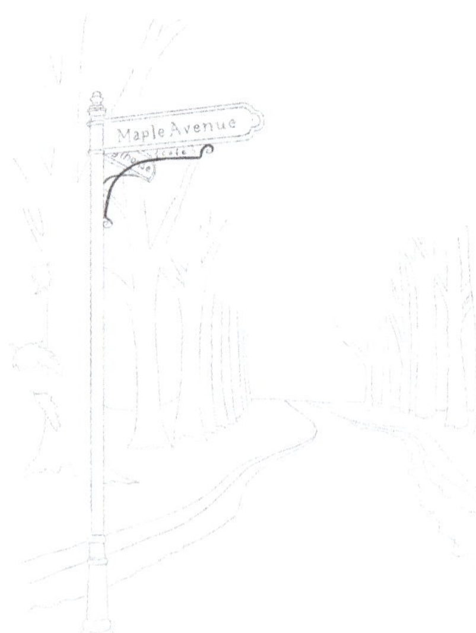

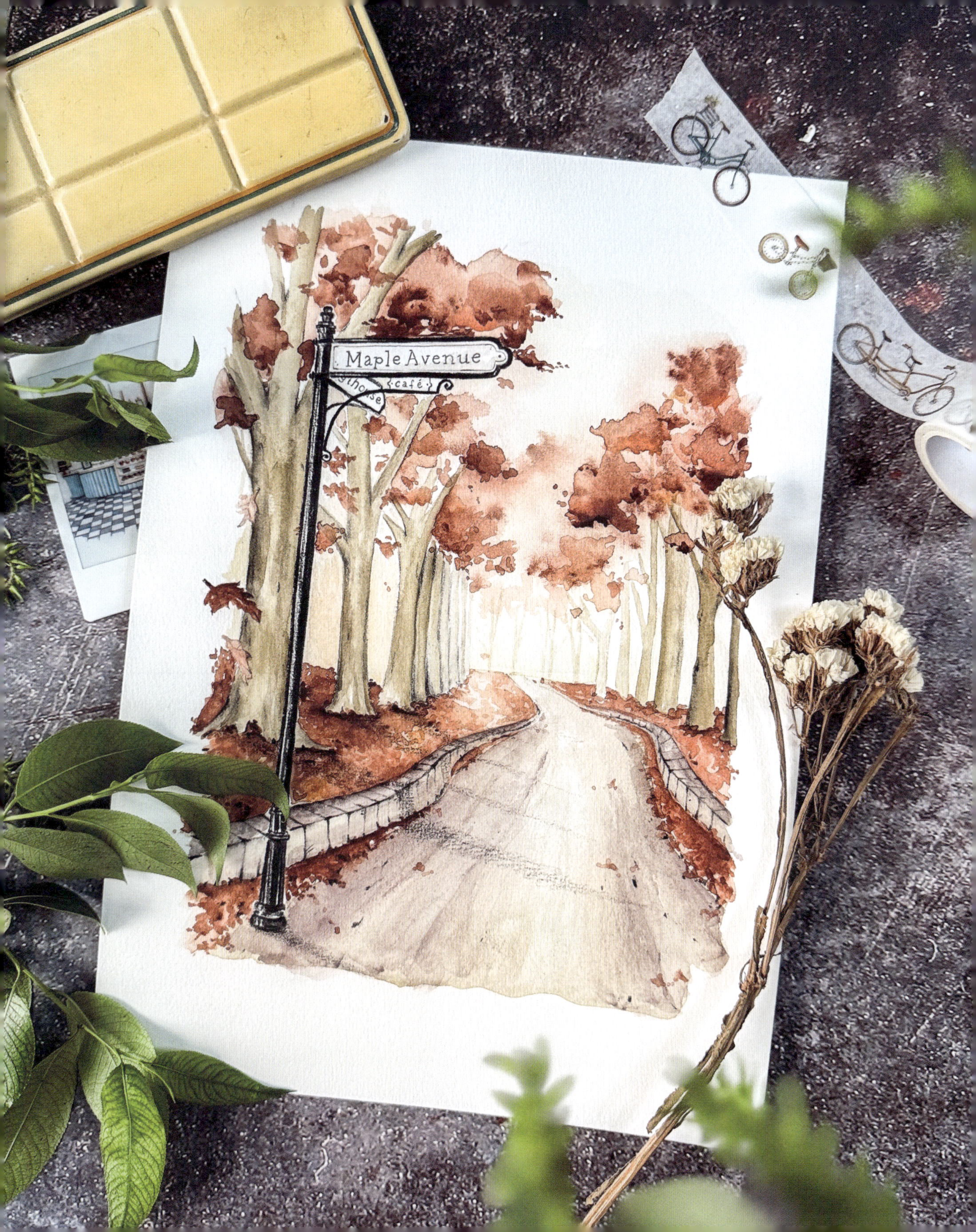
Maple Avenue
café

So geht's

Schritt 1

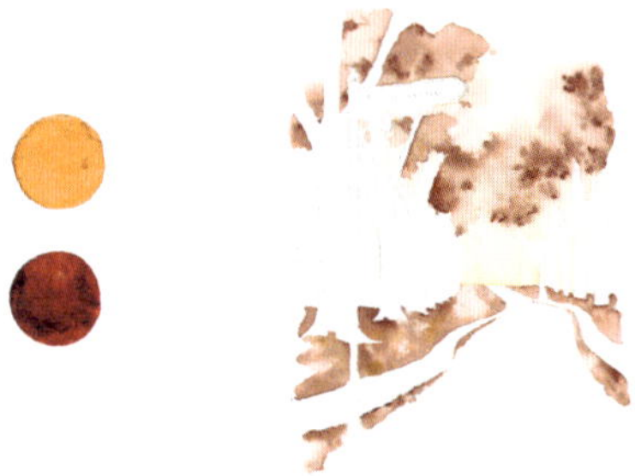

Belasse deinen Aquarellbogen am vierseitig verleimten Block oder spanne das Papier auf. Das Motiv benötigt viel Wasser. Deute mit dem Verwaschpinsel und zartem Gelb das Ende des Weges und die Zwischenräume der Bäume an. Spare die Stämme aus. Durch Kleckse und Tupfen in tiefem Rotbraun erschaffst du die Baumkronen. Drücke dabei gelegentlich den gesamten Kopf des Verwaschpinsels auf das Papier. Den Boden färbst du in demselben Rotton.

Schritt 2

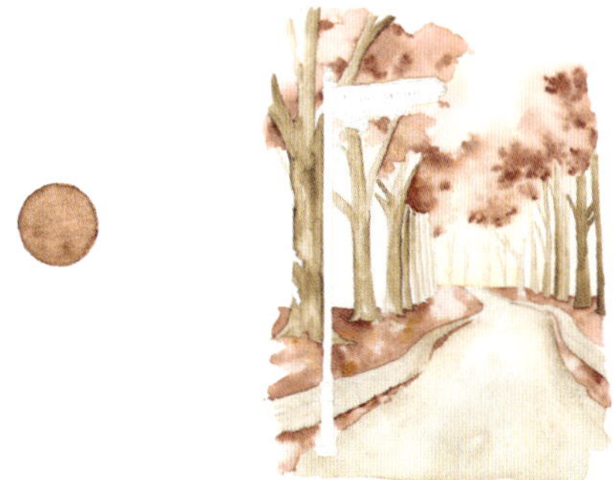

Mit dem Verwaschpinsel und einem natürlichen Braunton, etwa Umbra grünlich, kolorierst du den Pfad und die Baumstämme. Für die Tiefenwirkung ist es wichtig, dass die Stämme entlang des Weges immer schmaler und heller werden. Im vorderen Bereich sind sie wesentlich dunkler.

Schritt 3

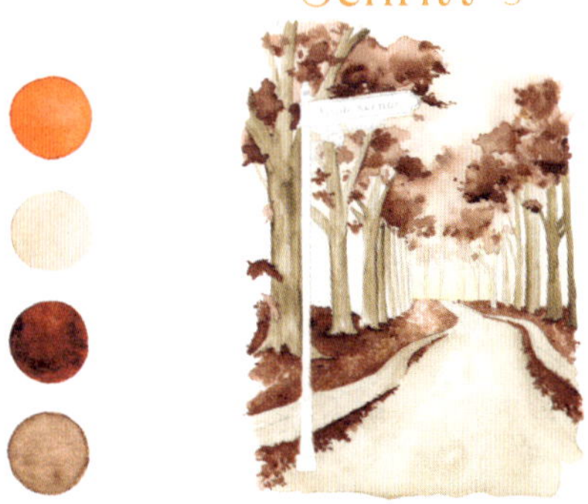

Nun bringst du Detailreichtum ins Bild. Ergänze mit dem Schlepperpinsel Punkte und Kleckse an den Baumkronen und am Boden. Gehe dabei immer wieder in deine Farbe und arbeite im vorderen Bereich dunkle Blickpunkte ein. Fallende Blätter dürfen hier detaillierter dargestellt werden. Greife dazu gerne zu einem kleinen Rundpinsel.

Schritt 4

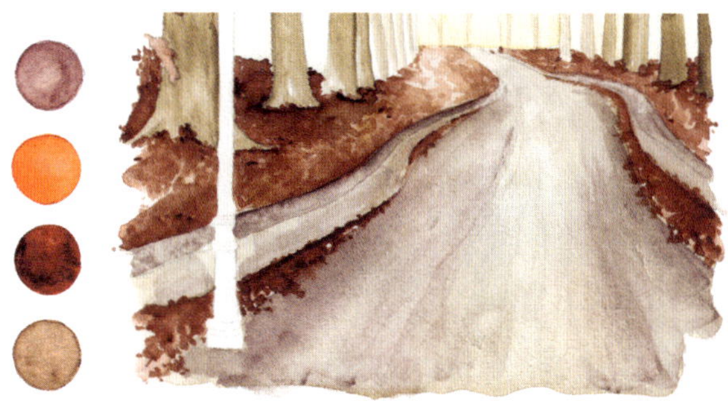

Male nicht zu nass. Nimm dir ein wenig Neutraltinte und ziehe immer wieder Schlieren über den Pfad und die Bordsteinkante. Durch die trockenere Malweise entstehen interessante Unebenheiten. Noch mehr Strukturen erzeugst du, indem du an einigen Stellen mit Küchentuch feuchte Farbe abtupfst. Wichtig dabei ist es, nicht zu reiben, sondern das Papier nur kurz aufzudrücken. Steinstrukturen wie der Bordstein erscheinen nun schön uneben.

Schritt 5

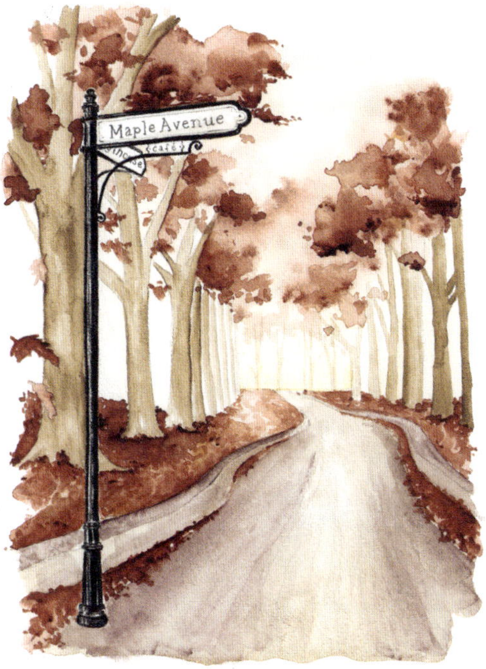

Schritt 6

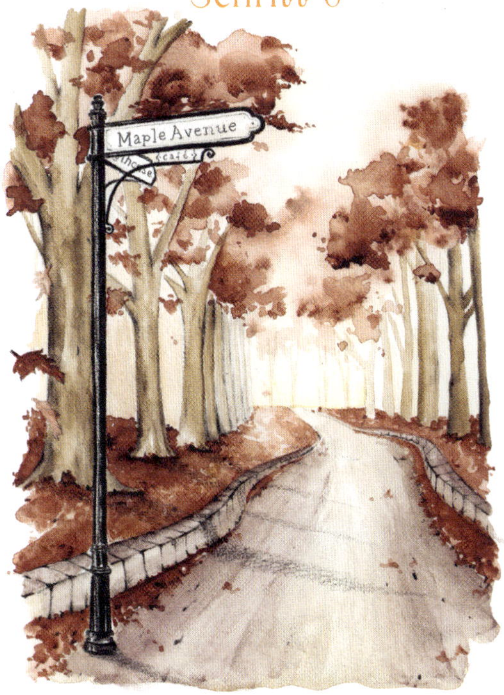

Färbe das alte Straßenschild in einem ganz leichten Neutraltinteton ein und ergänze ein paar rostige Stellen. Dazu lässt du die Grundierung trocknen und tupfst mit einem kleinen Rundpinsel ein paar orange Stellen auf. Für die Eisenstange greifst du zu einem Kohlestift und schwarzer Aquarellfarbe wie granulierendem Eisenoxidschwarz. Spare einige Stellen für weiße Lichtreflexe aus. Achte bei den kleinteiligen Details darauf, dass dein Pinsel nicht zu nass und dein Kohlestift gut angespitzt ist.

Mit dem Kohlestift deutest du mit wenigen Strichen die einzelnen Steine des Bordsteins an. Auch Schatten und Strukturen an den Bäumen lassen sich damit gut darstellen. Mit dem Schlepperpinsel und dem rotbraunen Ton ergänzt du etwas Laub auf dem Gehweg. Hebe die Rinde der Bäume hervor, indem du mit deinem Braun und dem Kohlestift hineingehst. Besonders die vorderen Bäume leben von den Details.

Tipp

Du magst es lieber sommerlich? Tausche das Gelb und Rot durch Himmelblau und ein natürliches Grün. Für Winterbilder lässt du die Baumkronen weg und ergänzt Äste, Zweige und viel Schnee.

Das geheime CAFÉ

KOMMT DIESER SÜßE DUFT NACH KUCHEN UND FRISCHEM BROT VON HIER? WAS FÜR EIN SCHÖNER SECRET PLACE. VIELLEICHT SOLLTEN WIR INNEHALTEN ODER SOGAR EINTRETEN, BEVOR WIR WEITER DIE VERWINKELTE GASSE ERKUNDEN.

FARBEN

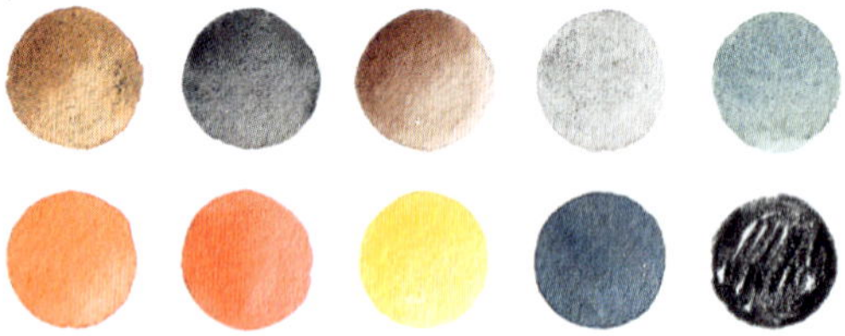

PINSEL

- Verwaschpinsel mit feiner Spitze
- Rundpinsel in kleiner und mittlerer Größe
- Schlepperpinsel
- Flachpinsel
- Retuschierpinsel

MATERIAL

- Hahnemühle Expression, Originalformat A4
- (Druck-)Bleistift in den Stärken HB und B
- evtl. Küchentuch
- Papierwischer

VORLAGE

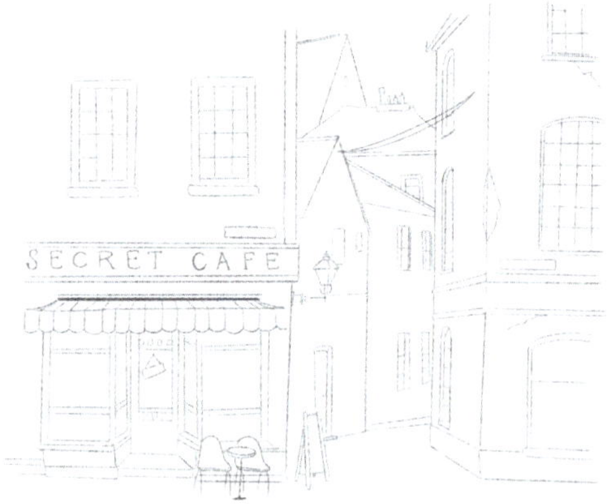

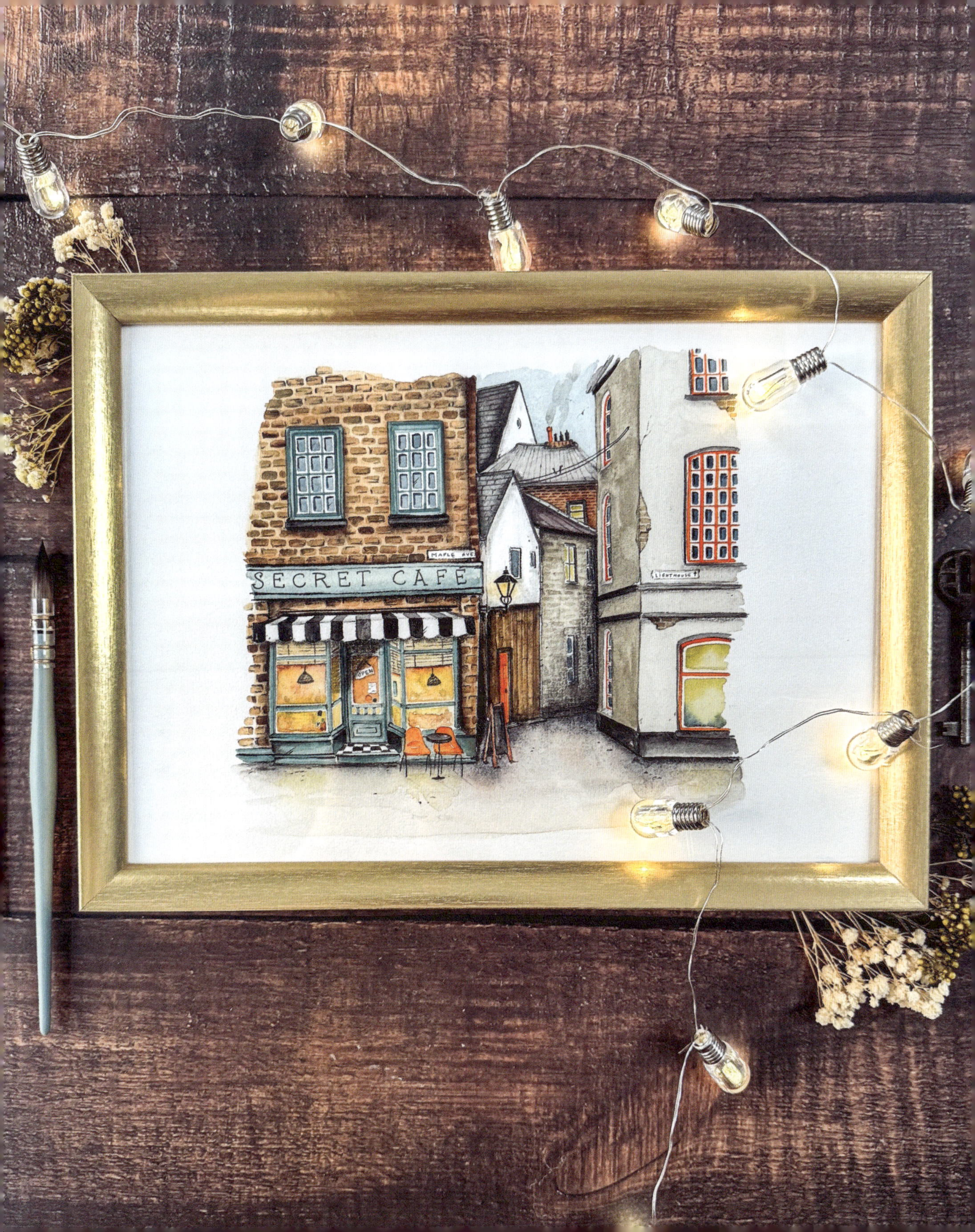
MAPLE AVE
SECRET CAFÉ
OPEN

So geht's

Schritt 1

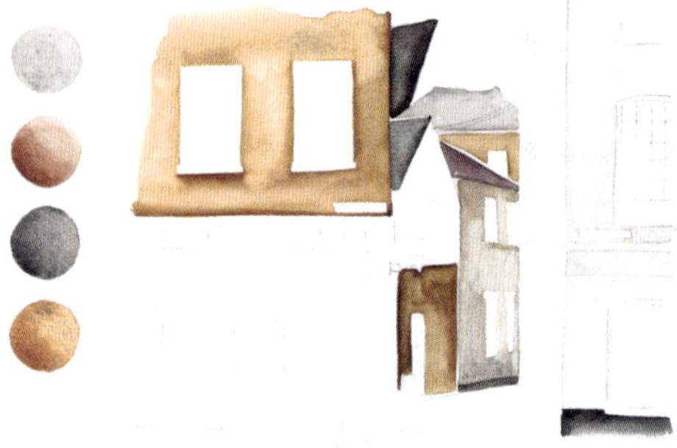

Mische Goldbraun, Schwarz, Grafitgrau, Sepiabraun und Neutraltinte an. Grundiere mit einem mittleren Rundpinsel die ersten Hausfassaden und Dächer leicht pigmentiert. Achte darauf, dass angrenzende Flächen nicht ineinanderfließen.

Schritt 2

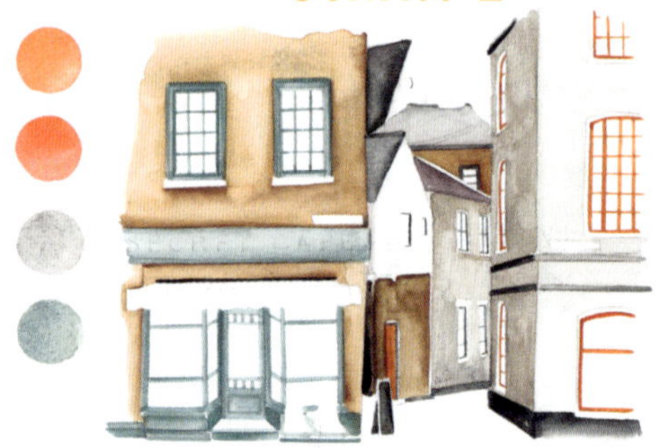

Umrande mit dem Retuschierpinsel die Fenster und Türen. Für das Kaffeehaus greifst du zu Petrol, für das andere Haus zu einem kräftigen Orangerot. Lass den Ton noch einmal in der Tür in der Gasse aufblitzen. Das ergibt einen schönen Farbkontrast. Färbe die Fassade des Hauses mit den roten Fensterrahmen im selben Sepiaton, diesmal aber etwas dunkler, da dort weniger Licht hinfällt.

Schritt 3

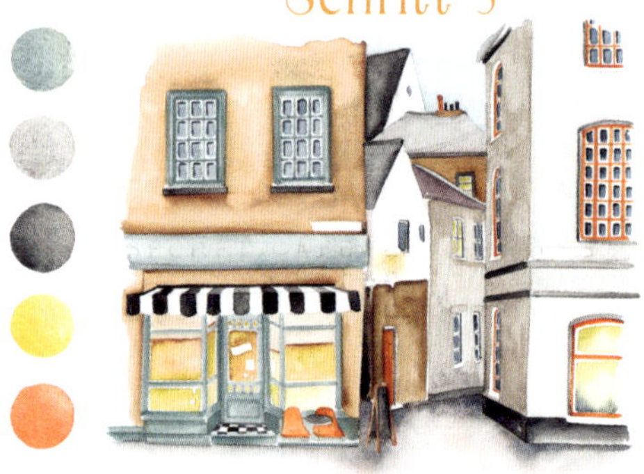

Fülle die Fenster mit einem schmalen Flachpinsel oder einem kleinen Rundpinsel und deinem Blauton, wobei ein dünner weißer Rand zum Rahmen hin frei bleibt. Beleuchtete Fenstern erstrahlen in Kobaltgelb. Spare bei den Schaufenstern Platz für kleine Schilder und Rollläden aus. Die Laterne erstrahlt in Gelb. Grundiere den Boden mit einem Grafitgrau, aufgelockert durch ein paar Tupfen Petrol und Neutraltinte, die du bereits bei den Häusern verwendet hast. Ergänze die Streifen der Markise, die Fliesen, die orangeroten Stühle und die Schornsteine am Haus am Ende der Gasse.

Schritt 4

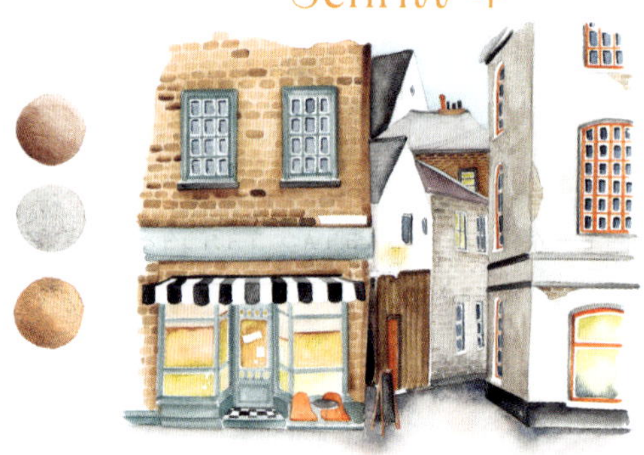

Mit einem Flachpinsel und deinem Goldbraun malst du mal hellere, mal dunklere Backsteine an die Fassaden. Je weiter ein Haus optisch im Hintergrund steht, desto kleiner sind die Steine. Greife dort zu einem kleineren Rundpinsel. Variiere deine Fassaden und baue auch ein paar Holzlatten am Haus hinter dem Café ein. Am Nachbarhaus lässt du stellenweise die Fassade bröckeln, an der du nur ein paar Backsteine andeutest. Besonders authentisch wirkt das unterhalb von Fenstern und an den Kanten.

Schritt 5

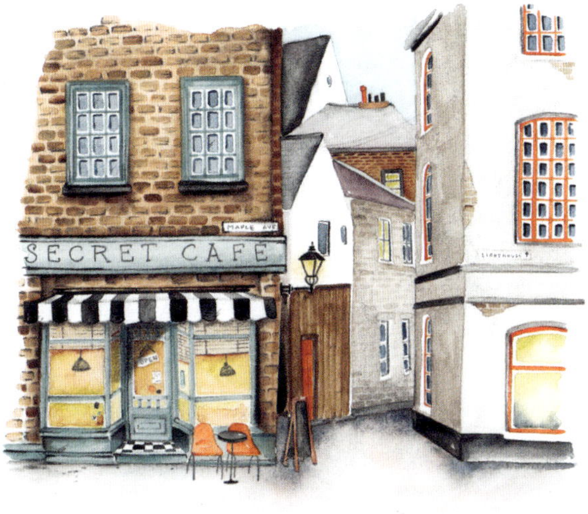

Ergänze mit dem Bleistift die Schriftzüge am Banner, auf den Straßenschildern und in den Schaufenstern. Gib Tisch und Stühlen Beine und den Jalousien mehr Struktur. Ergänze Lampen und den Rahmen der Straßenlaterne. Forme die Backsteine noch einmal mit Bleistiftlinien aus. Unter der Markise setzt du Schatten, indem du die Stellen mit dem Bleistift schraffierst und anschließend mit dem Papierwischer verblendest. Genauso verfährst du am unteren Bereich des Gebäudes.

Schritt 6

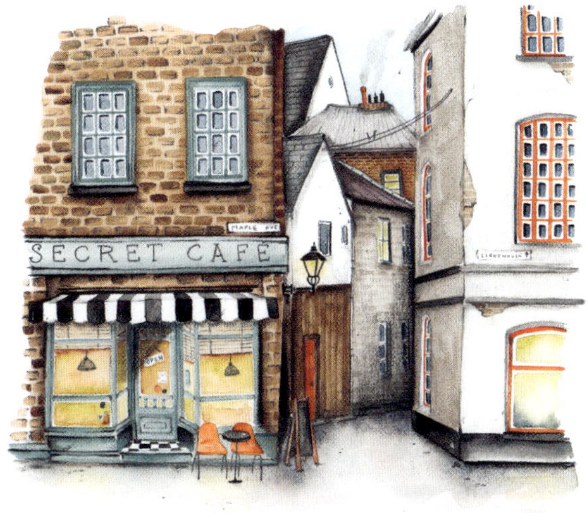

Ergänze Dachstrukturen und Stromleitungen. Nutze dazu entweder weiter den Bleistift oder einen feinen Rundpinsel und Neutraltinte. Töne das Ende der Gasse mit Bleistift und Papierwischer besonders dunkel ein, da dort kaum Licht hingelangt. Reste am Papierwischer kannst du verwenden, um Rauch an den Schornsteinen anzudeuten. Fahre dazu mit kreisenden Bewegungen über das Blatt.

Komm ins CAFÉ

ES WIRD ZEIT, HINEINZUGEHEN UND SICH EINEN GEMÜTLICHEN PLATZ ZU SUCHEN. LECKERES GEBÄCK, FRISCHER KAFFEE UND KÜHLER SAFT STEHEN FÜR DICH BEREIT.

FARBEN

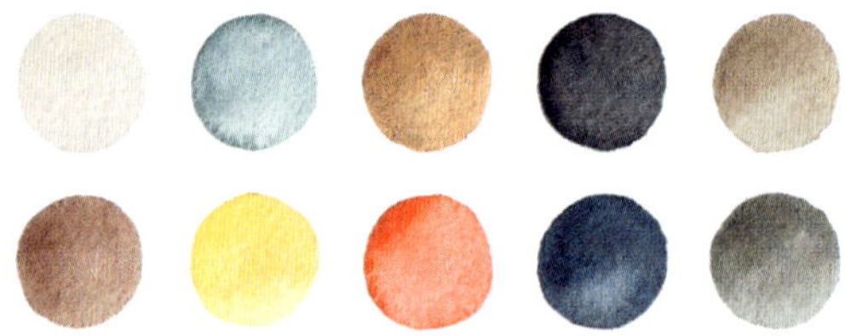

PINSEL

- Verwaschpinsel
- Rundpinsel
- Schlepperpinsel
- Flachpinsel
- Retuschierpinsel

MATERIAL

- Hahnemühle Expression, Originalformat A4
- (Druck-)Bleistift
- evtl. Küchentuch
- weißer Gelstift
- Bleistift
- Papierwischer

VORLAGE

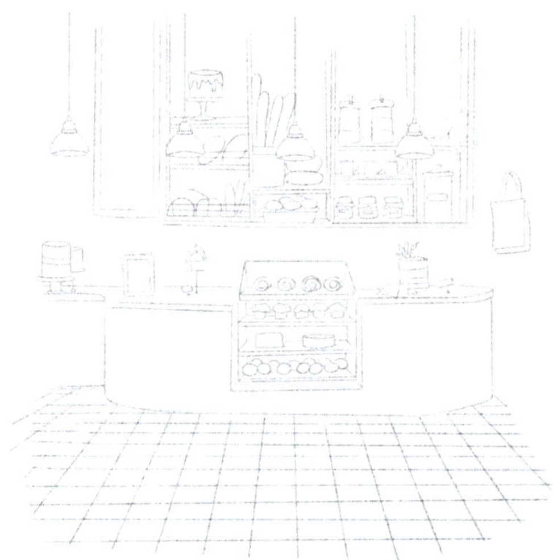

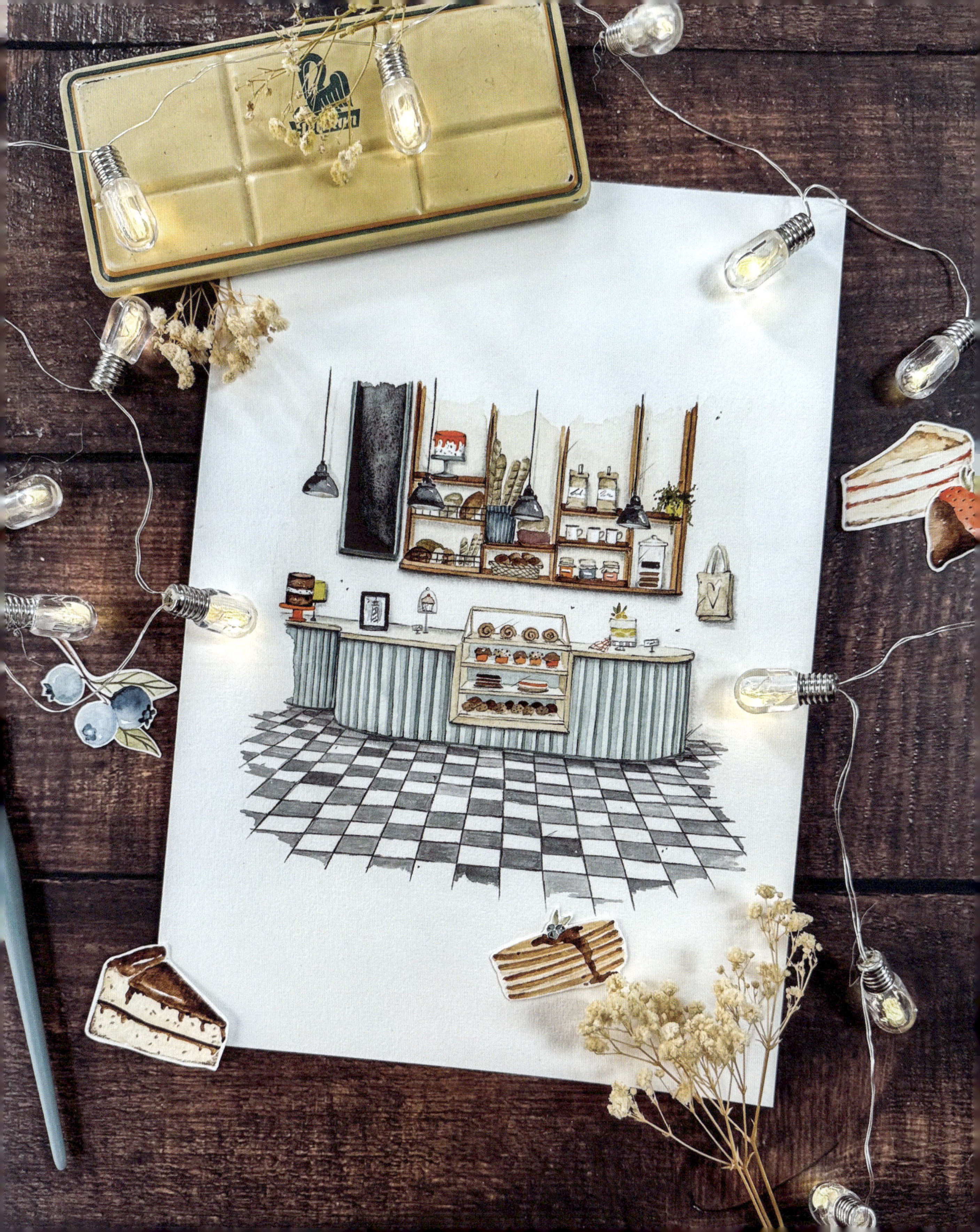

So geht's

Schritt 1

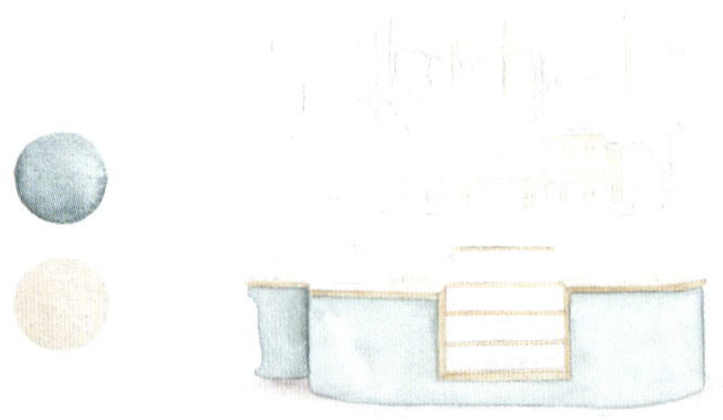

Grundiere alle größeren Flächen. Für die Theke nutzt du einen Petrolton, für die Auflage einen cremefarbenen Ton wie Buff Titanium. Dieses verwendest du auch, um den Hintergrund der Regale einzufärben. Spare Platz für die Gegenstände aus. Den Boden färbst du ganz leicht in Neutraltinte ein, um später das schwarz-weiße Muster sichtbar machen zu können.

Schritt 2

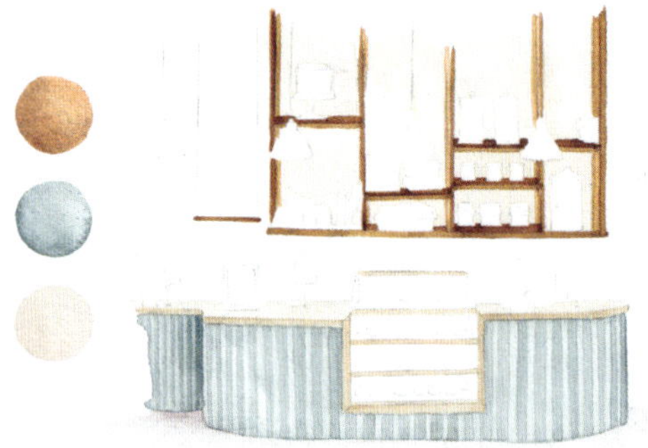

Nachdem deine Theke getrocknet ist, ziehst du Streifen, die ihr Struktur verleihen. In einem goldbraunen Ton ergänzt du die Regalbretter im Hintergrund. Dies funktioniert am besten mit einem Flachpinsel. Lass die braunen Streifen trocknen und füge noch ein paar Seitenwände hinzu, indem du an den seitlichen Streifen einen parallelen, etwas helleren ziehst.

Schritt 3

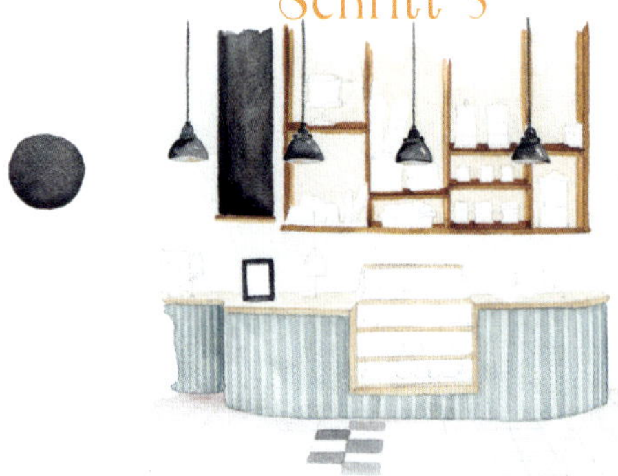

Koloriere die lange Tafel in einem dunklen Ton wie Eisenoxidschwarz (Mars Schwarz). Auch die Lampen und einer der Bilderrahmen werden in dieser Farbe gemalt. Nimm dazu etwas mehr Wasser, damit der granulierende Effekt gut herauskommt. Zeichne das Fliesenmuster mit dem Flachpinsel, indem du abwechselnd jede zweite Fliese schwarz grundierst. Beginne lieber etwas heller.

Schritt 4

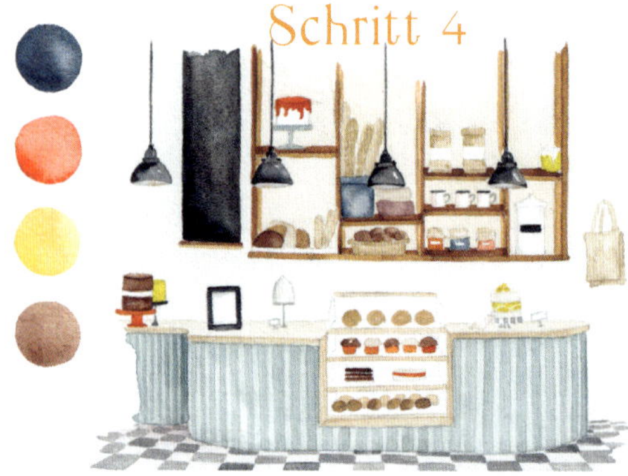

Befülle die Regale mit Broten, Kuchen, feinem Gebäck und ein paar Küchenutensilien. Dafür greifst du zu einem kleinen Rundpinsel. Wähle dazu viele verschiedene Brauntöne, zum Beispiel Goldbraun und ein schokoladiges Braun. Ergänze die Farbpalette durch kräftige Töne wie Erdbeerrot oder Zitronengelb. Damit die einzelnen Elemente trocknen können, springst du von einem zum nächsten.

Schritt 5

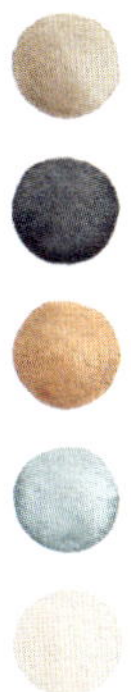

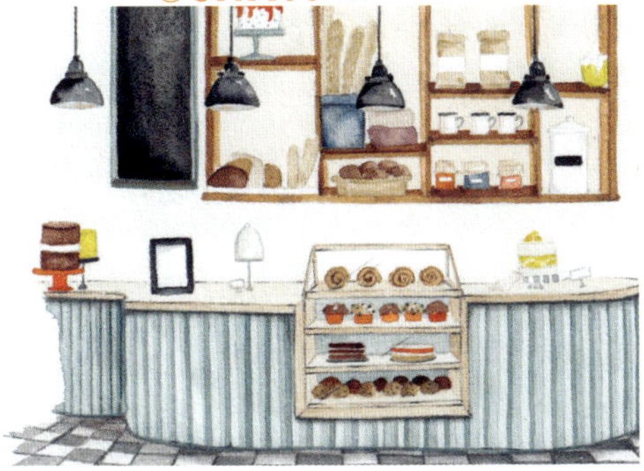

Beginne die Feinarbeit an den Gebäckstücken. Ein paar kleine Tupfen werden zu Schokostückchen, ein paar Kringel zu Zimtschnecken. Mit einem kleinen Rundpinsel färbst du den Hintergrund der Theke zart ein. Verstärke mithilfe eines Druckbleistiftes das Fliesenmuster, indem du die vertikalen und horizontalen Linien nachfährst. Auch die Theke bekommt so mehr Kontur.

Schritt 6

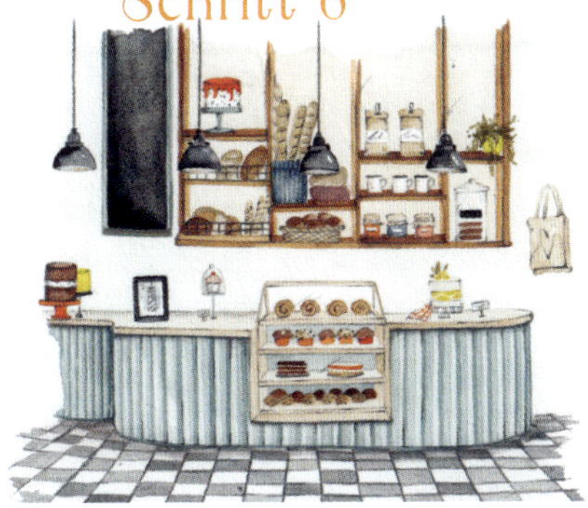

Verliere dich in den Details. Ergänze Blätter im Pflanztopf mit einem Schlepperpinsel, Körner am Brot mit einem kleinen Rundpinsel, Beschriftungen und andere Kleinigkeiten mit dem Druckbleistift. Lege dein Bild wieder für ein Weilchen zur Seite, um anschließend noch einmal mit frischem Blick weitere Details hinzuzufügen.

Schritt 7

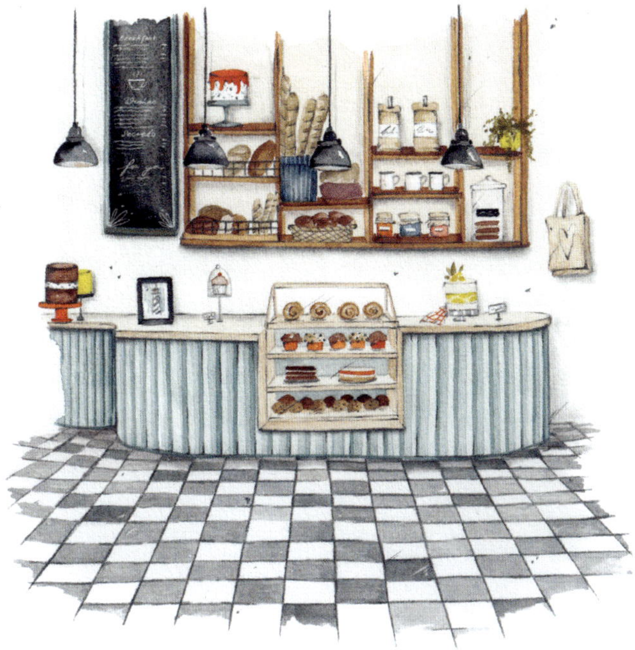

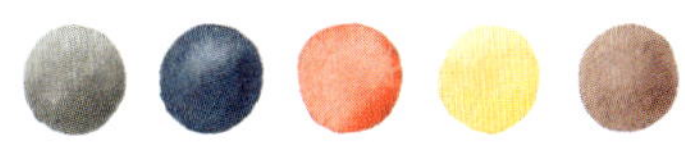

Um deinem Bild den letzten Schliff zu geben, ergänzt du mit weißem Gelstift Beschriftungen und dekorative Muster auf der langen Tafel. Denk dir ein paar Preise, Piktogramme oder Überschriften aus. Dabei muss nicht alles lesbar sein. Vertiefe deinen Raum, indem du unterhalb der Regalbretter zusätzliche Schatten setzt. Dies kannst du entweder mit einem kleinen Rundpinsel und Neutraltinte umsetzen oder mit Bleistift und Papierwischer. Auch ein paar Pünktchen an der Wand wirken interessant. Diese setze ich immer ein, wenn eine Fläche noch etwas leer wirkt. Entdeckst du die Mini-Illustration im Bilderrahmen? Deute einen winzigen Leuchtturm an. Wir werden ihm bald begegnen.

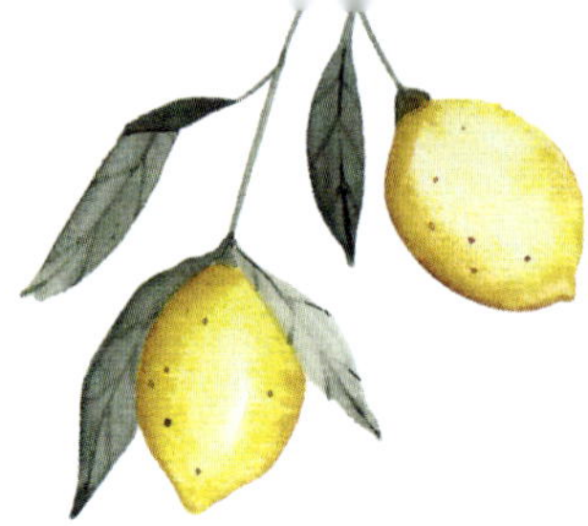

Zitronen KUCHEN

AUF DER THEKE HAST DU EINEN WUNDERVOLLEN KUCHEN ENTDECKT. LASS UNS DOCH NOCH ETWAS VERWEILEN UND EIN STÜCK DAVON PROBIEREN!

FARBEN

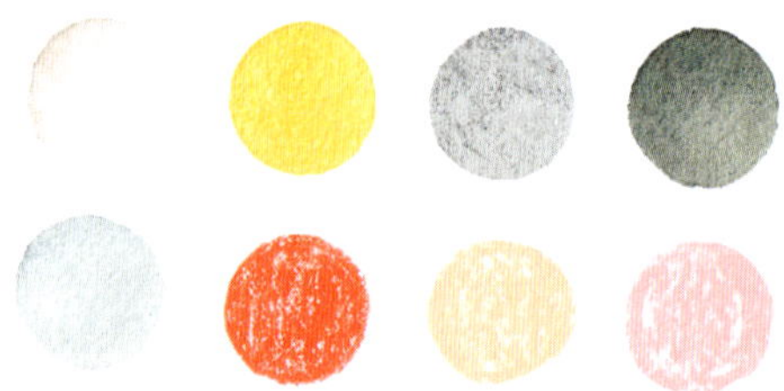

PINSEL

- Verwaschpinsel
- Rundpinsel
- Retuschierpinsel

MATERIAL

- Hahnemühle Expression, Originalformat A4
- (Druck-)Bleistift
- Pastellstifte (alternativ: Buntstifte in Pastellfarben)
- Küchentuch

VORLAGE

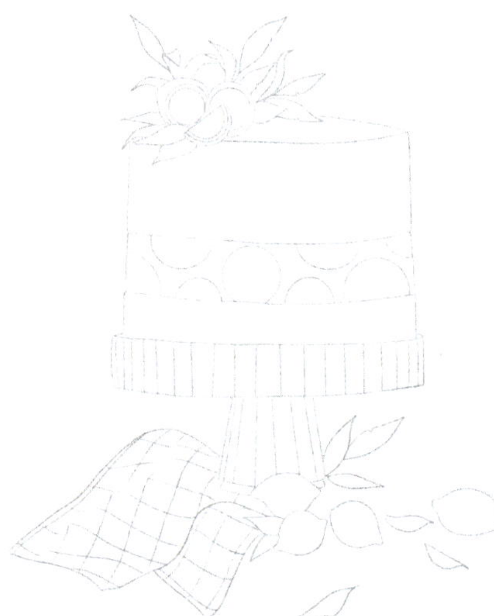

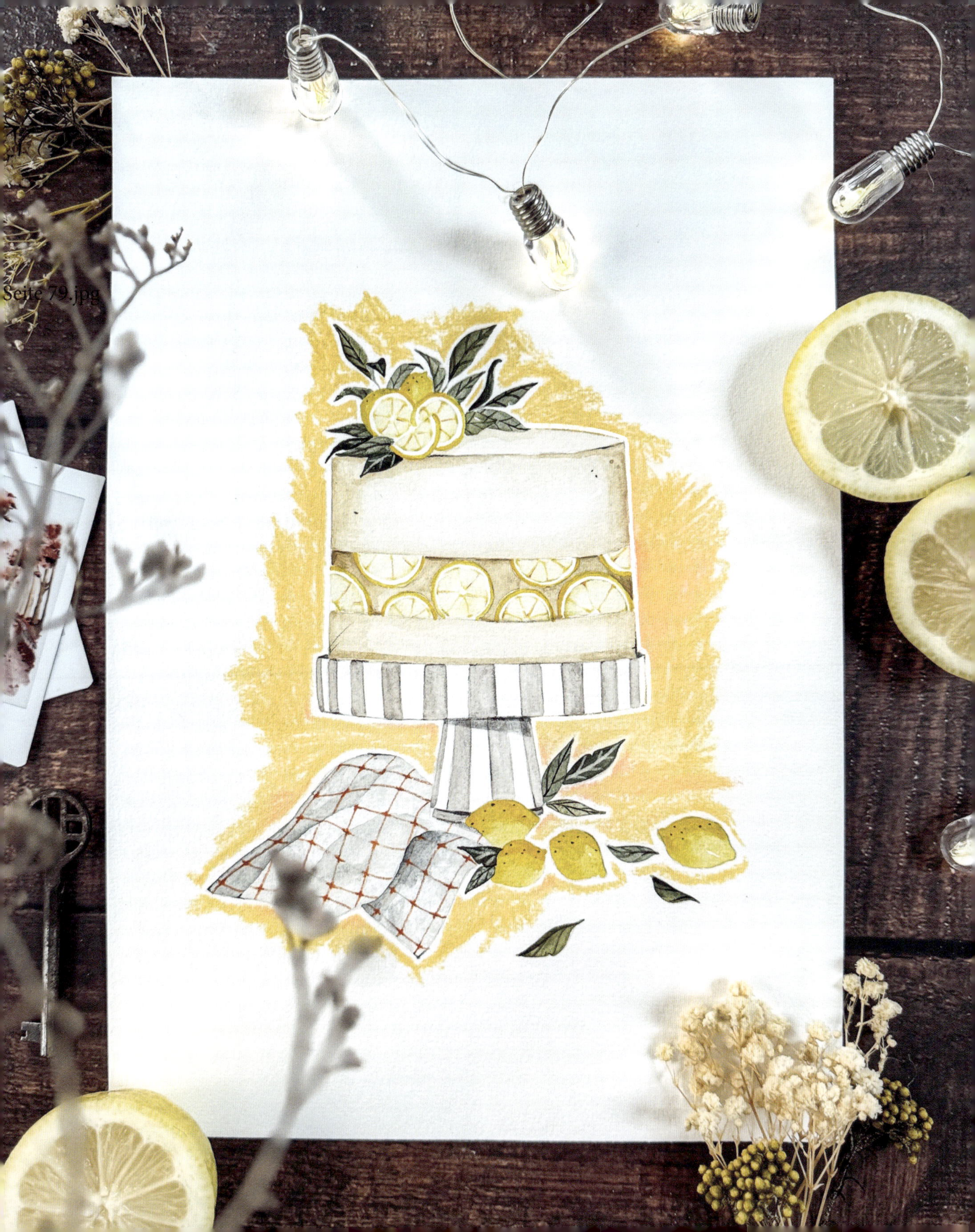

So geht's

Schritt 1

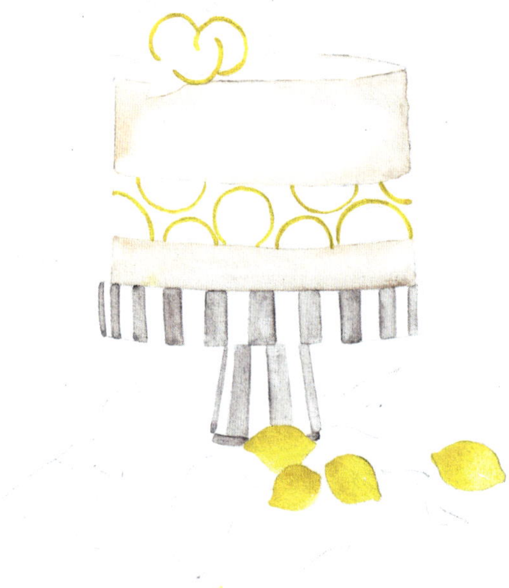

Grundiere dein Gebäck in einem cremigen Farbton wie zum Beispiel Buff Titanium. Spare den Mittelteil aus. Dort umrandest du mit einem mittleren Rundpinsel die Zitronenschalen in einem frischen Gelbton. Koloriere auch schon die Zitronen, die vor und auf dem Kuchen liegen. Die Tortenplatte färbst du Streifen für Streifen grafitgrau ein. Lass dazwischen immer einen weißen Streifen frei.

Schritt 2

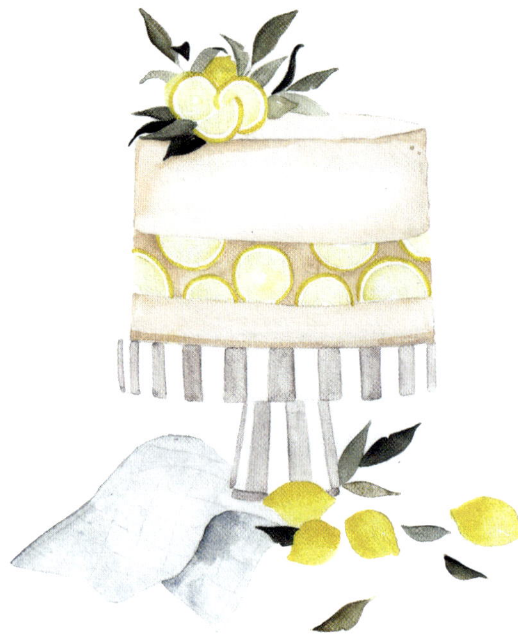

Koloriere das Innere der Zitronen, indem du denselben Gelbton verwendest, ihn aber schwächer anmischst. Den Kuchenbereich hinter den Zitronen grundierst du mit Buff Titanium, das du diesmal direkt aus dem Näpfchen nimmst. Für die Blätter wählst du ein dunkles Olivgrün. Es harmoniert besonders gut mit dem zitronigen Gelb. Lass wieder eine Mischung aus hellen und dunklen Blättern entstehen. Das Geschirrtuch färbst du grob mit dem Verwaschpinsel und einem blaustichigen Ton ein. Es sollte nicht zu dunkel werden, sondern sich nur leicht von dem weißen Blatt abheben, damit man später die roten Linien gut erkennen kann.

Tipp

Wie wäre es mit Blaubeerkuchen, Erdbeertorte oder Schoko-Stracciatella-Kuchen? Male auf dieselbe Weise noch ein paar andere Leckereien.

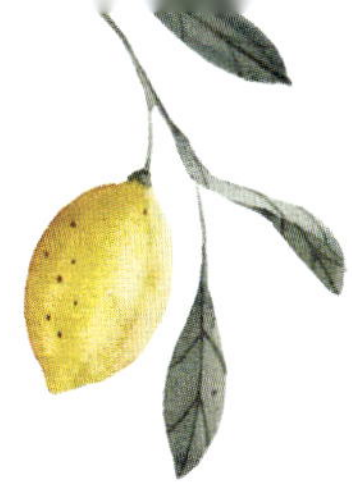

Schritt 3

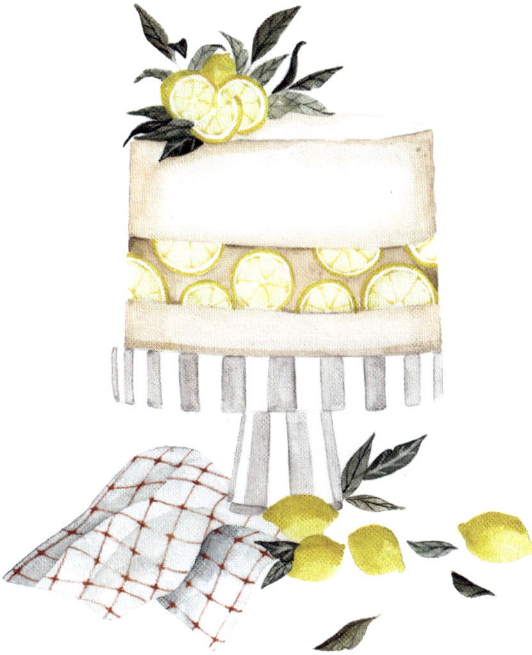

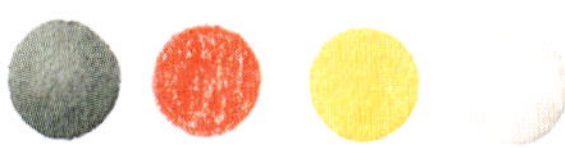

An den Blättern ergänzt du mit demselben Grünton und dem Schlepperpinsel Blattadern. Bei sehr dunklen Blättern ziehst du die Linien mit dem kleinen Rundpinsel und Wasser und hebst sie mithilfe eines Küchentuchs ab. So erscheinen sie optisch heller als der Rest des Blattes. An den Zitronen zeichnest du die typischen strahlenförmigen Innenlinien ein. Dazu nimmst du wieder gelbe Aquarellfarbe. Ergänze das Muster des Geschirrtuchs. Verwende einen gut angespitzten roten Buntstift (alternativ: Aquarellfarbe und einen kleinen Rundpinsel) und ziehe die Streifen nach. Achte darauf, dass das Muster nicht zu starr wirkt, sondern sich an die Falten des Tuches anpasst. Die Stellen, an denen sich die Linien treffen, verstärkst du.

Schritt 4

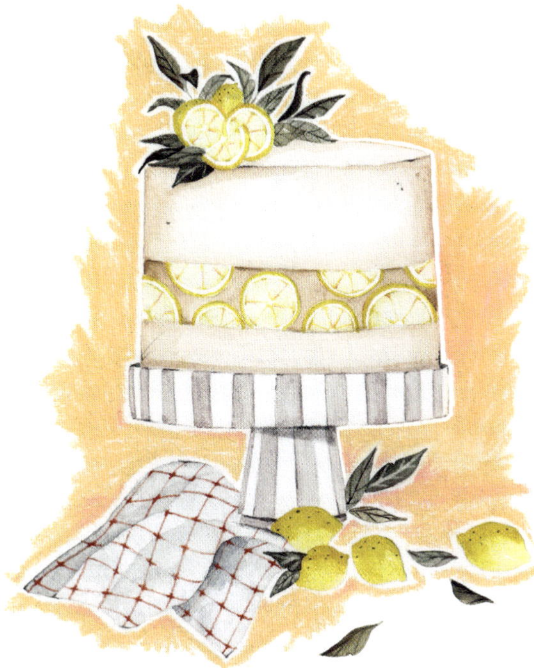

Im letzten Schritt setzt du noch ein anderes Medium ein, um den Hintergrund spannender zu gestalten: Pastellkreiden oder Buntstifte mit einem cremigen Abrieb. Suche dir einen warmen apricot- bis gelbfarbenen Ton und zartes Rosa. Mit diesen Stiften kolorierst du die Fläche. Lass dabei einen kleinen weißen Rand zum Hauptmotiv stehen, das wirkt luftiger. Nutze zunächst hauptsächlich den Apricot-Ton und gib an manchen Stellen etwas Rosa hinzu. Wechsle immer wieder deine Malrichtung für ein lockeres Ergebnis und lass die Ränder „fransig" stehen.

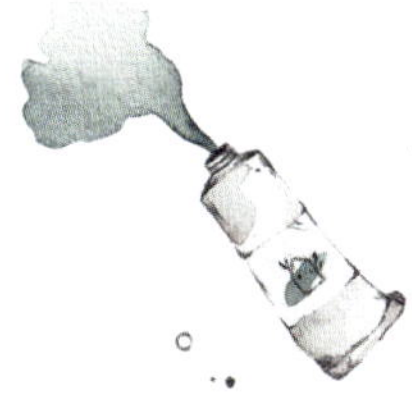

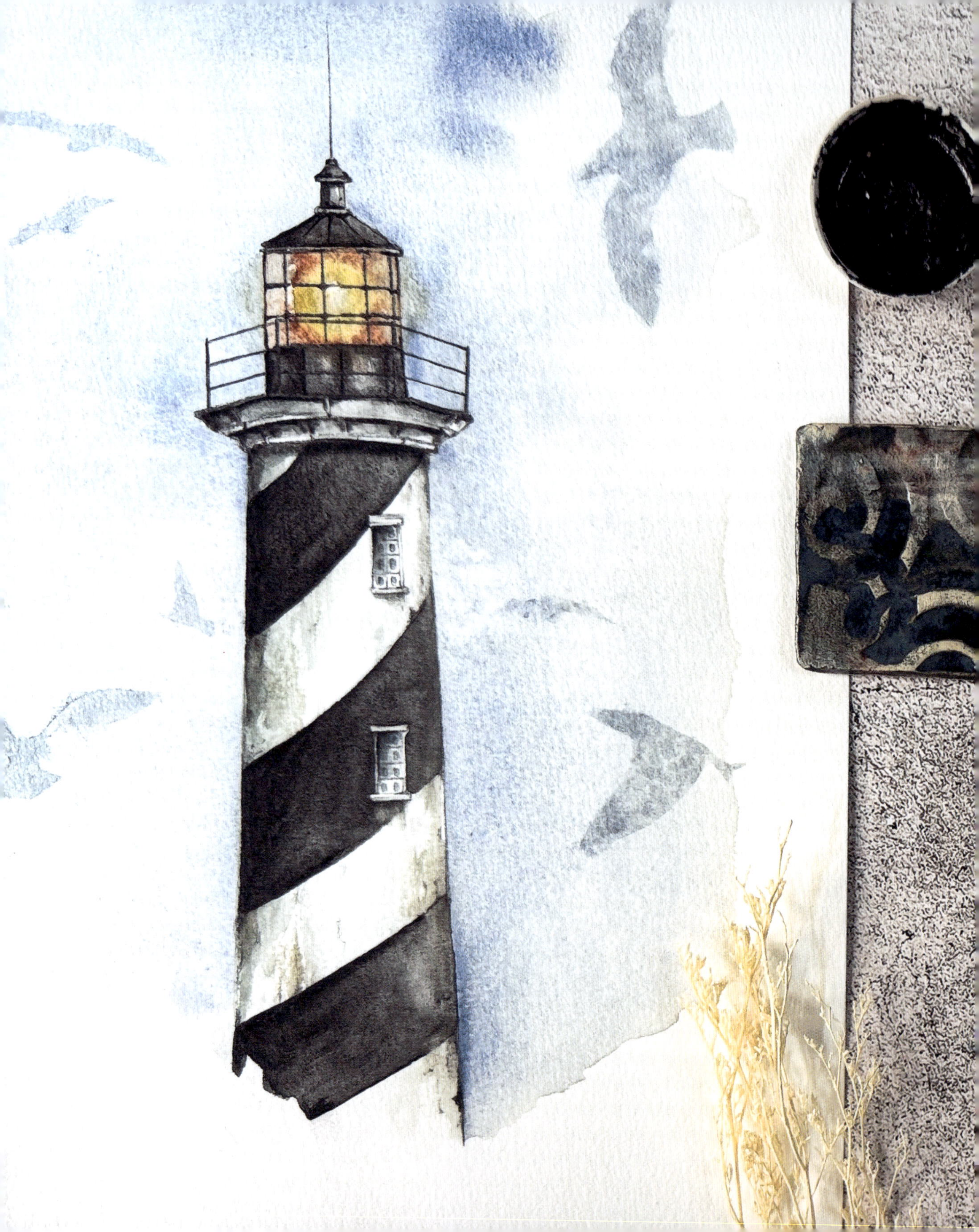

Ein Tag am Meer

WEITER GEHT DEINE REISE.
DU NIMMST DEN WEG DURCH DIE GASSE.
DIE LUFT RIECHT IMMER SALZIGER,
DU HÖRST MÖWEN KREISCHEN. UND
PLÖTZLICH IST ES DA: DAS MEER!

ÜBUNGSSEITE

FÜR DIE FOLGENDEN ÜBUNGEN SUCHST DU DIR EIN PAAR DINGE ZUSAMMEN, DIE DU BESTIMMT SCHON ZU HAUSE HAST. SCHAU NACH EIN WENIG GROBEM SALZ, EINEM KOSMETIKSCHWAMM UND NACH EINEM SKALPELL ODER EINER SPITZEN SCHERE. ICH ZEIGE DIR, WAS WIR DAMIT MACHEN.

ÜBUNG 1

Meersalz bringt die Pigmente zum Tanzen

Skizziere ein paar Baumstämme vor. Zeichne sie ganz locker mit dem Bleistift auf einen Rest Aquarellpapier. Feuchte die Stämme mit einem Verwaschpinsel und klarem Wasser an. Gib Aquarellfarbe hinein. Ich empfehle dir, granulierende Farben auszuprobieren. Sie erzeugen besonders schöne Effekte. Gib nicht nur einen Ton, sondern verschiedene Aquarellfarben auf deine angefeuchteten Flächen. Solange die Bereiche nass sind, streust du etwas grobes Salz darauf. Es zieht die Feuchtigkeit heraus. Warte, bis die Bereiche komplett trocken sind, ehe du das Salz vorsichtig entfernst.

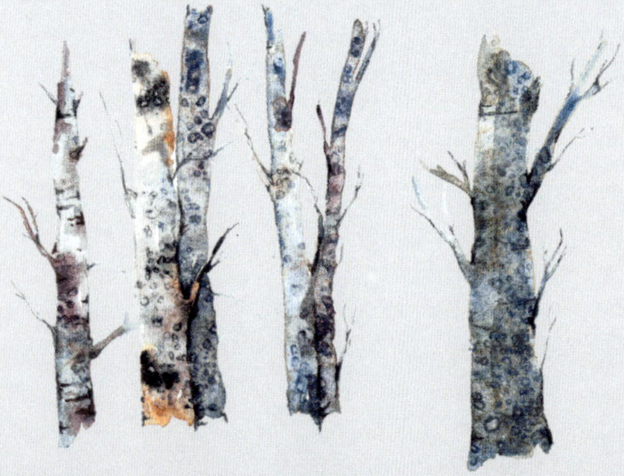

ÜBUNG 2

Schablonen zaubern federleichte Strukturen

Zeichne dir auf herkömmlichem Drucker- oder Skizzenpapier die Silhouetten einiger Vögel auf. Lege eine alte Zeitung oder eine Schneidematte unter und schneide die Formen mithilfe eines Skalpells oder einer spitzen Schere aus. Platziere nun dein Papier mit den fertigen Aussparungen auf deinem Aquarellpapier. Mische ein wenig Aquarellfarbe an und nimm sie mit einem (sauberen) Kosmetikschwamm auf. Tupfe dann die Vogelformen aus. Der Schwamm darf dabei nicht zu nass sein.

Tipp

Deine Schablonen sind wiederverwendbar. Lass sie erst gut trocknen und beschwere sie dann mit einem dicken Buch, um sie zu glätten.

ÜBUNG 3

Wie schön doch das Altern ist

Rostige Stellen verleihen deinen Gegenständen und Szenerien einen besonderen Charme. Geeignete Farben sind zum Beispiel erdige Orange- und Rottöne oder Goldbraun. Entwirf einen Gegenstand, der bekannt dafür ist, mit der Zeit Rost anzusetzen. Zum Beispiel einen alten Eimer, eine Schere oder eine Laterne. Koloriere den Gegenstand nach deinem Geschmack. Um ihn zu vollenden, greifst du zu einem kleinen Rundpinsel und mischst etwas von deiner Rostfarbe an. Nutze den Pinsel sehr trocken. Deute durch tupfende Bewegungen vor allem an Kanten, Schrauben und Rändern rostige Stellen an.

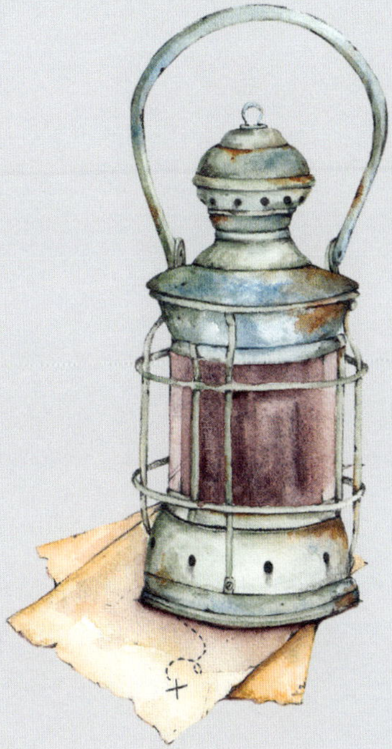

ÜBUNG 4

Aquarelleffekte mit anderen Medien

Skizziere mit (wasserfestem) Buntstift ein paar Muscheln. Sie dürfen gerne schlicht und vereinfacht sein. Nimm dir wasservermalbare Pastellkreide, zum Beispiel Neocolor® II von Caran d'Ache, und schraffiere damit den Hintergrund. Auf dem unebenen Aquarellpapier erhält das Pastell eine tolle Struktur. Feuchte es mit Wasser an und verblende es. Es sieht nun fast wie Aquarellfarbe aus. Gehe gerne erneut direkt mit deinem Stift in die nasse Fläche und spare nicht an Farbe. So kannst du den Hintergrund deckend gestalten und wie Gouache wirken lassen.

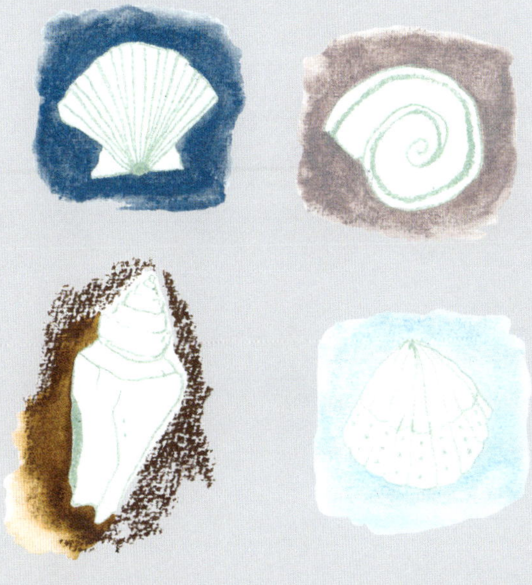

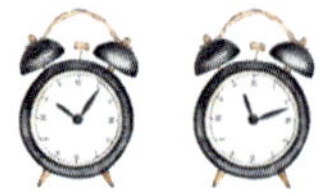

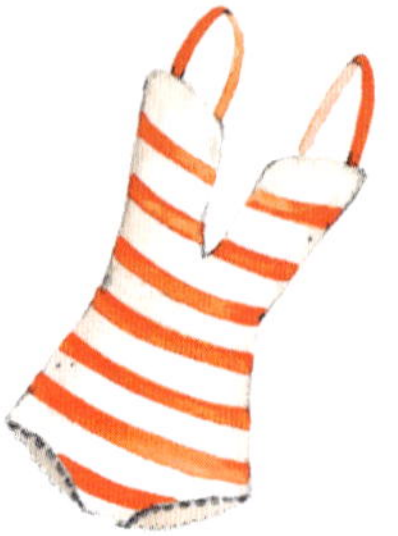

Meer BLICK

ZWISCHEN DEN ALTEN, VON DER SALZIGEN LUFT UND DEN STÜRMEN GEFORMTEN BÄUMEN LIEGT DAS MEER. IN DER FERNE SIEHST DU EINEN EINSAMEN LEUCHTTURM.

FARBEN

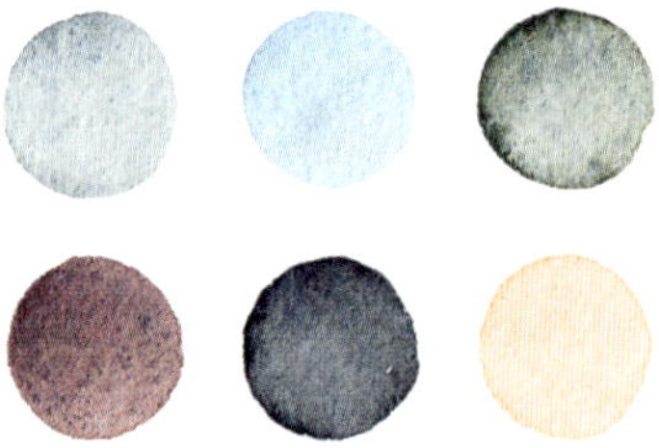

PINSEL

- Verwaschpinsel
- Rundpinsel
- Schlepperpinsel
- Retuschierpinsel

MATERIAL

- Hahnemühle Expression, Originalformat A4
- Kohlestift
- (Druck-)Bleistift in B und HB
- grobkörniges Salz
- Küchentuch

VORLAGE

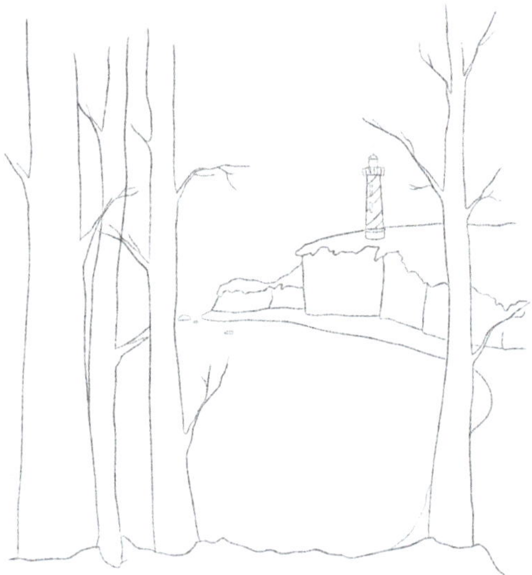

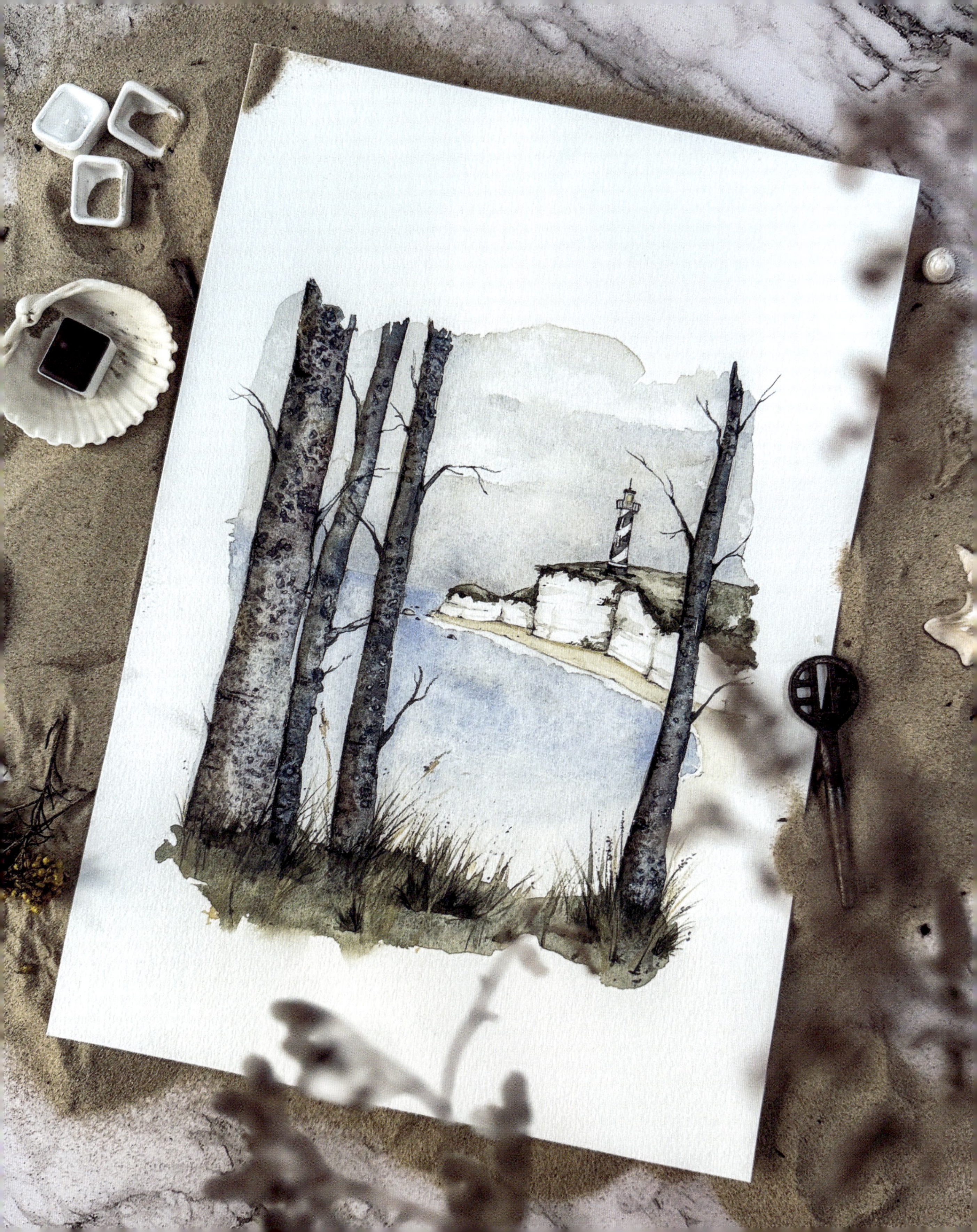

So geht's

Schritt 1

Färbe mit einem Verwaschpinsel und einem „schmutzigen" Blauton den Himmel ein. Du kannst dafür Bergblau, abgetönt mit etwas Umbra grünlich, verwenden. Tupfe mit einem Stück Küchentuch immer wieder etwas Farbe weg. So entsteht eine natürliche Wolken-Optik. Das Meer tönst du in reinem Blau ein. Lass einen weißen Rand zum Strand hin stehen und spare Platz für die Bäume aus.

Schritt 2

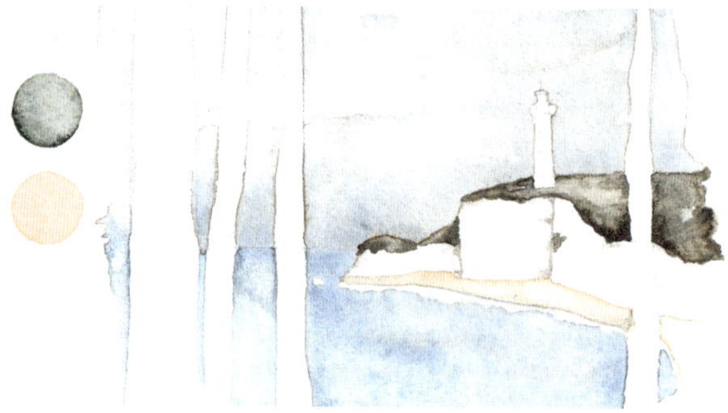

Wechsle zu einem mittleren bis kleinen Rundpinsel und grundiere den Strand mit einem warmen Beige. Die Steilküste lässt du weiß. Füge noch etwas moosiges Olivgrün auf die obere Küstenfläche. Tiefe bringst du in dein Bild, indem du die Küste versetzt wirken lässt, also Schatten in den Bereichen setzt, die perspektivisch weiter hinten liegen.

Schritt 3

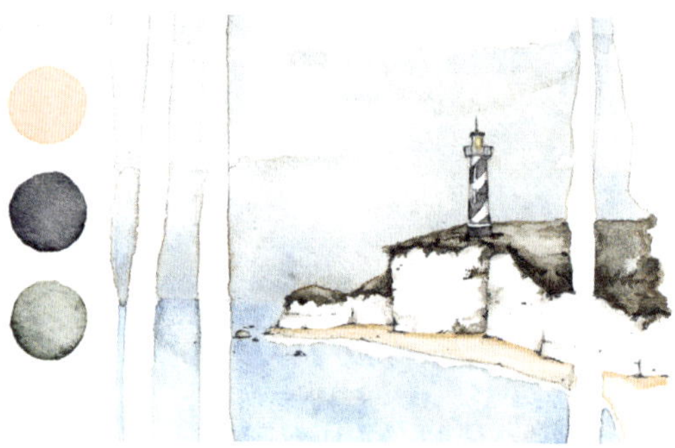

Schmücke deinen Küstenabschnitt mit Details aus. Dunkle Grasbüschel, die du mit dem trockenen Flachpinsel auftupfst, geben der Landschaft mehr Struktur. Koloriere den Leuchtturm mithilfe eines kleinen Rundpinsels. Verfeinere den Strand mit einer weiteren Lasur, indem du den Bereich unter der Steilküste etwas dunkler erscheinen lässt. Ergänze mit Bleistiftstrichen und -punkten ein paar Strukturen an den Klippen.

Tipp

In der Salztechnik lassen sich auch Birken zaubern. Feuchte deinen Baumstamm gut an, gib nur wenige Tupfen Schwarz hinein und bestreue sie mit Salz. Ergänze nach dem Trocknen ein paar Strukturen mit dem Kohlestift.

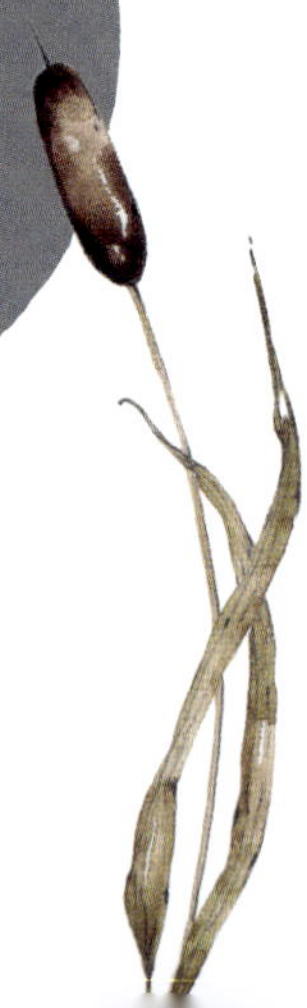

Schritt 4

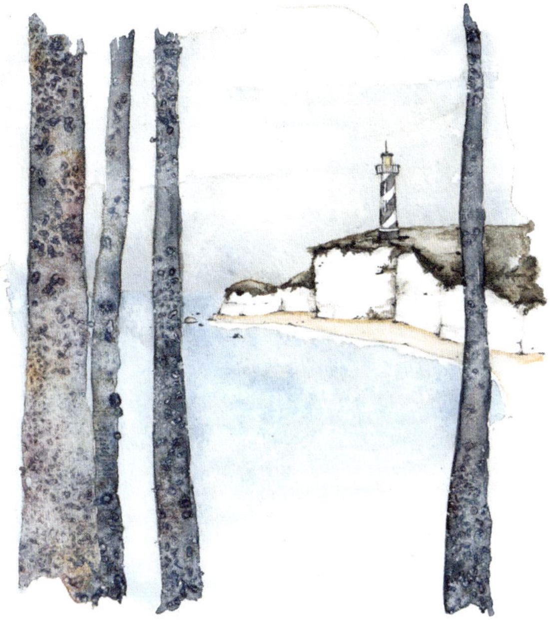

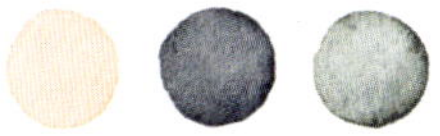

Nun kümmerst du dich um die Baumstämme im Vordergrund. Alles, was sich vorne befindet, wird besonders detailliert ausgearbeitet. Nutze vorwiegend granulierende Farben und viel Wasser für einen spannenden Effekt. Nachdem du die Flächen mit viel Pigment eingefärbt hast, lässt du grobes Salz darauf trocknen. Dies kann eine Weile dauern. Wenn du es zu früh entfernst, können unerwünschte Schlieren entstehen.

Schritt 5

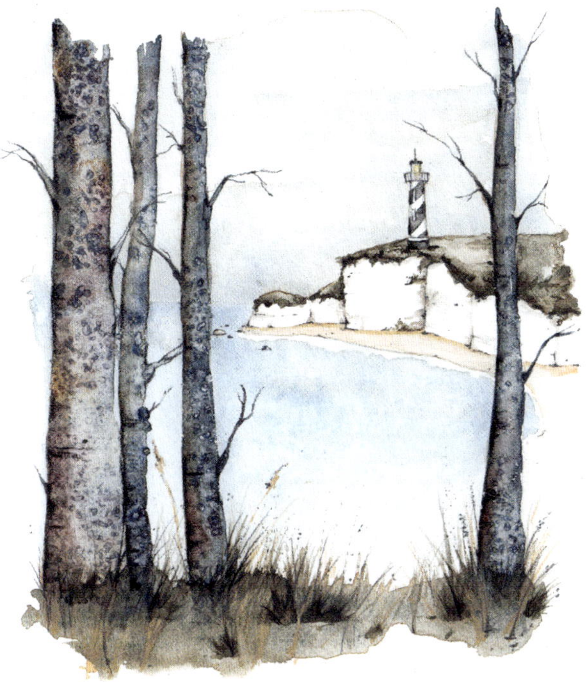

Entferne das Salz und deute mit Kohle- und Bleistift einige Äste und Zweige an. Zeichne sie bewusst locker und kantig. Schatten an den Rändern der Bäume lassen sie räumlicher erscheinen. Nutze dazu Neutraltinte und ziehe eine vertikale Linie entlang der Stämme. Verstärke den Effekt mit etwas Kohle. Die Gräser am Waldboden deutest du mit demselben Olivgrün wie im Hintergrund an. Tupfe für die Grasbüschel hochpigmentierte Aquarellfarbe direkt aus dem Näpfchen auf die Fläche und ziehe die Halme mit einem trockenen Borstenpinsel oder dem Pinselstiel heraus. Das geht am besten mit kurzen, schnellen Bewegungen.

Der LEUCHTTURM

DU STEHST NUN DIREKT VOR DEM LEUCHTTURM UND SCHAUST IN DEN HIMMEL. WAS FÜR EIN BESONDERER ORT DAS IST! DOCH KANN ES SEIN, DASS DIE TÜR EINEN SPALT OFFENSTEHT?

FARBEN

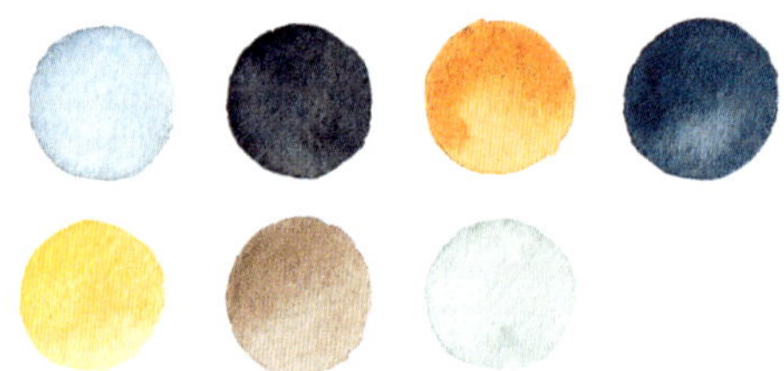

PINSEL

- Verwaschpinsel mit feiner Spitze
- Rundpinsel in kleiner und mittlerer Größe
- Schlepperpinsel
- Flachpinsel
- Retuschierpinsel

MATERIAL

- Hahnemühle Expression, Originalformat A4
- Kopierpapier, Washi Tape
- alte Zeitung oder Schneidematte
- Skalpell oder spitze Schere
- Kosmetikschwamm
- (Druck-)Bleistift
- Papierwischer
- evtl. Küchentuch

VORLAGE

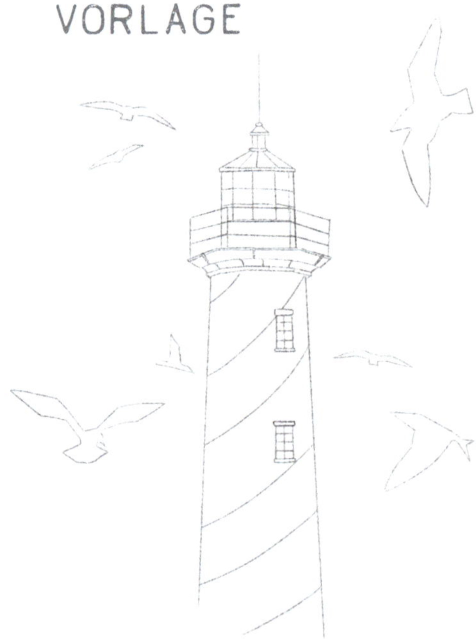

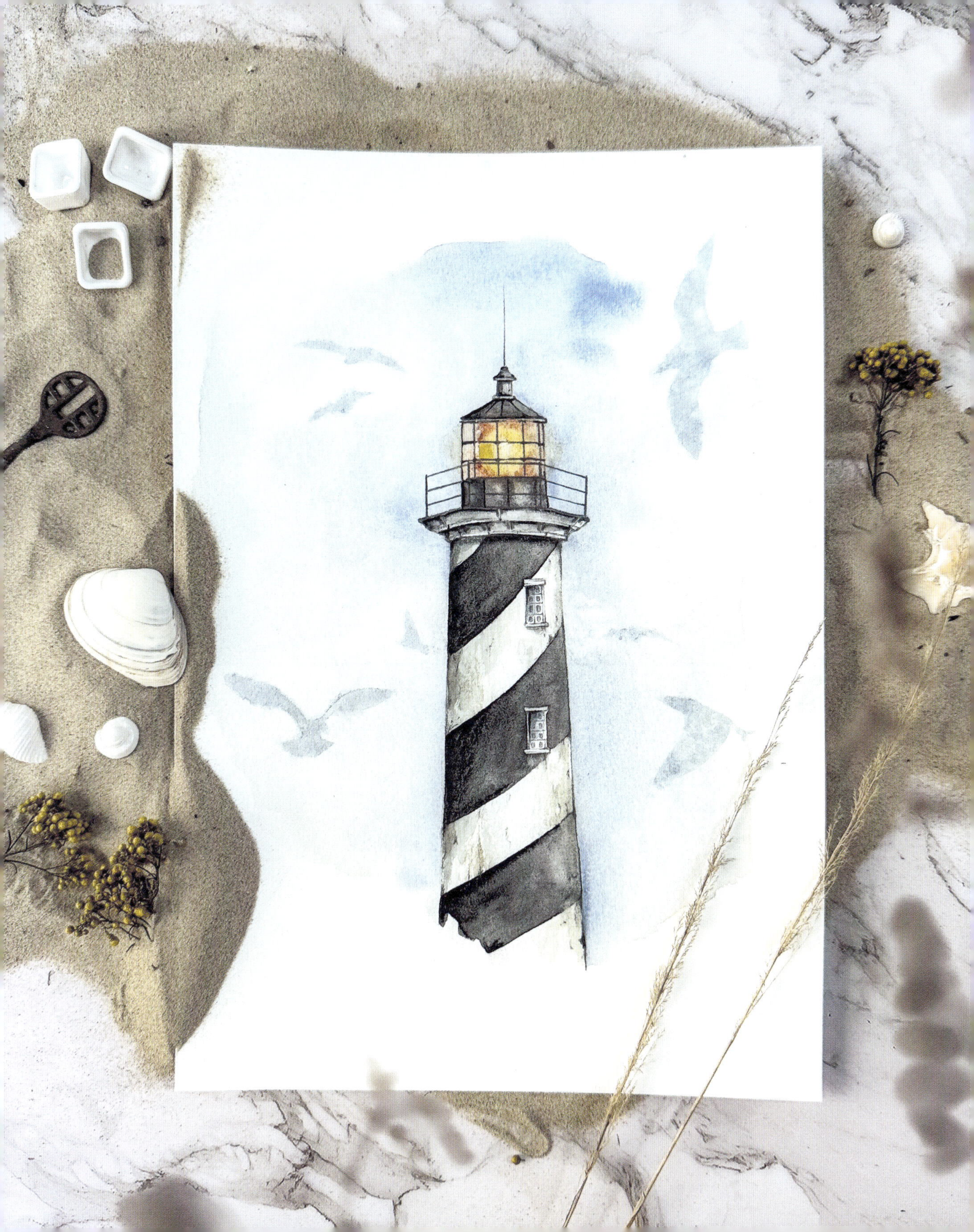

So geht's

Schritt 1

Übertrage den Leuchtturm ohne Vogel-Silhouetten auf dein Aquarellpapier. Feuchte den Hintergrund mit dem Verwaschpinsel gut an. Der Turm selbst bleibt trocken. Färbe den nassen Bereich in einem zarten Blauton ein. Gib an den Grenzen zum Leuchtturm etwas mehr Pigment hinzu. Du brauchst nicht darauf zu achten, gleichmäßig zu kolorieren. Ein paar dunkle und helle Stellen wirken wie Wolken. Lass die Farben fließen.

Schritt 2

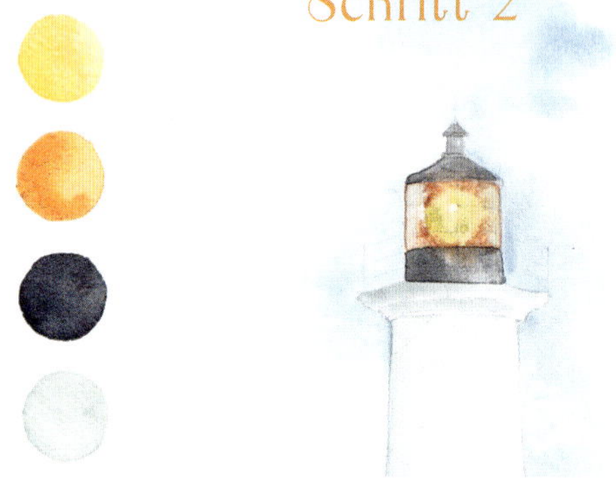

Manchmal ist es sinnvoll, die Schatten zuerst zu malen. Verteile mit dem mittleren Rundpinsel einen grafitgrauen bis bläulichen Ton an der linken Seite des Turms. Mit einem orangeroten und einem gelben Ton lässt du das Leuchtfeuer entstehen. Tupfe zunächst etwas Orangerot in die Fläche und gib das Gelb mittig dazu. Malst du nass genug, verdrängt das Gelb den orangefarbenen Ton nach außen. Sobald dieser Bereich trocken ist, grundierst du die Stahlflächen mit einem granulierenden Schwarz.

Schritt 3

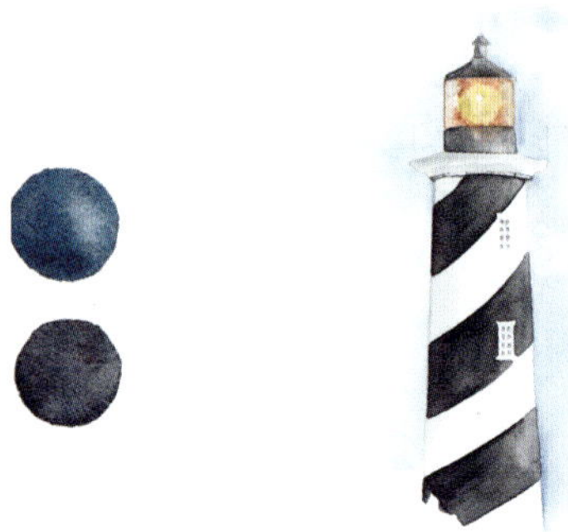

Mit demselben Ton deutest du nun die spiralförmigen Streifen des Turms an. Spare die Fenster aus, damit sie sich später besser abheben. Die Fensterscheiben illustrierst du mit etwas Indigo und einem kleinen Rundpinsel.

Tipp

An dieser Stelle kannst du deinen Leuchtturm auch ganz anders aussehen lassen. Wie wäre es zum Beispiel mit roten Streifen oder einem Turm ganz in Weiß, Orange oder Blau?

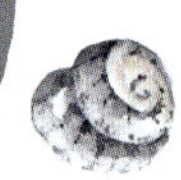

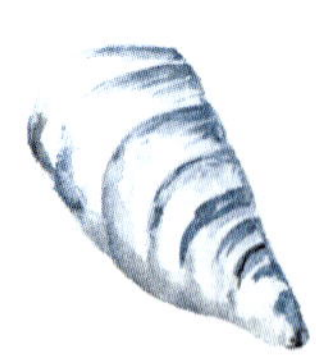

Schritt 4

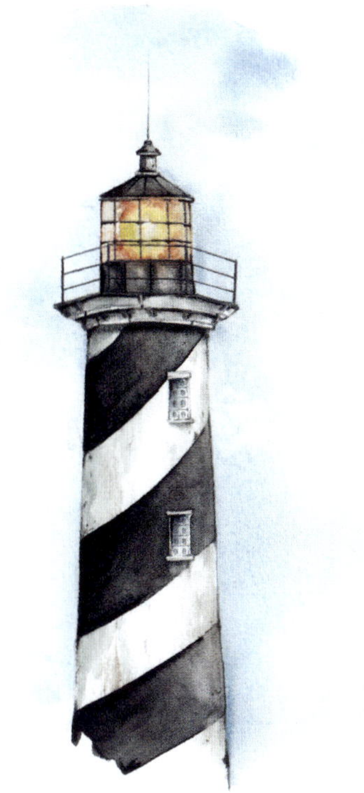

Der Leuchtturm wirkt immer noch ein wenig blass. Um ihm mehr Struktur und Räumlichkeit zu geben, dunkelst du die Ränder an. Nutze dazu einen Eukalyptuston, Umbra grünlich und Neutraltinte sowie einen trockenen Pinsel, der durchbrochene Strukturen entstehen lässt. Geländer, Fenstersprossen und die Schatten an den Vorsprüngen setzt du mit einem weichen Bleistift. Auch an der oberen Fensterkante malst du Schatten. Verblende sie mit dem Papierwischer.

Schritt 5

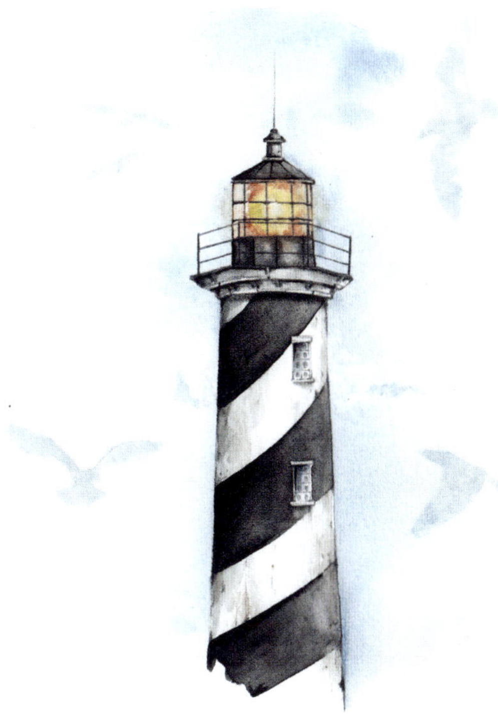

Schneide mit einem Skalpell oder einem scharfen Bastelmesser auf einer geeigneten Unterlage die Silhouetten der Vögel aus der Vorlage aus. Lege deine Schablone auf die Illustration und fixiere sie mit etwas Washi Tape. Mische nun reichlich Blau des Himmels auf einer Mischpalette an. Nimm die Pigment-Wasser-Mischung mit einem Schwamm auf. Achte darauf, dass der Schwamm nicht zu nass ist, und tupfe damit vorsichtig die Vogelstrukturen nach. Lass sie kurz antrocknen, bevor du deine Schablone entfernst.

Im Inneren DES TURMS

WIE GEMÜTLICH ES IM LEUCHTTURM IST! VON DEM SESSEL AUS SIEHT MAN DAS MEER. ÜBER DIE WENDELTREPPE GEHT ES IMMER WEITER NACH OBEN. WIE ES WOHL IST, IN EINEM LEUCHTTURM ZU LEBEN?

FARBEN

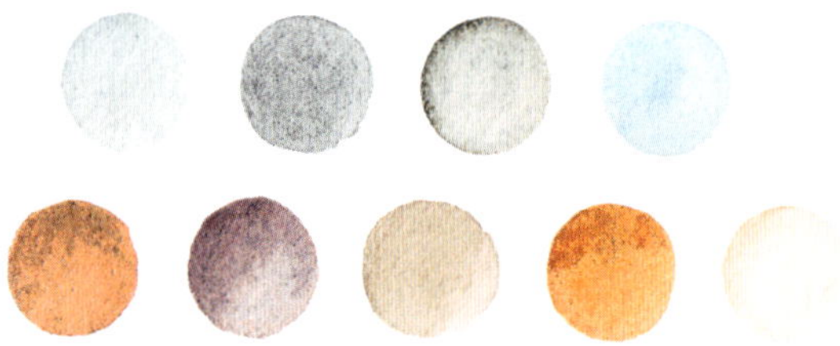

PINSEL

- Verwaschpinsel
- Rundpinsel
- Schlepperpinsel
- Flachpinsel
- Retuschierpinsel

MATERIAL

- Hahnemühle Expression, Originalformat A4
- (Druck-)Bleistift
- Küchentuch
- Kohlestift
- Papierwischer
- evtl. Küchentuch

VORLAGE

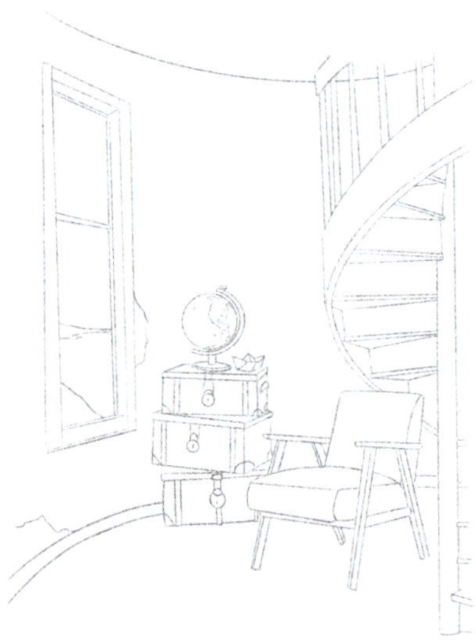

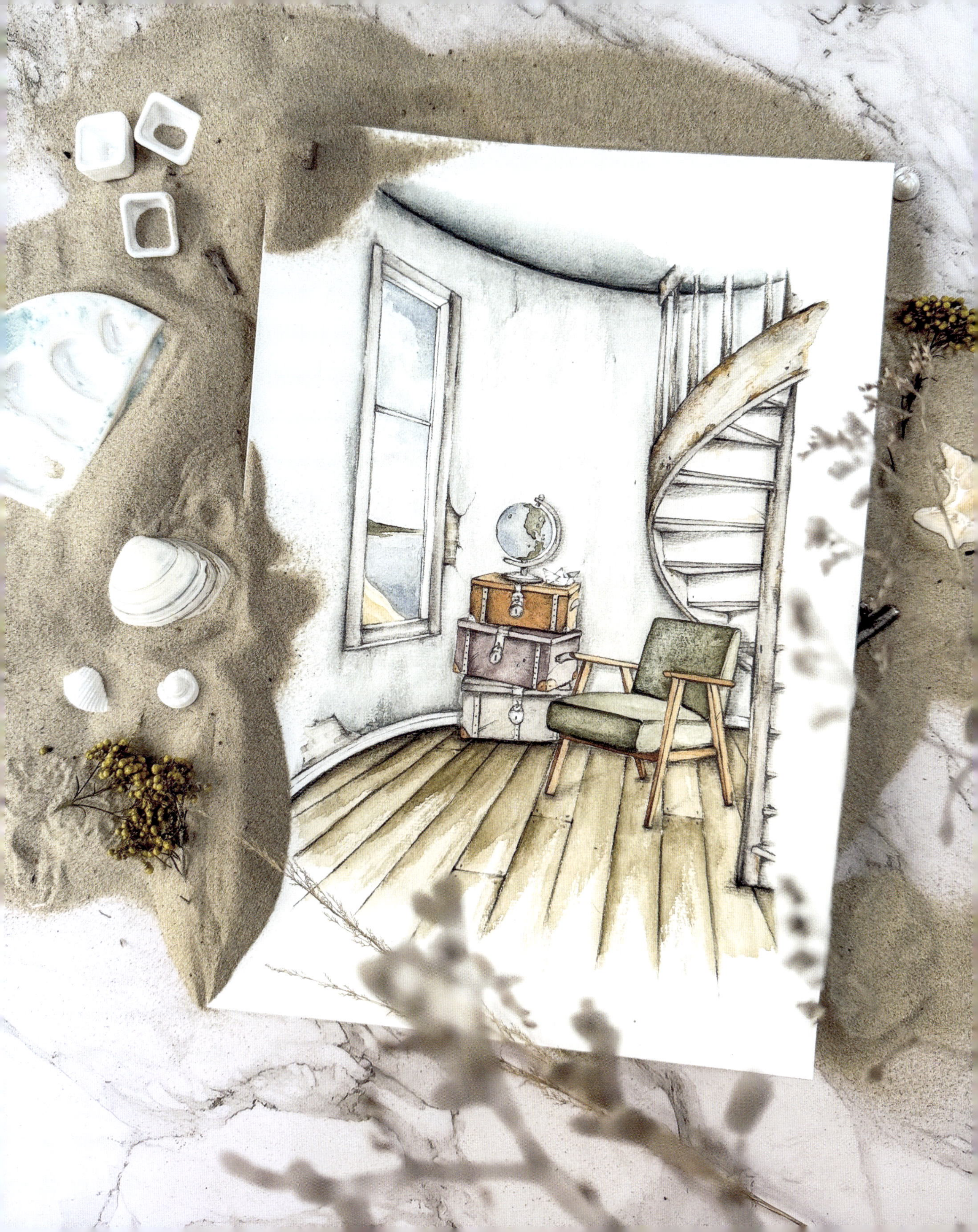

So geht's

Schritt 1

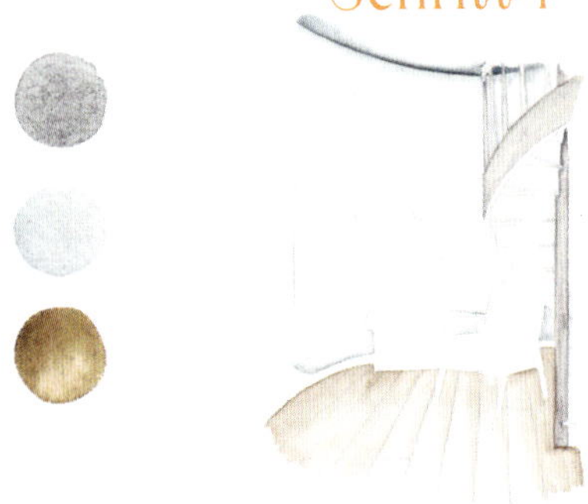

Mit dem Verwaschpinsel, einem Umbraton, dunklem Graublau und Grafitgrau malst du Boden, Wand und Treppe. Wechsle bei engen Stellen zu einem kleineren Rundpinsel, um Platz für Sessel und Co. aussparen zu können. An der Decke deutest du mit etwas mehr Pigment Dunkelheit an. Male Pfeiler und Geländer der Treppe. Füge am Boden Holzlatten hinzu, indem du mit dem Bleistift Linien andeutest, die mittig gerade auf dich zulaufen und an den Seiten perspektivisch kippen.

Schritt 2

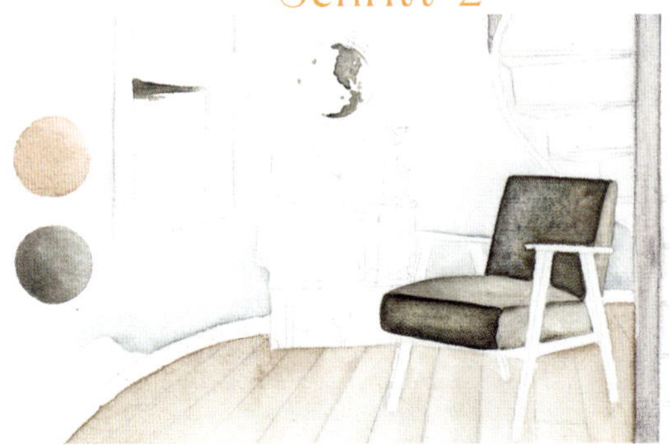

Nimm ein bräunliches, granulierendes Olivgrün und einen kleinen Rund- oder Retuschierpinsel. Koloriere Fläche für Fläche und gib besonders an den Rändern etwas mehr Pigment hinein. Mit ausreichend Wasser bringst du die Granulation gut zur Geltung. Auch die Erdteile des Globus und die Landschaft im Fenster färbst du in diesem Ton.

Schritt 3

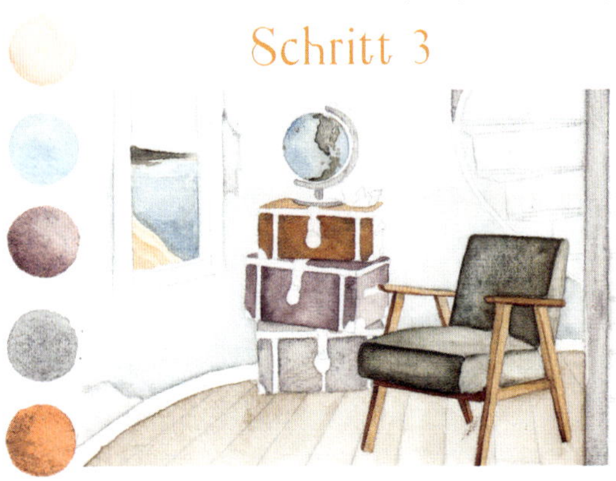

Mit einem kleinen Rundpinsel grundierst du die kleineren Flächen. Mit einem Goldbraun fügst du das Gestell des Sessels hinzu, die drei Kisten kolorierst du in Aqua Graphit, Neutraltinte und Goldbraun. Lass das Meer und den Himmel in einem klaren Blau erstrahlen und tupfe mithilfe eines Küchentuchs ein paar Wolken aus dem nassen Himmel.

Schritt 4

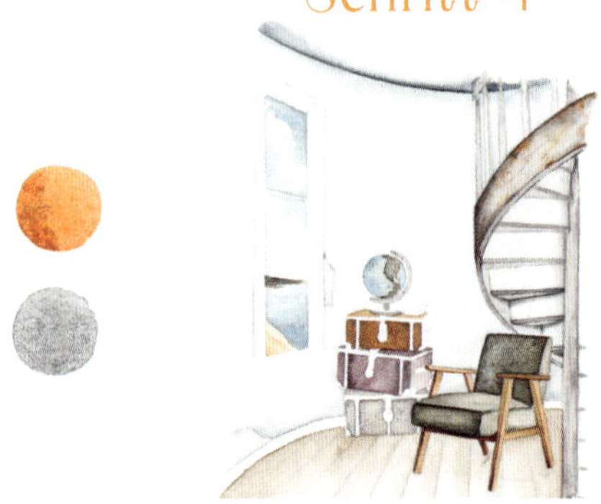

Konzentriere dich nun auf die Treppe. Schau genau, welche Abschnitte der Treppenstufen hell und welche dunkel erscheinen. Beginne mit den hellsten Flächen und lass sie gut trocknen. Werde Schicht für Schicht dunkler und deute so Kanten und Schatten an. Mit der trockenen Pinseltechnik ergänzt du rostige Stellen.

Schritt 5

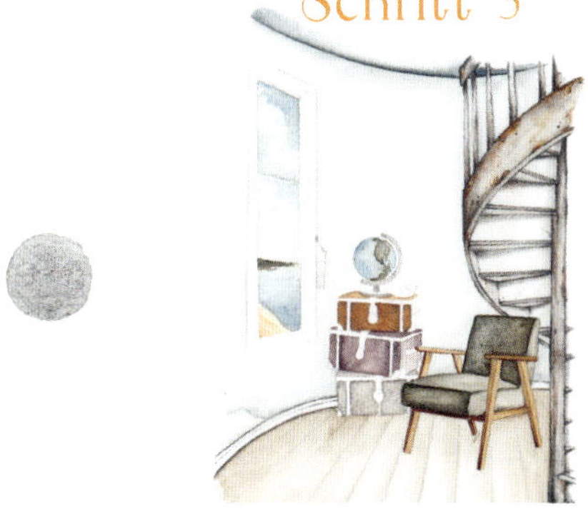

Mit Blei- und Kohlestift sowie Estompe holst du noch mehr Tiefe und Spannung heraus. Die Kanten verstärkst du mit Bleistiftlinien, indem du immer wieder Striche und Punkte hinzufügst, die deine Struktur unterstützen. Kühle Farbe dunkelt Schatten ab. Dazu reibst du den Kohlestift auf einem Schmierpapier kräftig ab und nimmst davon ein wenig mit dem Papierwischer auf. Wische damit über die schattigen Stellen.

Schritt 6

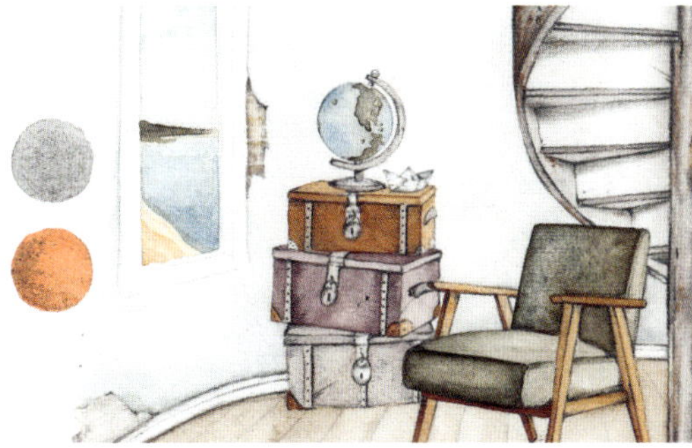

Mit derselben Sorgfalt gehst du auch bei den anderen Gegenständen vor. Nimm bei Globus, Kisten und Papierschiffchen immer wieder einen Druckbleistift zu Hilfe, um feinste Details anzudeuten. Abgebröckelten Putz grundierst du mit etwas Grau und deinem Rostton.

Schritt 7

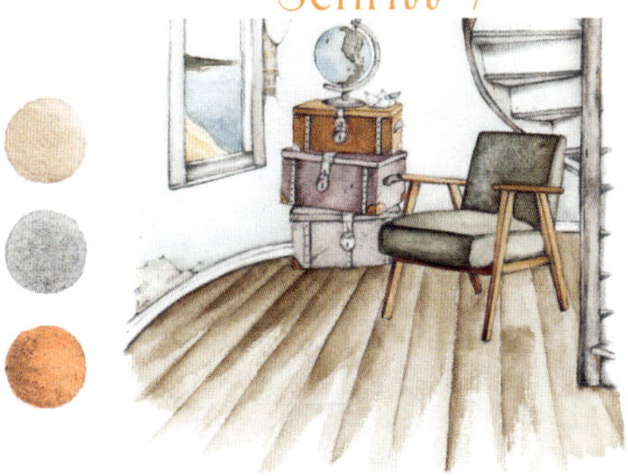

Ergänze den Fensterrahmen in einem Grafitgrau und dunkle den Boden weiter ab, indem du wieder deinen Umbraton nutzt. Dem Boden verleihst du mehr Holz-Optik, indem du von hinten (dunkelster Bereich) nach vorne (hellster Bereich) Pinselstriche mit dem Verwaschpinsel setzt. Drücke den Pinselkopf dabei auf das Papier, ziehe ihn in deine Richtung und nimm dabei den Druck wieder weg.

Schritt 8

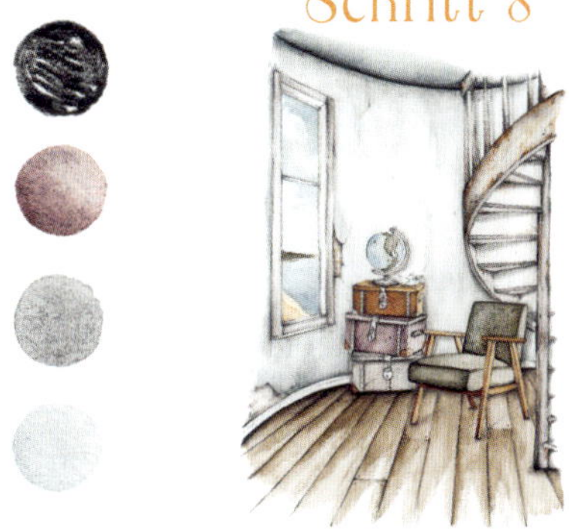

Erschaffe noch mehr Atmosphäre, indem du Strukturen, Schatten und Dunkelheit hinzufügst. Wenn du mit dem trockenen Pinsel Schlieren über die Wände ziehst, erscheinen sie schmutziger. Ergänze mit dem Papierwischer und dem übrigen Kohleabrieb die Schatten von Sessel, Globus und den Kisten. Verstärke mit dem Bleistift die Fugen zwischen den Holzlatten. Solltest du dir unsicher sein, was noch fehlt, lass auch diese Illustration für einen Moment liegen. Mit frischem Blick geht es dann ganz leicht.

Das PAPIERSCHIFF

WANN HAST DU DAS LETZTE MAL EIN PAPIERSCHIFF GEBAUT? NUR EIN PAARMAL FALTEN UND AUS EINEM EINFACHEN ZETTEL ENTSTEHT EIN KLEINES BOOT.

FARBEN

PINSEL

- Verwaschpinsel
- Rundpinsel
- Retuschierpinsel

MATERIAL

- Watercolor Etchr Pad, hot pressed, Originalformat A5
- (Druck-)Bleistift
- wasservermalbare Wachspastelle (Neocolor® II von Caran d'Ache)
- Washi Tape
- evtl. Küchentuch

VORLAGE

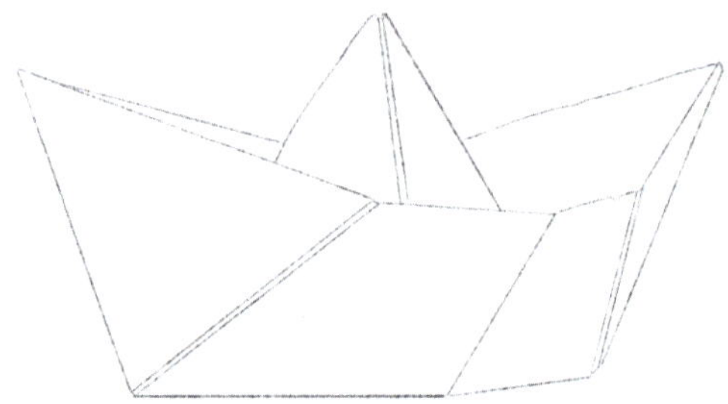

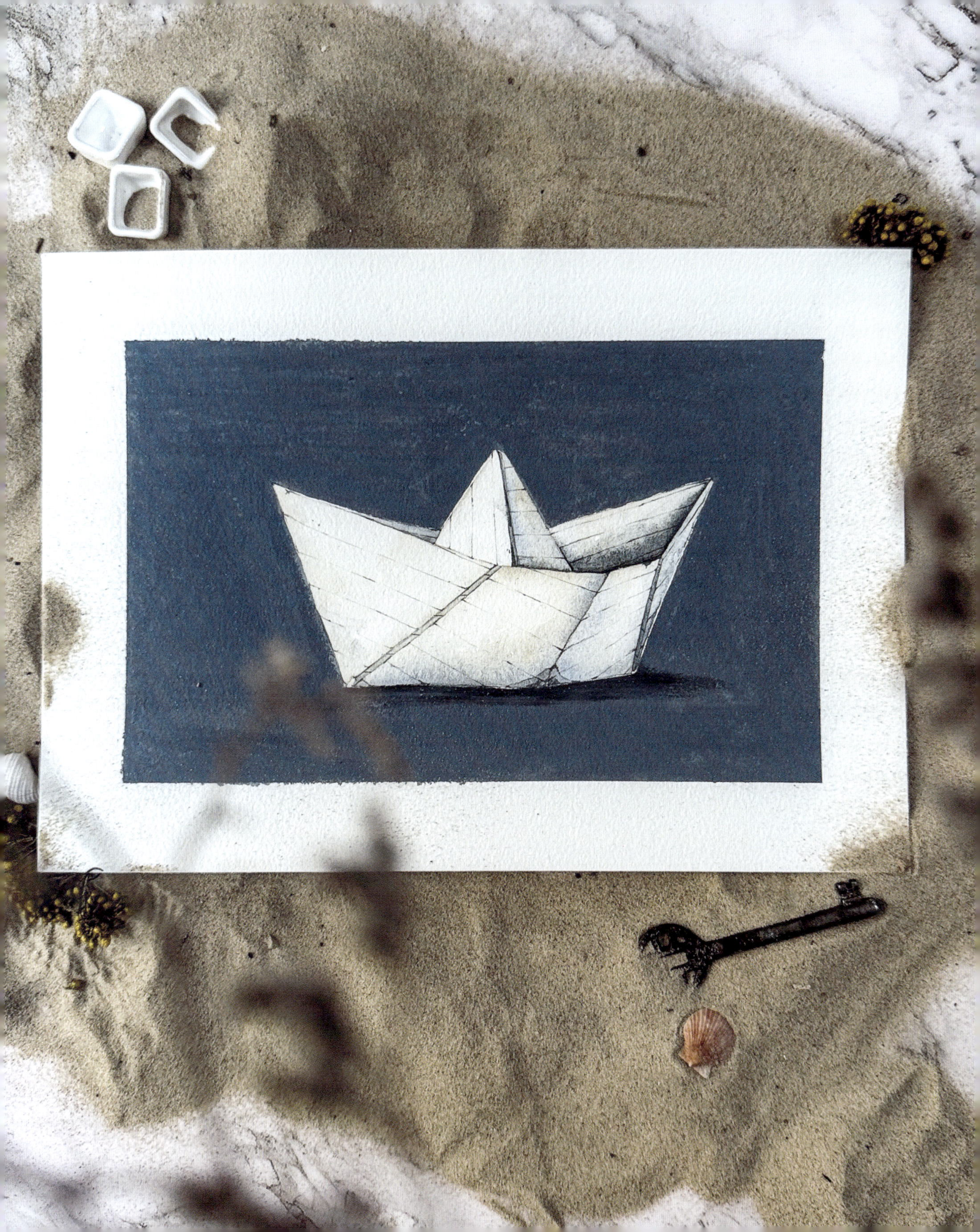

So geht's

Schritt 1

Beginne mir ganz wenig Pigment, um das weiße bzw. leicht vergilbte Papier nicht zu dunkel wirken zu lassen. Mische eine sehr wässrige Mischung mit Buff Titanium an und grundiere die ersten beiden nicht aneinander angrenzenden Flächen. Gib in die nassen Bereiche noch etwas Blau, um Schatten anzudeuten.

Schritt 2

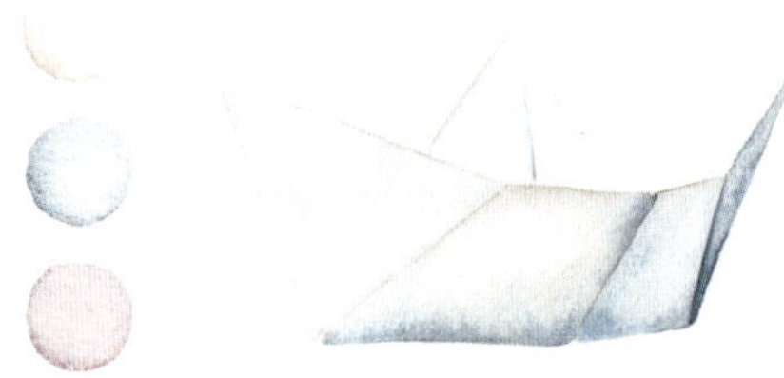

Nach dem Trocknen gehst du bei den nächsten Flächen genauso vor. Achte darauf, dass die Flächen im hinteren Teil des Bootes dunkler werden, gib dort also mehr Blau hinein. Nutze die Fließfähigkeit deiner Aquarellfarben, um schöne Verläufe zu erzeugen.

Schritt 3

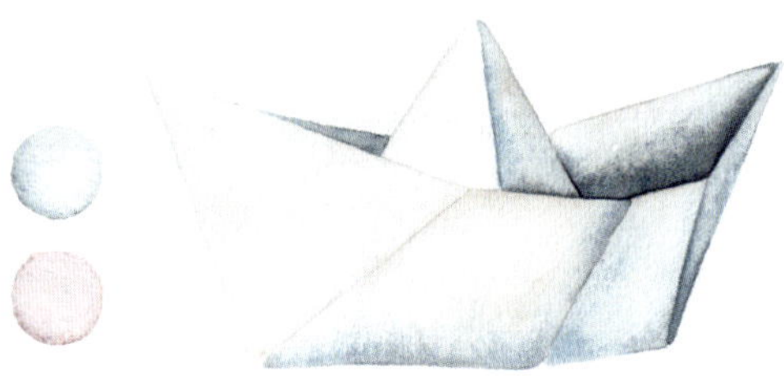

Der innere Teil des Schiffchens wirkt besonders dunkel. Auch hier kolorierst du die Fläche zunächst mit Buff Titanium und tupfst anschließend das Graublau an die unteren Kanten. Spare an dieser Stelle nicht mit Farbe. Granulierende Töne wirken hier am schönsten.

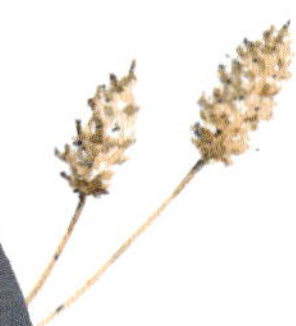

Tipp

Ein Wasserfleck ist entstanden? Manchmal passt dieser ungewollte Effekt ganz gut. Lass den Fleck stehen und beziehe ihn in deine Illustration ein.

Schritt 4

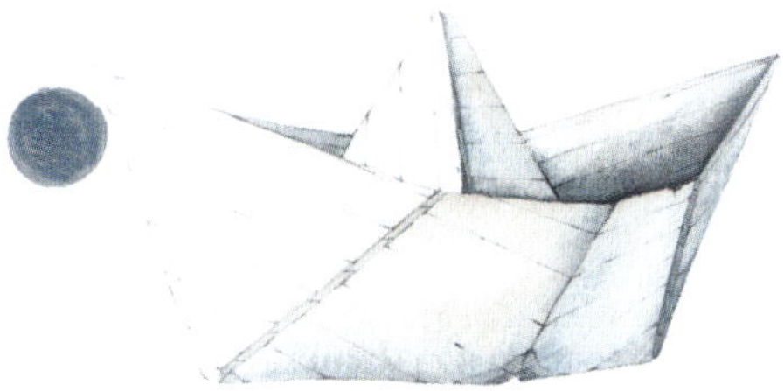

Mit einem Druckbleistift gibst du deinem Papier Struktur. Das Boot scheint aus liniertem Papier gefaltet zu sein. Ziehe deshalb dünne Linien ein. Wirklichkeitsgetreu wirkt es, wenn du die Linien den Winkeln anpasst, in denen die Flächen gefaltet sind. Die Striche müssen auch nicht alle gleich dick oder einheitlich durchgezogen sein. Besonders fein gelingen die Linien, wenn du den Bleistift etwas weiter hinten greifst und die Spitze ab und zu absetzt.

Schritt 5

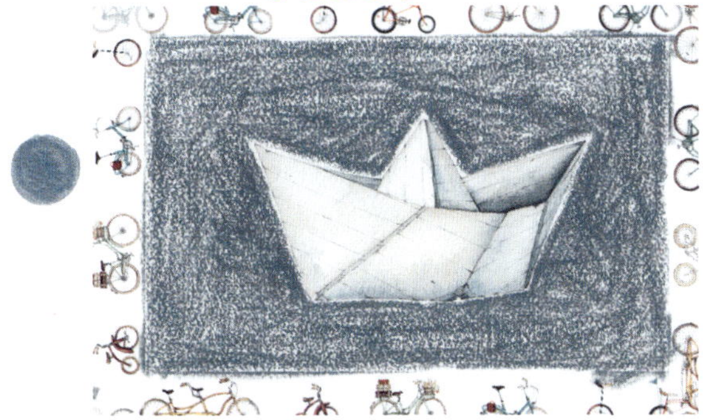

Um den Hintergrund spannender zu gestalten und das helle, zarte Boot noch stärker zu betonen, färbst du den Hintergrund dunkel ein. Möchtest du klare Kanten, dann klebe deine Bildfläche mit Washi Tape ab. Nimm wasservermalbare Wachspastellkreide in dunklem Graublau und schraffiere kräftig deine Fläche. Lass einen kleinen Abstand zum Boot.

Schritt 6

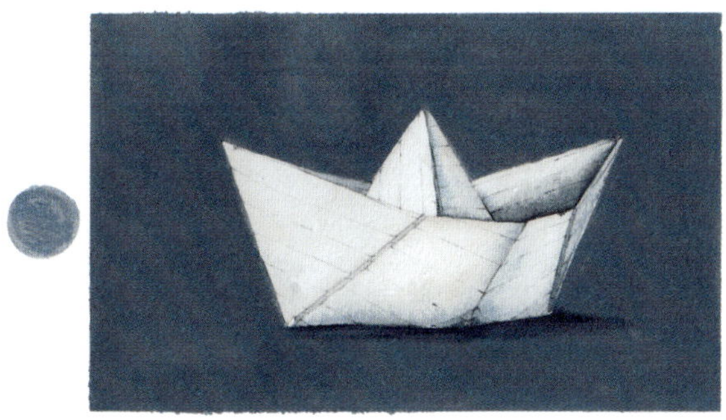

Mit einem großen Rundpinsel und Wasser verblendest du die Pastellkreide. Der Ton wird intensiver und die weißen, durch die Papierstruktur bedingten Flächen verschwinden. Male direkt mit der Pastellkreide auf der noch nassen Fläche, um helle Stellen verschwinden zu lassen und den Effekt zu intensivieren. Nachdem alles gut getrocknet ist, nutzt du deinen Kohlestift, um an der unteren Fläche des Bootes einen Schatten zu erzeugen. Entferne zum Schluss vorsichtig das Washi Tape.

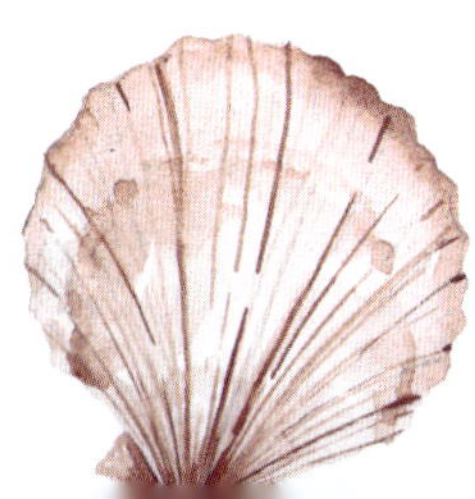

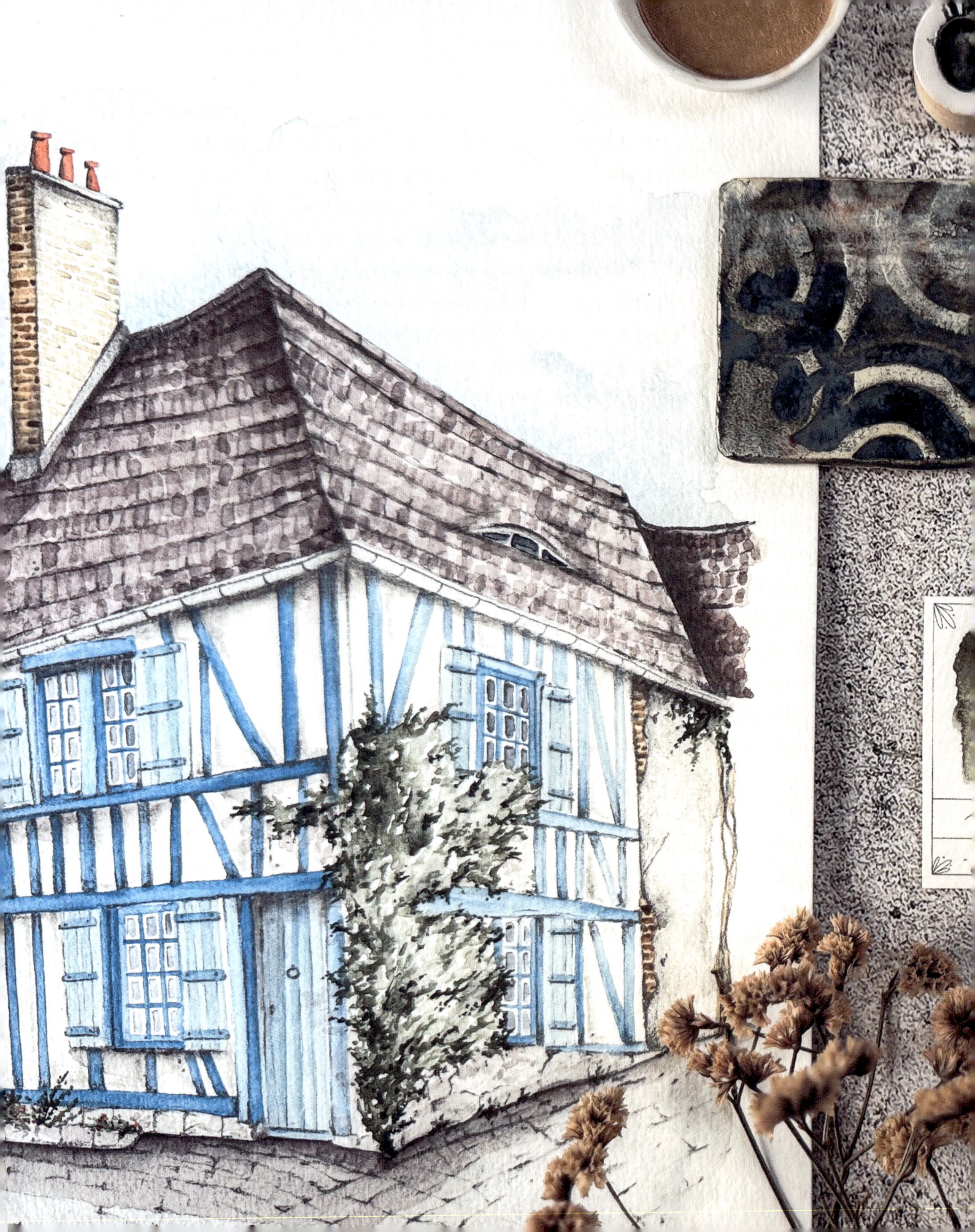

Nach Hause kommen

SO VIELE NEUE EINDRÜCKE! LANGSAM WIRD ES ZEIT, HEIMZUKEHREN UND DEINE ERINNERUNGEN FESTZUHALTEN.

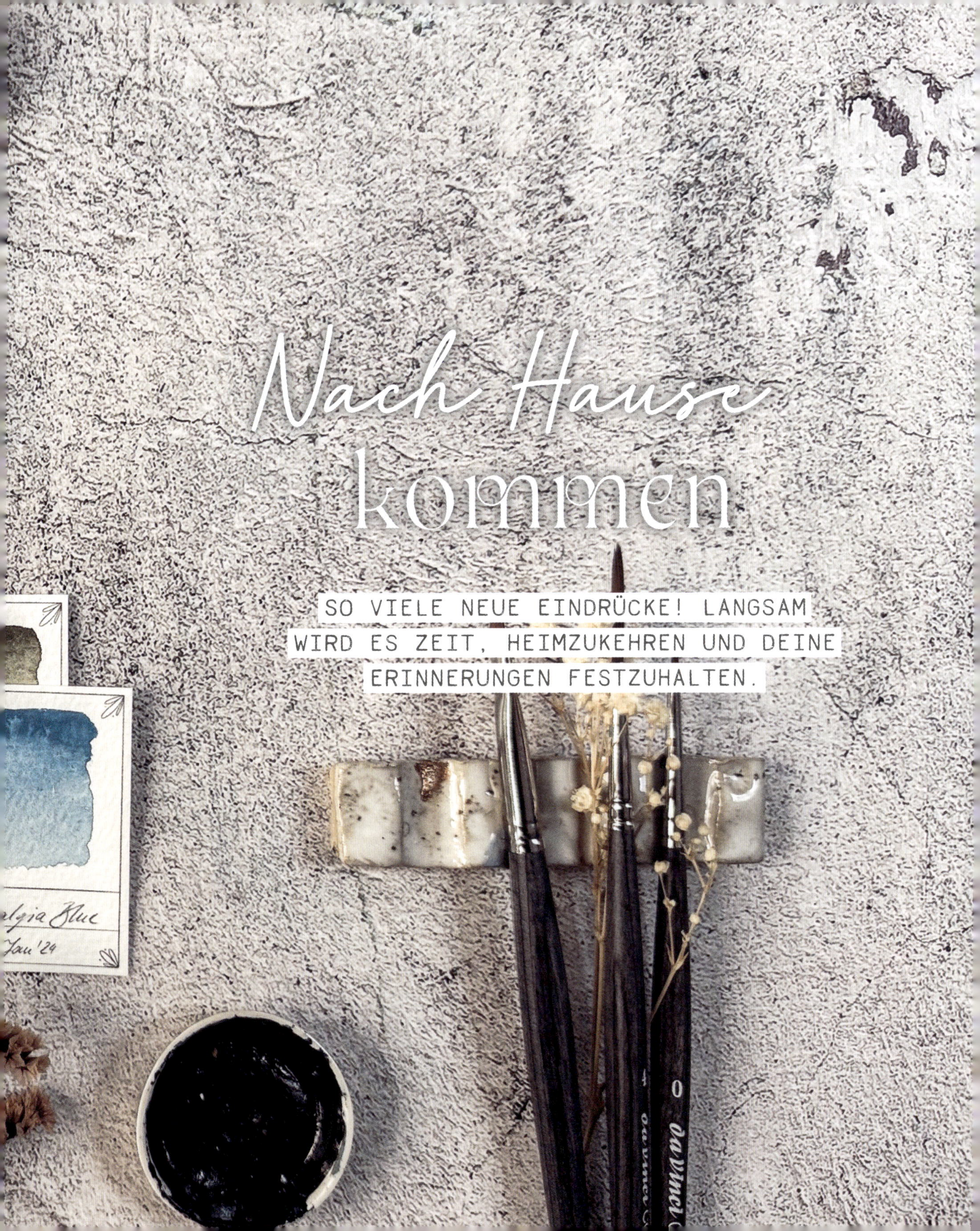

ÜBUNGSSEITE

BEVOR DU MIT KOMPLEXEN URBANEN MOTIVEN STARTEST, IST ES HILFREICH, EIN PAAR VORÜBUNGEN ZU MACHEN. NUR MUT! WAS AUF DEN ERSTEN BLICK KOMPLEX AUSSIEHT, LÄSST SICH GUT IN EINZELNE SCHRITTE EINTEILEN, DIE DICH PINSELSTRICH FÜR PINSELSTRICH ZU EINEM DETAILVERLIEBTEN BILD FÜHREN.

ÜBUNG 1

Backsteine

Manche Strukturen finden sich an fast jedem Gebäude wieder. Versuche sie einmal losgelöst vom Motiv zu betrachten und umzusetzen. Für Backsteine eignet sich ein Flachpinsel sehr gut. Setze mit ihm ein paar Reihen Steine und achte darauf, manche etwas dunkler oder in einer anderen Farbnuance anzudeuten..

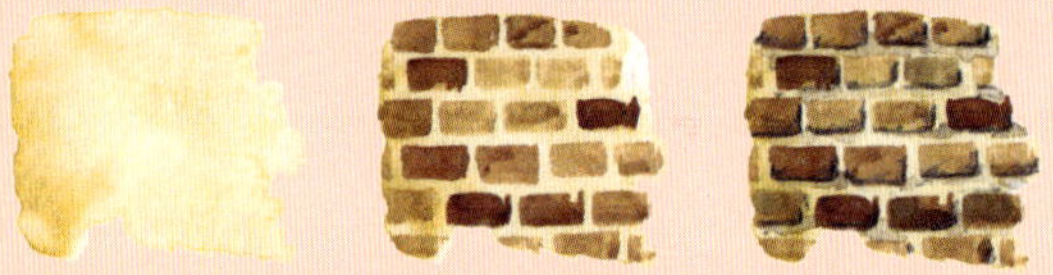

ÜBUNG 2

Dachziegel

Dächer bestehen häufig aus vielen kleinen Dachziegeln. Sie lassen sich besonders gut mit Rundpinsel und Bleistift gestalten. Lass die erste Schicht Ziegel trocknen und setze erst dann eine weitere. Die Überlappungen wirken durch den Lasureffekt automatisch dunkler. Bleistiftlinien und Schatten geben noch mehr Tiefe.

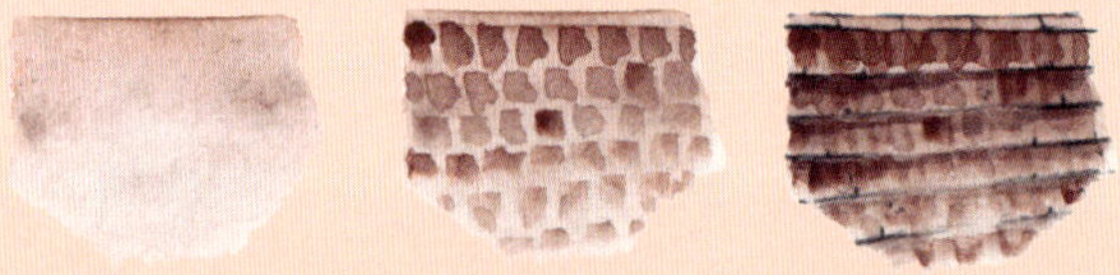

ÜBUNG 3

Steinmauer

Ein paar Bleistiftlinien können aus einer einfachen grauen Fläche eine Steinwand zaubern. Gib anschließend noch ein paar moosgrüne Tupfen dazu, um die Wand verwittert wirken zu lassen.

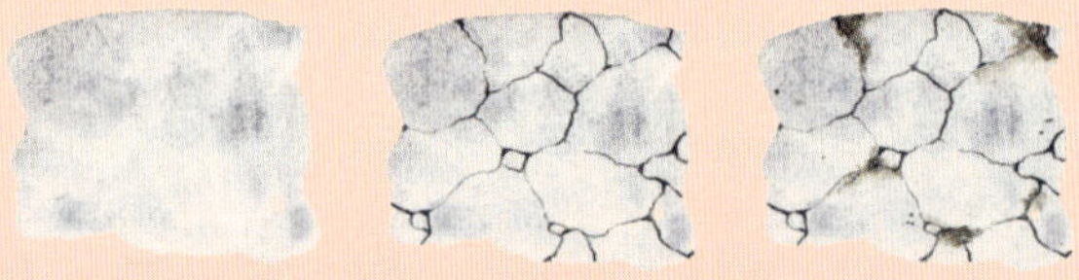

ÜBUNG 4

Holzverkleidung

Für Holzhütten und Ähnliches ziehst du mithilfe des Flachpinsels viele breite, parallele Linien. In einer zweiten Schicht fügst du mit dem Schlepperpinsel typische Holzstrukturen hinzu. Ergänze zuletzt ein paar Schatten und Nägel mit dem Bleistift.

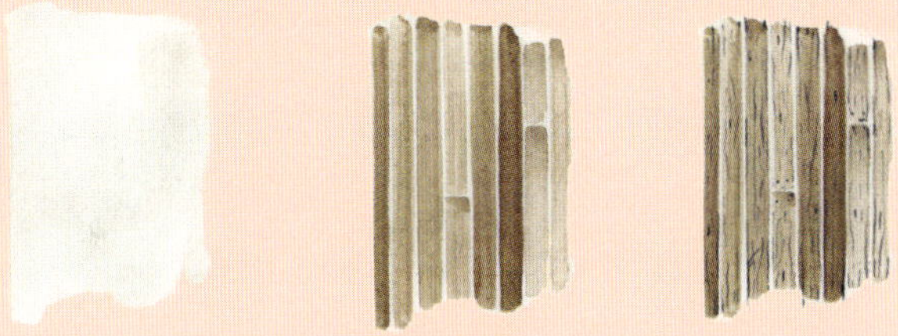

ÜBUNG 5

Rankende Pflanzen

Mit dem Schlepperpinsel lassen sich tolle Pflanzenstrukturen nachempfinden. Mische deine Wunschfarbe aus dem Näpfchen an, denn es ist schwer, mit dem Schlepperpinsel Farbe aus dem Näpfchen zu bekommen. Durch tupfende und gestrichelte Bewegungen in verschiedenen Helligkeitsstufen entsteht nun eine Pflanze, die jede Fassade verschönern kann.

ÜBUNG 6

Fachwerk

Welche Farbe soll dein Fachwerk haben? Probiere verschiedene Versionen aus. Die verputzten Flächen zwischen den Balken wirken besonders plastisch, wenn du sie an den Ecken leicht schattierst.

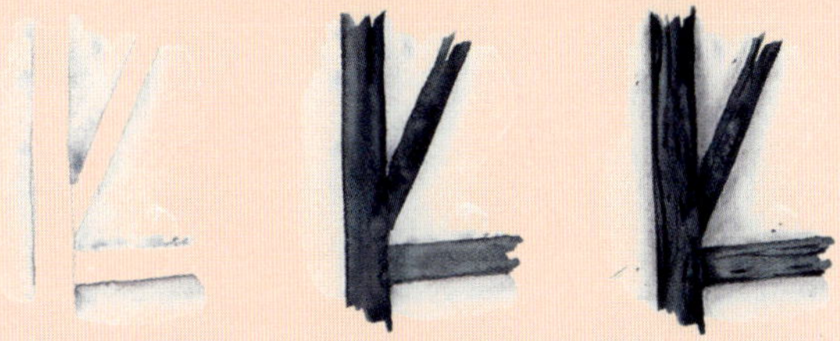

Der KIOSK

ES WIRD ZEIT, NACH HAUSE ZU GEHEN. DABEI FÜHRT DICH DEIN WEG DURCH DEN PARK. SCHON SEIT DU DENKEN KANNST, STEHT DORT DIESER KLEINE KIOSK, DER SOFTEIS UND DEN BESTEN KAFFEE DER STADT VERKAUFT.

FARBEN

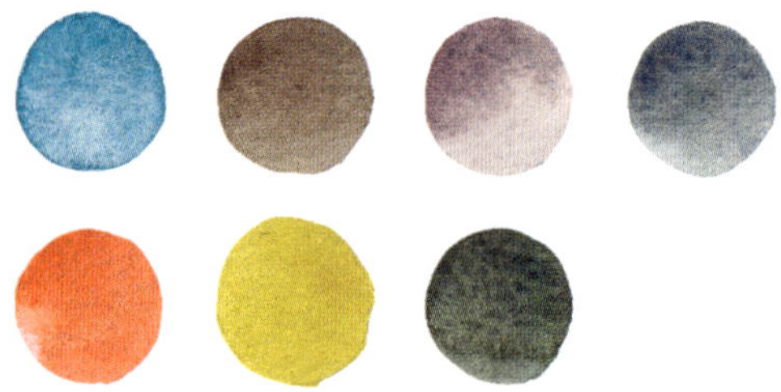

PINSEL

- Verwaschpinsel
- Rundpinsel
- Schlepperpinsel
- Retuschierpinsel

MATERIAL

- Hahnemühle Expression, Originalformat A4
- (Druck-)Bleistift HB
- Küchentuch

VORLAGE

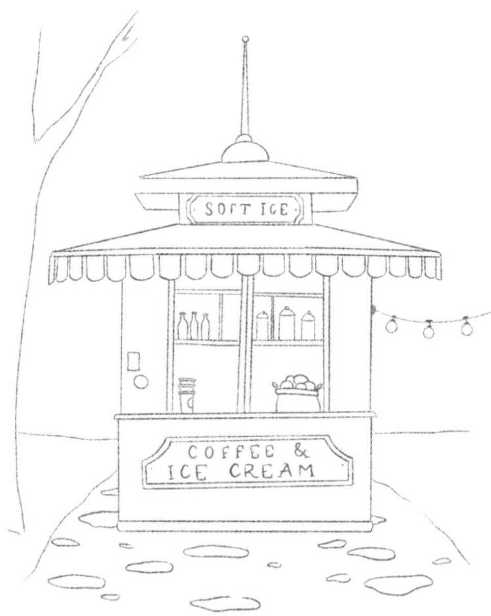

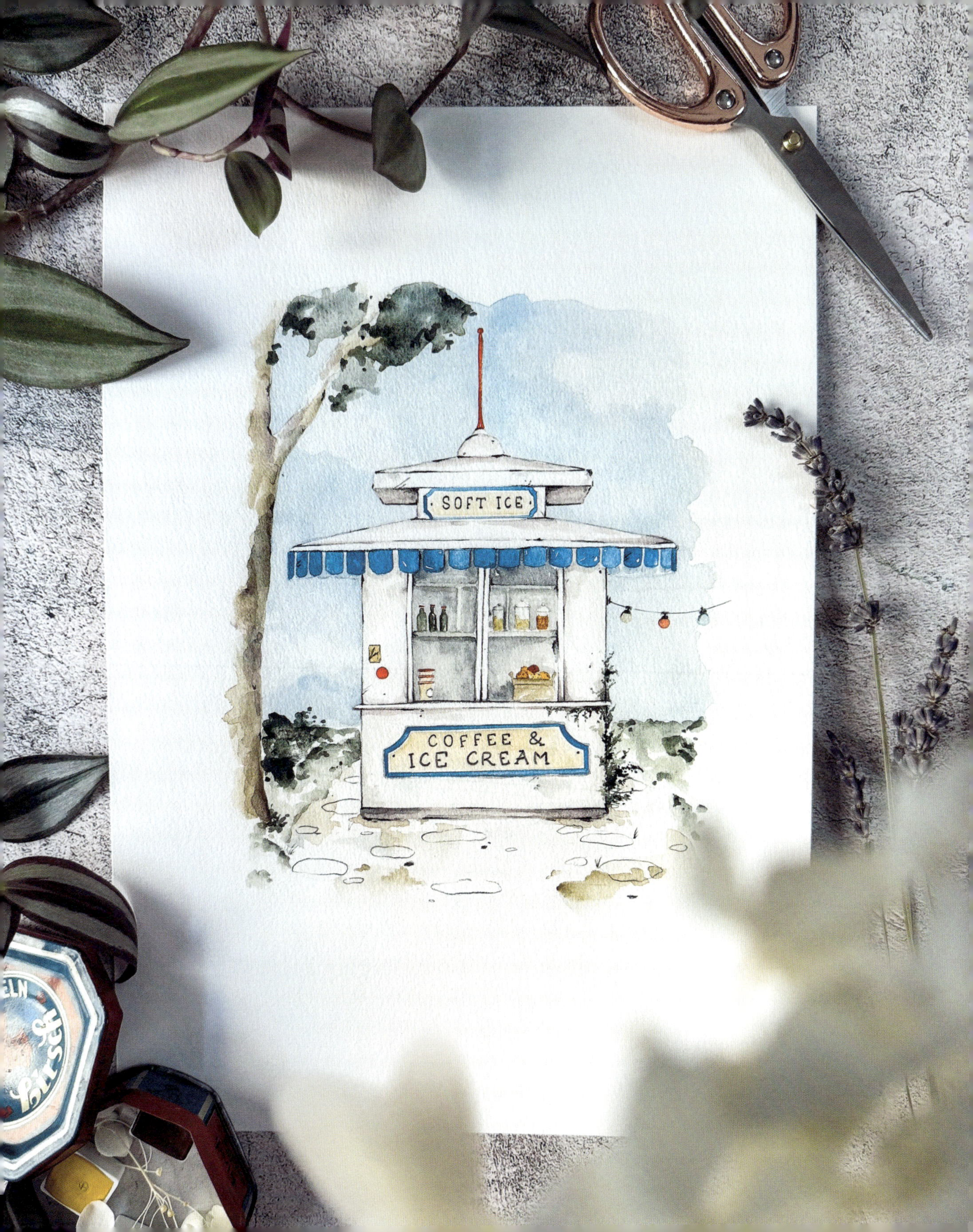
SOFT ICE
COFFEE &
ICE CREAM

So geht's

Schritt 1

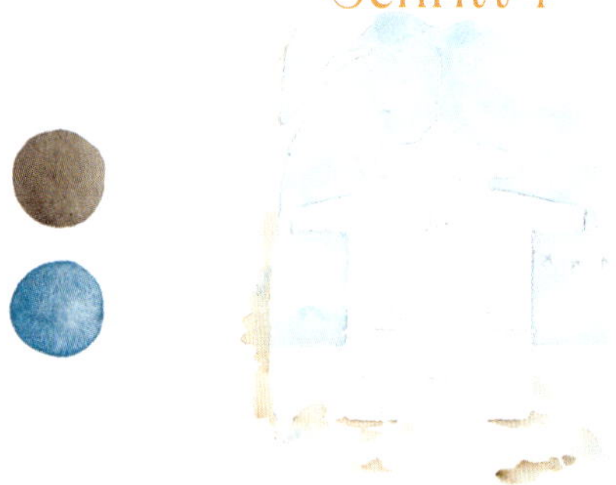

Färbe den Himmel in einem klaren Blauton ein. Tupfe in die noch nasse Fläche mit Küchentuch oder einem Taschentuch ein paar Wolken. Koloriere Baumstamm und Boden, indem du mit den Verwaschpinsel einige Flecken setzt. Besonders interessant wird das Ergebnis, wenn du noch ein wenig Blau des Himmels in diese Flächen gibst.

Schritt 2

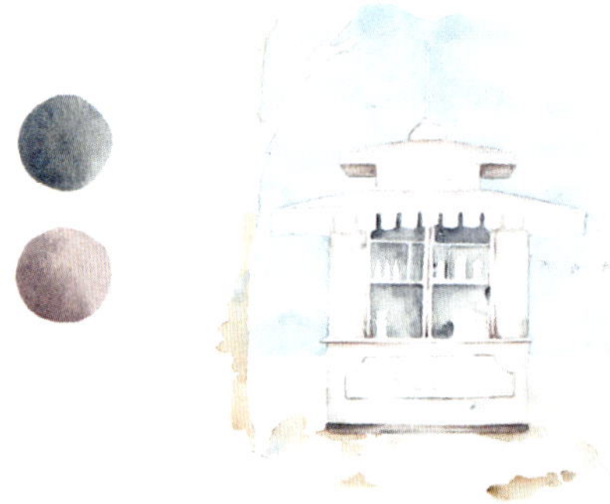

Der Innenbereich des Kiosks ist dunkel, da er im Schatten liegt. Nutze dafür einen blaugrauen Ton. Den Außenbereich kolorierst du mit ein wenig Neutraltinte, die du schwach pigmentiert einsetzt. Die Schattenbereiche tönst du dunkel ein.

Schritt 3

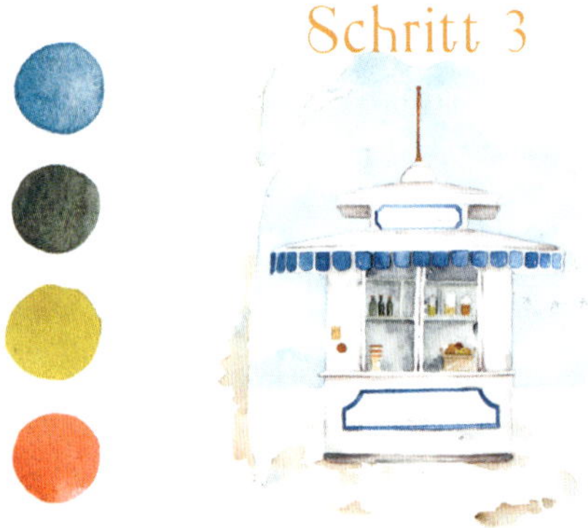

Greife erneut zu deinem klaren Blauton und setze ihn hochpigmentiert ein – am besten nimmst du die Farbe direkt aus dem Näpfchen. Mithilfe eines kleinen Rund- oder Retuschierpinsels kolorierst du die einzelnen Wimpel und Ränder der Tafeln. Kleine Gegenstände und Details deutest du in Rot, Gelb, Dunkelgrün und Beige an.

Tipp

Nutze klare Blau-, Gelb- und Rotnuancen für den Primärfarbenkontrast in deinem Bild.

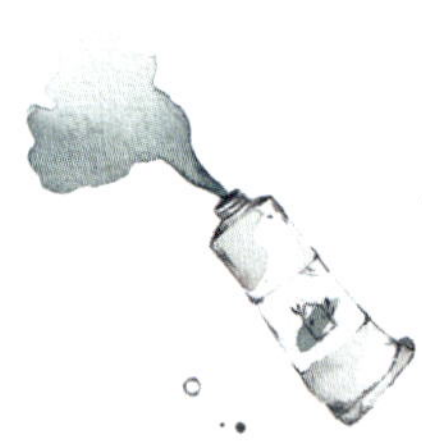

Schritt 4

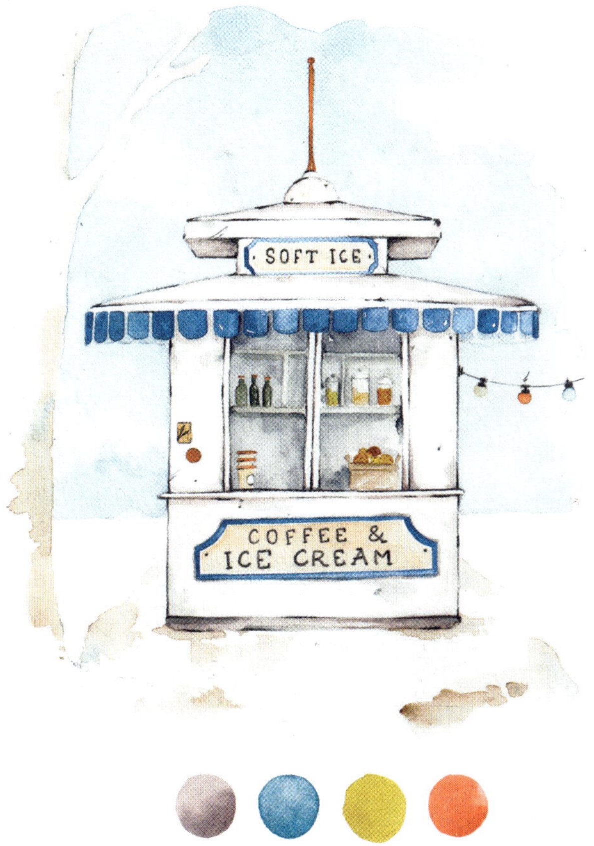

Die Schilder tönst du in einem Sandton und ergänzt nach dem Trocknen mit einem Bleistift die Schrift. Schreibe die Buchstaben zunächst schwach vor und verstärke die Linien erst, wenn du mit der Größe der Worte und Abstände zufrieden bist. Einige Linien und Konturen ergänzt du am Kiosk, indem du feine Punkte und Striche hinzufügst. Die Lampen bestehen aus bunten Aquarellkreisen und einem Kabel, gezogen mit dem Bleistift.

Schritt 5

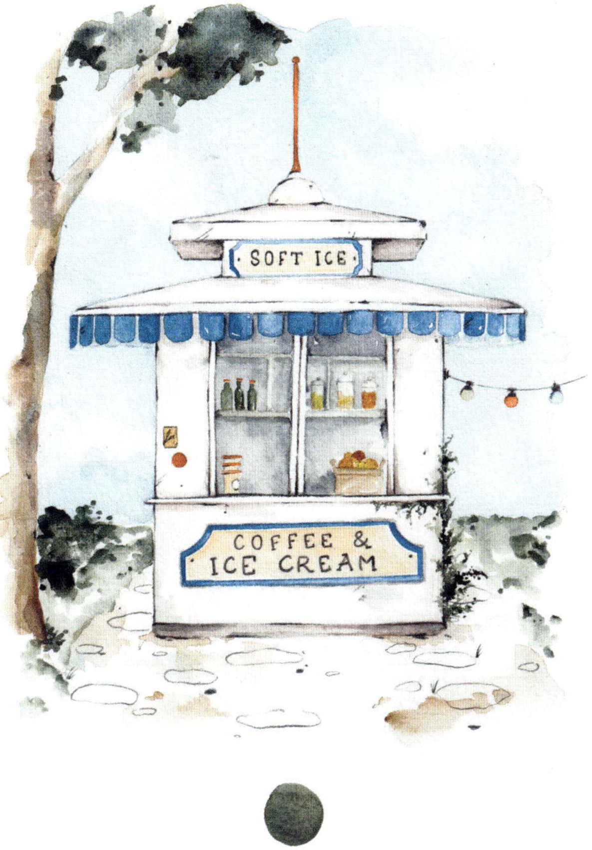

Nun wird es sommerlich. Deute an den Wegesrändern mit einem dunklen Grünton Gräser und Büsche an. Versuche sie locker und grob mit einem Verwaschpinsel darzustellen. Auch die Baumkrone lässt du so entstehen. Am Kiosk illustrierst du in tupfenden und gestrichelten Bewegungen eine Rankpflanze, die entlang der Kioskwand verläuft. Den groben Stein- und Kiesboden stellst du vereinfacht durch einige wackelige Bleistiftkreise dar. Dunkle Punkte wirken wie kleine Steine.

Das FACHWERKHAUS

NACH EINER LANGEN, AUFREGENDEN REISE KOMMST DU ZU EINEM WUNDERSCHÖNEN FACHWERKHAUS. DIE HELLBLAUEN BALKEN STRAHLEN DIR EINLADEND ENTGEGEN. MÖCHTEST DU GERNE IN DIESEM HÄUSCHEN WOHNEN? DANN LASS HIER DEIN ZUHAUSE SEIN.

FARBEN

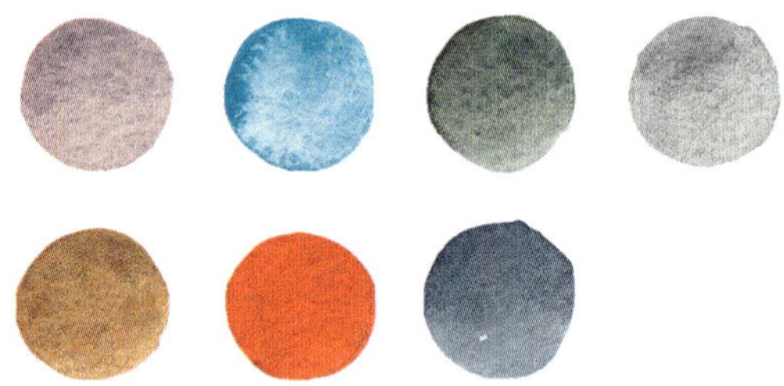

PINSEL

- Verwaschpinsel mit feiner Spitze
- Rundpinsel in kleiner und mittlerer Größe
- Schlepperpinsel
- Flachpinsel
- Retuschierpinsel

MATERIAL

- Hahnemühle Expression, Originalformat A4
- (Druck-)Bleistifte in den Stärken HB und B
- Kohlestift
- Papierwischer
- evtl. Küchentuch

VORLAGE

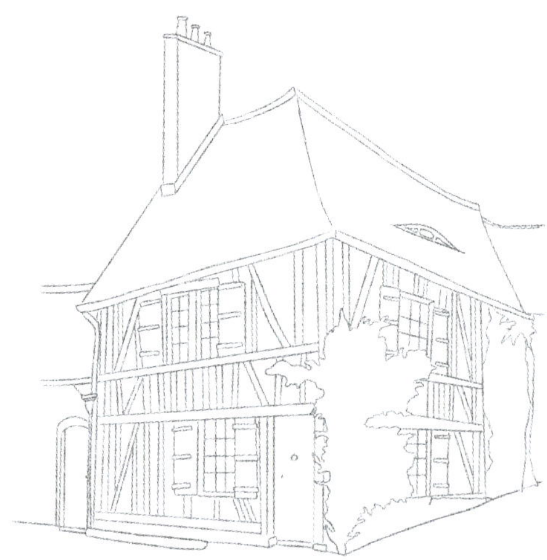

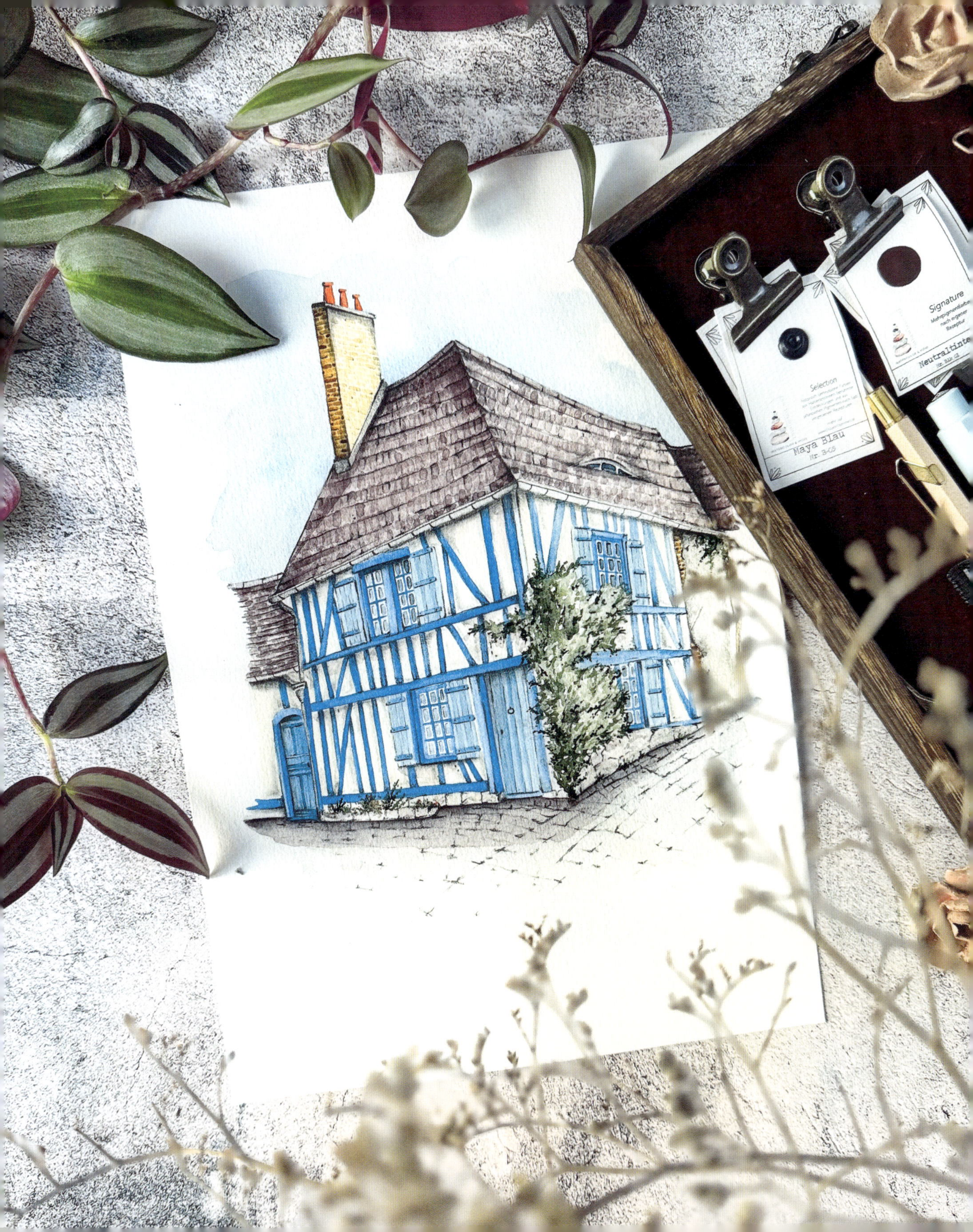
Selection
Maya Blau
Signature
nach eigener
Rezeptur
Neutraltinte

So geht's

Schritt 1

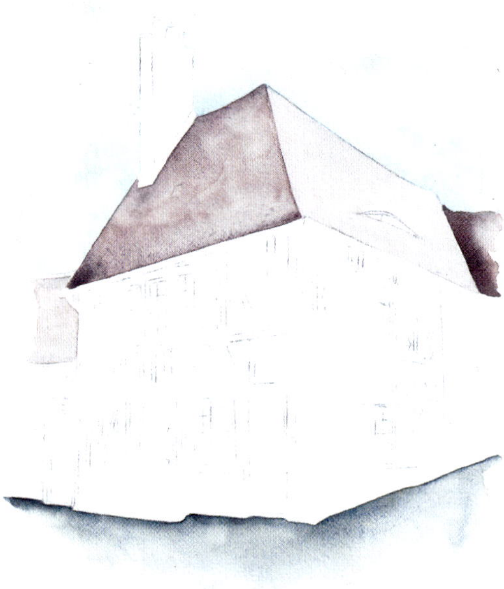

Dieses Motiv ist sehr detailverliebt und benötigt etwas mehr Aufwand. Doch auch hier beginnst du, indem du die größeren Flächen, also Dächer, Himmel und Boden kolorierst. Nutze dafür einen Verwaschpinsel. Die Dächer sind in Neutraltinte gehalten, der Himmel in einem ganz leichten Blauton und der Boden in Graublau. Letzterer wird zum Haus hin optisch dunkler. Nutze entlang der Hauskante mehr Pigment.

Schritt 2

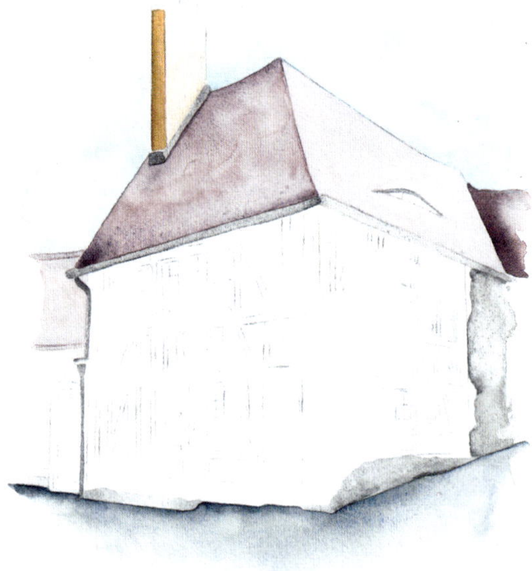

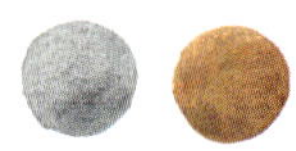

Mit einem goldbraunen Ton deutest du den großen Schornstein an. Lass die größere Seitenfläche heller wirken, indem du sie nur sehr schwach kolorierst. Mit einem Grafitgrau ergänzt du die Dachrinnen, Steine im unteren Hausbereich und das im Schatten liegende Nachbarhaus.

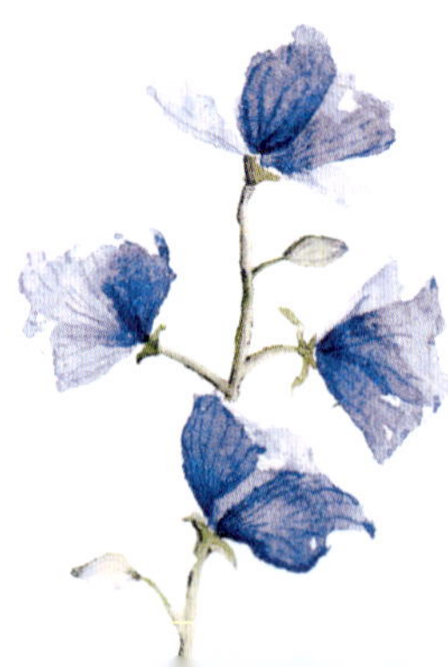

Schritt 3

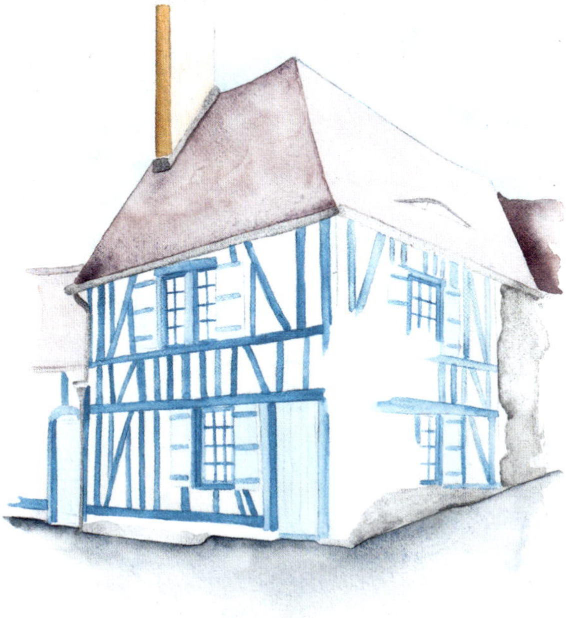

Konzentriere dich nun auf das schöne Fachwerk, das dein Bild so besonders macht. Trau dich, einen strahlenden Blauton dafür zu nutzen. Die Balken ziehst du mit einen Flachpinsel. Dabei lässt du durch etwas mehr Farbe aus dem Näpfchen die linke Seite dunkler wirken als die rechte. Den Bereich, in dem der Busch steht, lässt du frei. Fensterläden und Türen grundierst du nur schwach, ungefähr so hell wie den Himmel.

Schritt 4

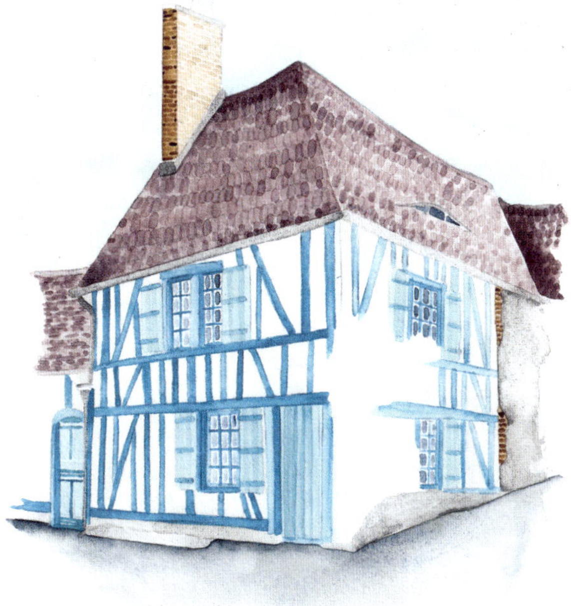

Deute mit einem mittleren Rundpinsel und Neutraltinte die Dachziegel an. Ziehe mit dem Bleistift Hilfslinien, die die Ziegelreihen anzeigen. Anschließend tupfst du Ziegel für Ziegel auf. Achte darauf, manche heller, manche dunkler erscheinen zu lassen. Am Schornstein ziehst du mit einem kleinen Rundpinsel kleine Striche, die Backsteine darstellen. Auch an den abgebrochenen Putzstellen deutest du ein paar Steine an. Nimm einen kleinen Rundpinsel und dunkles Blau, um mit kleinen Strichen die Fensterscheiben auszufüllen.

Schritt 5

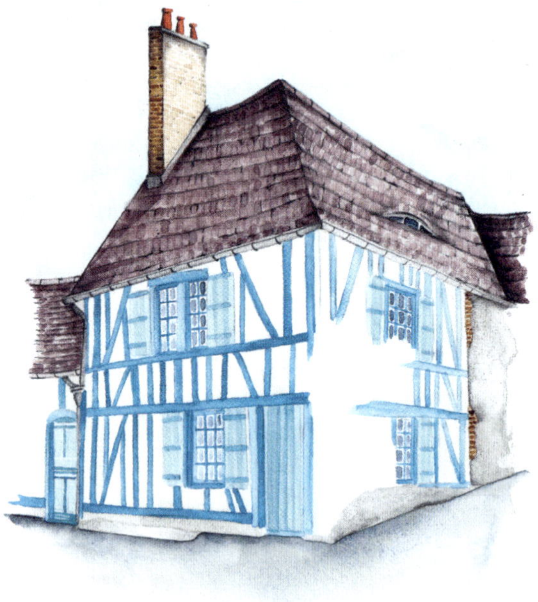

Vollende deine Dächer, indem du mit Bleistift und Kohle dunkle Strukturen ergänzt. Ziehe dazu dunkle Linien unter jede Ziegelreihe. Verblende mithilfe des Papierwischers die Kohle, um schöne Schatten unterhalb des Giebels und am Schornstein zu erzeugen. Färbe das hintere linke Dach besonders dunkel. Die Essen auf dem Schornstein malst du in einem kräftigen Rot. Zeichne mit Bleistiftlinien ein paar Details an der Regenrinne.

Schritt 6

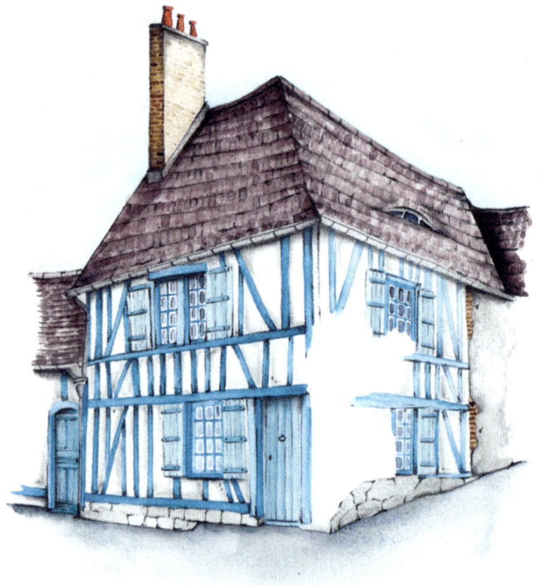

Wie beim Dach gehst du auch am Haus selbst vor. Das Dach wirft einen Schatten am oberen Fassadenende, den du mit etwas Kohle und dem Papierwischer andeutest. Dazu nutzt du wieder etwas Schmierpapier, auf dem du die Kohle kräftig abreibst, mit dem Estompe abnimmst und auf dem Aquarellpapier verwischst. Diese Technik nutzt du auch bei den anderen Flächen zwischen den Balken und dunkelst so die Ecken und Kanten an. An den Türoberseiten fügst du besonders dunkle Schatten für mehr Tiefe hinzu. Ergänze ein paar Steinstrukturen im unteren Bereich deines Hauses.

Schritt 7

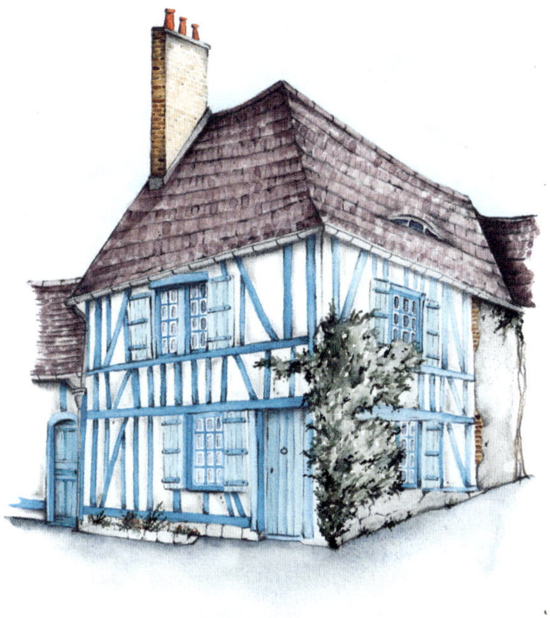

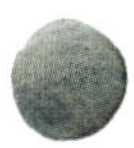

Mithilfe des Schlepperpinsels und einem dunklen Olivgrün entsteht die Rankpflanze. Interessanter wirkt sie, wenn du sehr helle und äußerst dunkle Bereiche andeutest. Nimm dir dazu zunächst nur wenig Farbe und setze die dunklen Stellen direkt aus dem Näpfchen. Deute auch ein paar Grasbüschel im Beet an der linken Hausseite und am Boden an.

Schritt 8

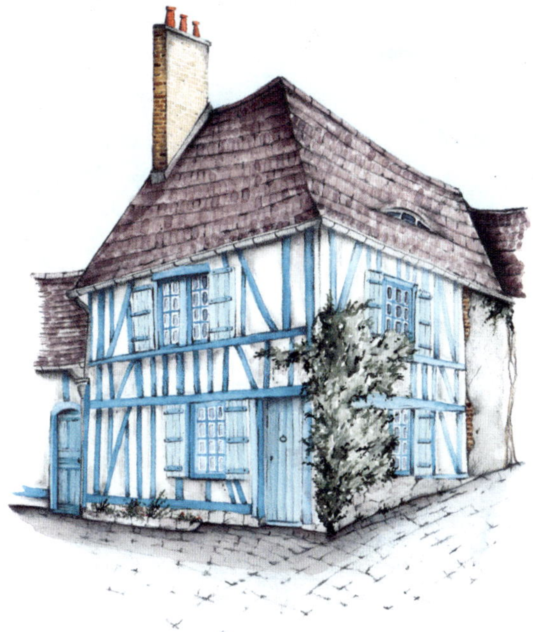

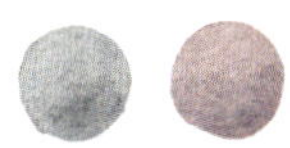

Ergänze Pflastersteine am Boden, indem du durchbrochene Linien mit dem Bleistift setzt. Das Haus wirft nach vorne einen Schatten, den du mit Neutraltinte andeutest. Nutze dazu deinen Verwaschpinsel. Schau zuletzt noch einmal genau dein Bild an und ergänze bei Bedarf weitere Schatten für mehr Tiefe oder individuelle Details.

Am SCHREIBTISCH

ZURÜCK ZU HAUSE KANNST DU ES KAUM ERWARTEN, DICH AN DEINEN ALTEN SCHREIBTISCH ZU SETZEN UND ALL DIE WUNDERSAMEN ERLEBNISSE AUFZUSCHREIBEN.

FARBEN

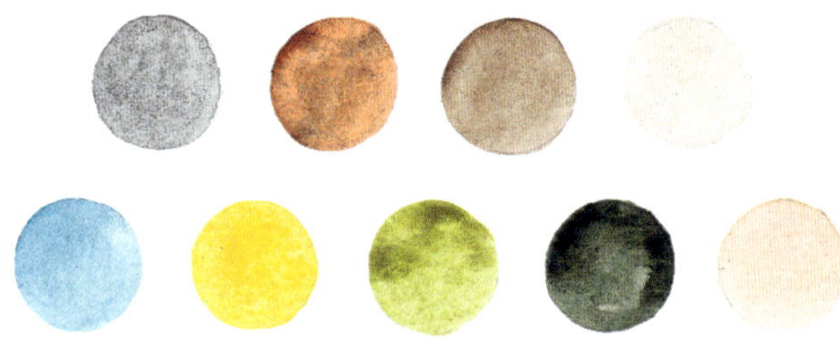

PINSEL

- Verwaschpinsel
- Rundpinsel
- Schlepperpinsel
- Flachpinsel
- Retuschierpinsel

MATERIAL

- Hahnemühle Expression, Originalformat A4
- (Druck-)Bleistift
- Papierwischer
- evtl. Küchentuch

VORLAGE

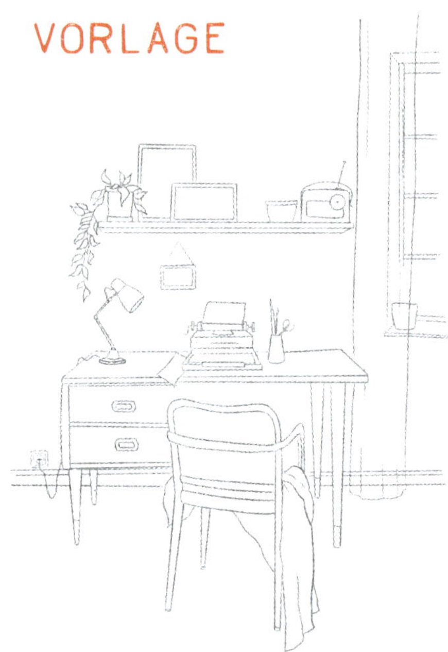

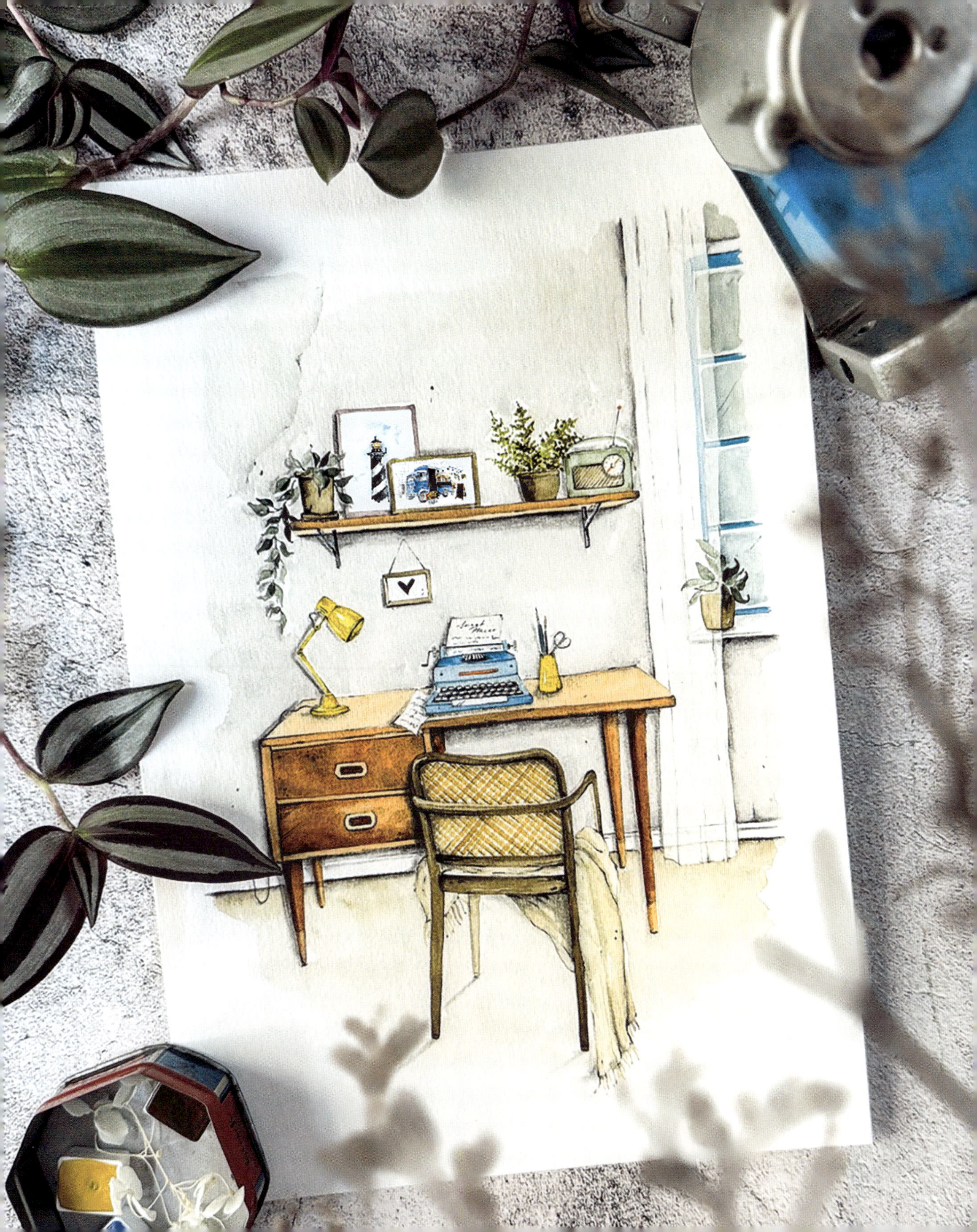

So geht's

Schritt 1

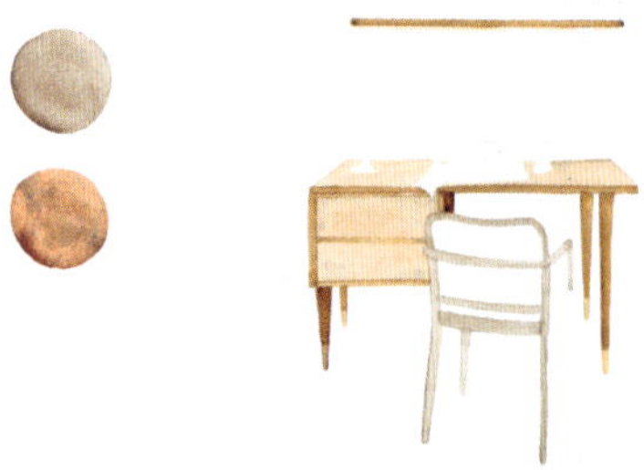

Grundiere Schreibtisch und Regal mit einem Goldbraun. Nutze dafür gerne ein granulierendes Braun, das den Möbeln einen schönen Vintage Look verleiht. Verdunkle nach dem Trocknen die Tischbeine und Schubladenrahmen mit einer zweiten Schicht derselben Farbe. Den Stuhl färbst du in Umbra grünlich ein. Nimm dazu einen kleinen Rundpinsel oder Retuschierpinsel.

Schritt 2

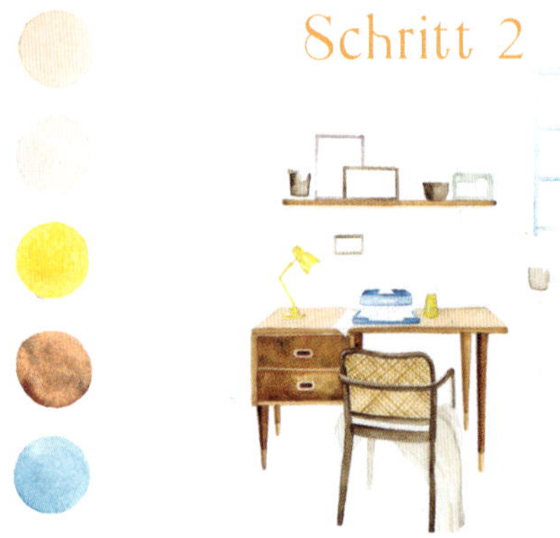

Koloriere Bilderrahmen und Töpfe in Brauntönen, die Lampe und das Glas mit den Stiften in knalligem Gelb. Die blaue Schreibmaschine wird zum zentralen Hingucker. Mit dunklem Goldbraun hebst du die Schubladen hervor. Für das Flechtmuster am Stuhl ziehst du mit einem Sandton und dem Schlepperpinsel hellere und dunklere Querlinien. Deute die Decke mit Buff Titanium an. Stärker grundierte Bereiche wirken wie Falten.

Schritt 3

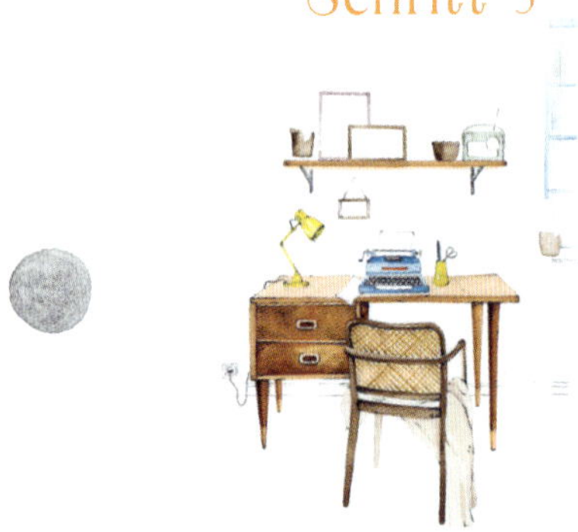

Für sehr feine Details wie die Tasten der Schreibmaschine nutzt du den Bleistift. Lege gerne ein Blatt Papier oder Maltuch über die fertigen Stellen, um nichts zu verschmieren. Mit dem Bleistift kannst du auch die Strukturen an Stuhl und Schreibtisch vertiefen und die Fußleiste ziehen. Achte darauf, dass diese hinter dem Vorhang heller wird. Die Regalhalter deutest du mit Bleistift an.

Schritt 4

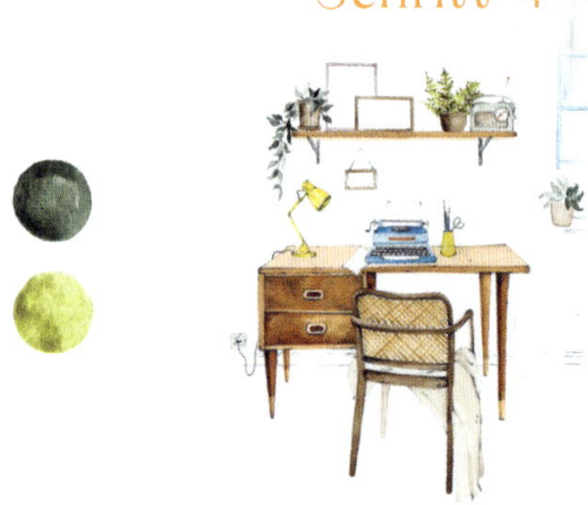

Aus verschiedenen Grüntönen entstehen unterschiedliche Blattstrukturen. Mit einem kleinen Rundpinsel und Dunkelgrün lässt du eine Rankpflanze an der linken Regalseite emporklettern. Durch tupfende Bewegungen mit dem Schlepperpinsel und einem helleren Grün entsteht eine Pflanze, die an Farn erinnert. Die Blätter auf dem Fensterbrett lässt du hinter dem Vorhang heller erscheinen.

Schritt 5

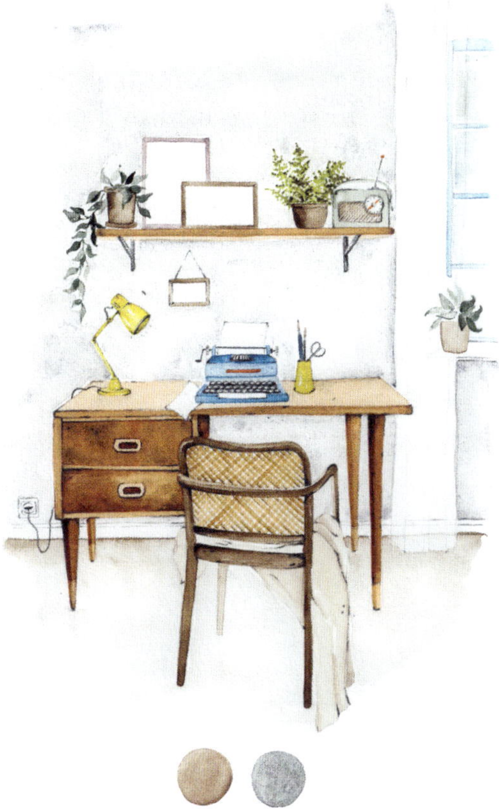

Erst jetzt deutest du Wand und Boden an. Nutze für die Wand ein Graphitgrau und spare den Vorhang aus. Der Fensterrahmen trägt dasselbe Blau wie die Schreibmaschine. Für den Boden greifst du zu dem Umbra, das du schon beim Stuhl verwendet hast. Koloriere die Fläche nur hell und lass einen kleinen Abstand zu den fertigen Möbeln.

Schritt 6

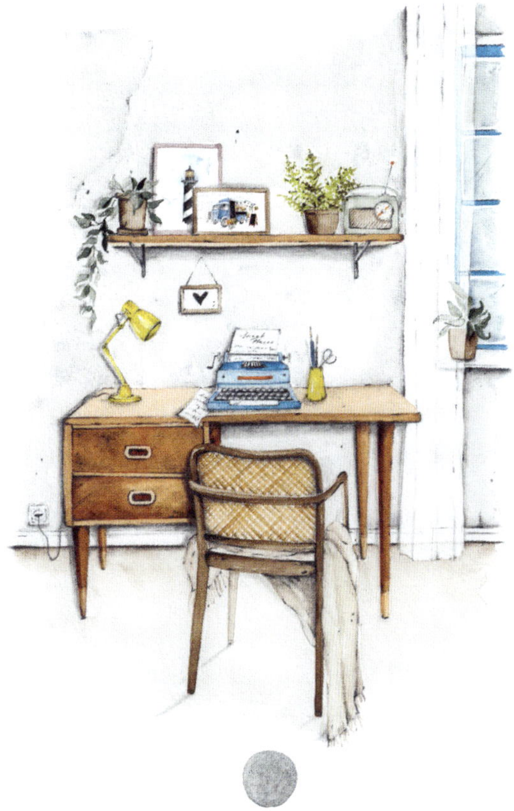

Im letzten Schritt setzt du unterhalb der Regale und des Schreibtisches mit Bleistift und Papierwischer Schatten. Lass den Fensterrahmen neben der Gardine und die Fenster selbst dunkler wirken, indem du eine zweite Farbschicht setzt. Nun füllst du die leeren Bilderrahmen mit den liebsten Motiven deiner Reise.

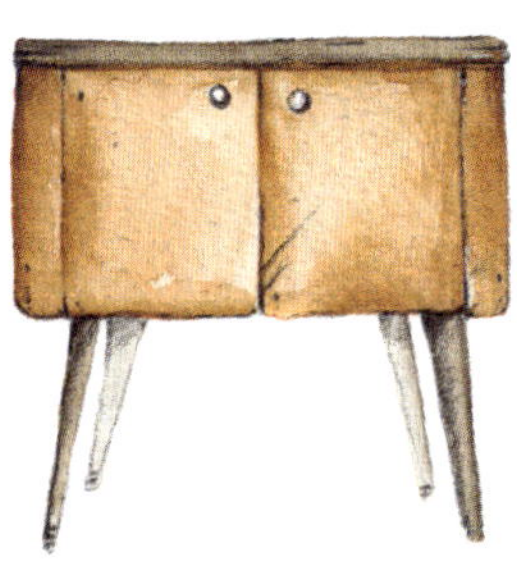

Tipp

Zum Füllen der Bilderrahmen kannst du einen technischen Trick anwenden: Mit Procreate lassen sich eingescannte Illustrationen zusammensetzen. Füge zuerst deine Zimmerillustration ein und auf den weiteren Ebenen deine Lieblingsbilder. So kannst du sie bequem auf die passende Größe schrumpfen.

Schreib MASCHINE

WIE SCHÖN ES IST, DIESE WEIßEN SEITEN MIT WORTEN UND BILDERN ZU FÜLLEN! DIE FINGER FLIEGEN NUR SO ÜBER DIE TASTEN.

FARBEN

PINSEL

- Verwaschpinsel
- Rundpinsel
- Retuschierpinsel

MATERIAL

- Hahnemühle Expression, Originalformat A4
- (Druck-)Bleistift
- Kohlestift
- evtl. Küchentuch

VORLAGE

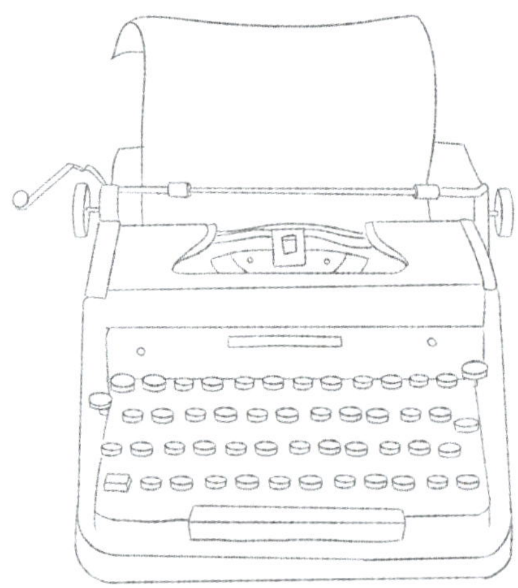

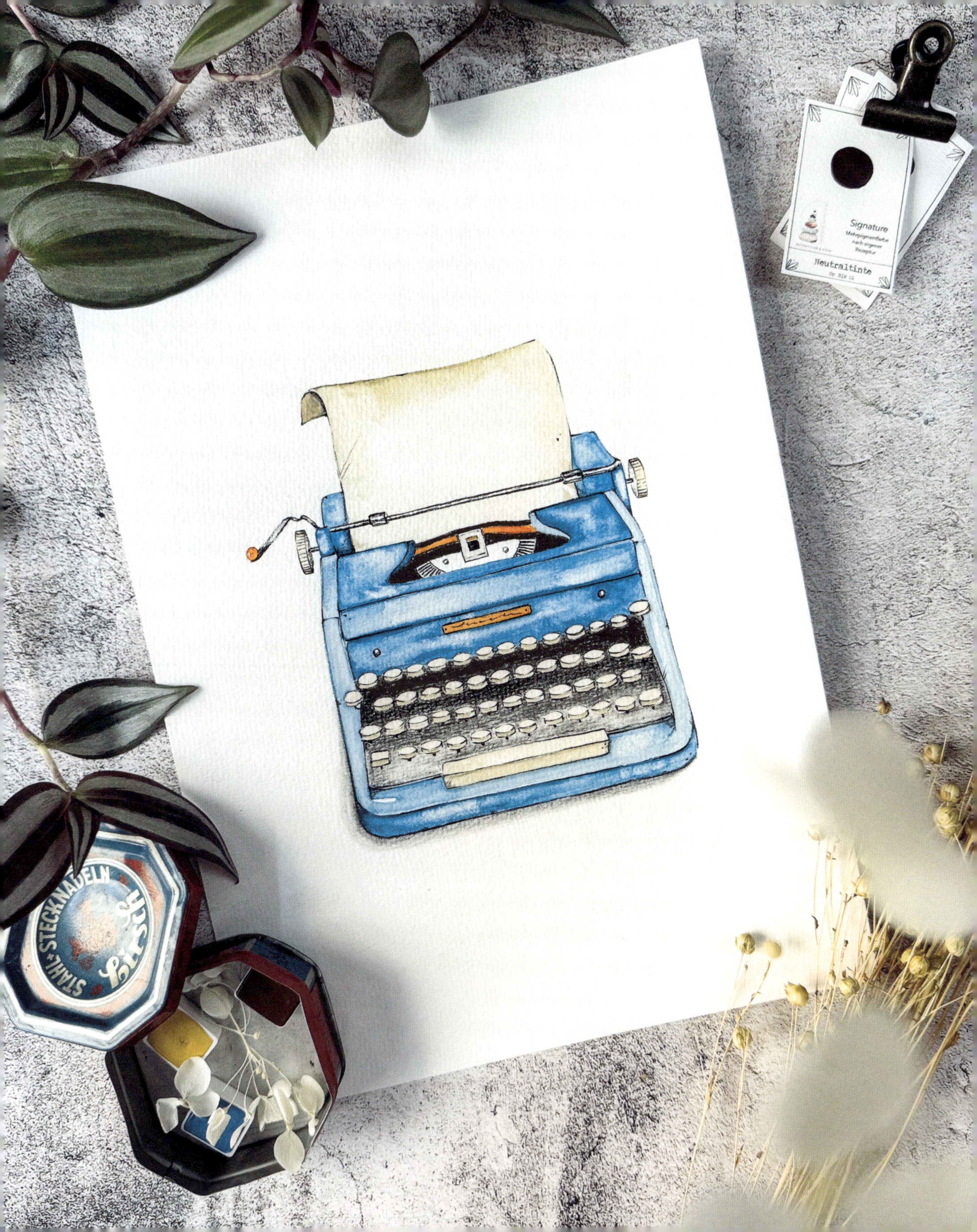
Signature
Mehrpigmentfarbe nach eigener Rezeptur
Neutraltinte
STAHL-STECKNADELN
Hirsch

So geht's

Schritt 1

Mit cremigem Buff Titanium färbst du das in der Maschine eingespannte Papier ein. Dazu ist ein Verwaschpinsel bestens geeignet. Im oberen Bereich gibst du etwas mehr Pigment hinein, die umgekippte Ecke kolorierst du im Vollton. Wechsle zu einem kleinen Rundpinsel und male die einzelnen Tasten und Räder. Dunkle Bereiche deutest du mit etwas mehr Farbe an.

Schritt 2

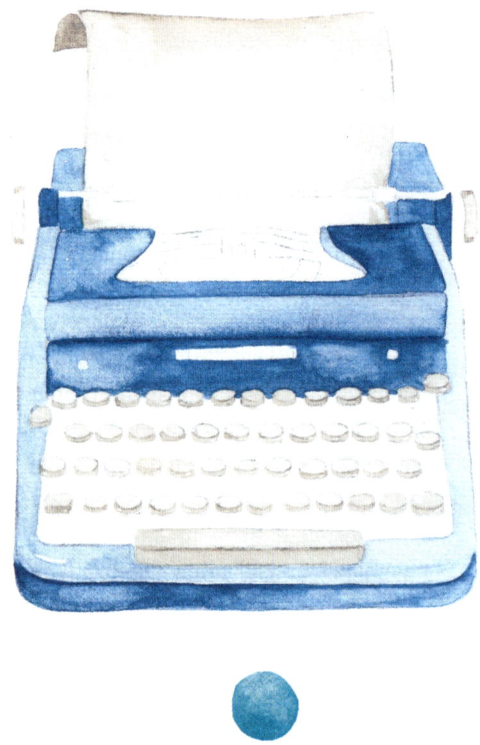

Nun brauchst du wieder dein Blau. Um einen schönen Effekt zu erzielen, teilst du das Gehäuse deiner Schreibmaschine in verschiedene Bereiche ein, die du nach und nach grundierst. Achte darauf, manche Bereiche durch mehr Pigment dunkler erscheinen zu lassen. Klare Kanten entstehen, indem du versetzt arbeitest, also erst die angrenzende Fläche grundierst, wenn die vorherige getrocknet ist.

Schritt 3

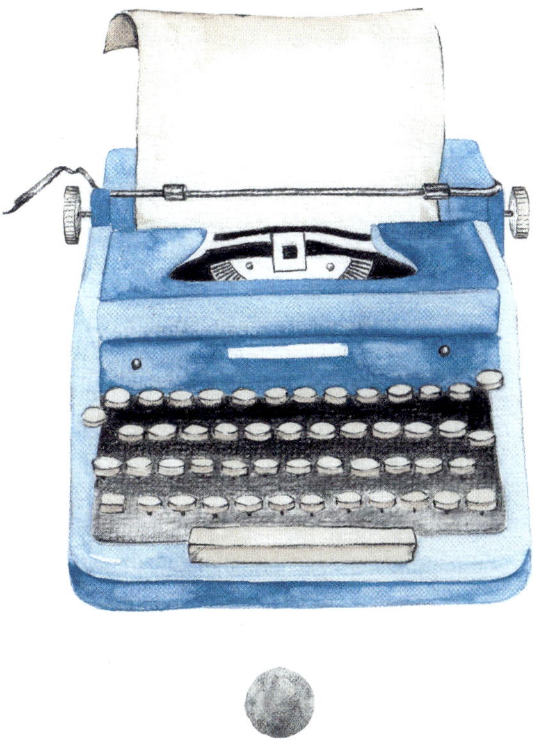

Die Räume zwischen den Tasten tönst du sehr dunkel ab, indem du die Bereiche zunächst mit dem Bleistift ausmalst. Im oberen Bereich darf es noch dunkler werden. Nutze dazu den Kohlestift. Alle Metallteile und Feinheiten an den Rädern zeichnest du mit dem Bleistift. Achte darauf, nicht aus Versehen die Kohlestrukturen zu verwischen, und decke die Bereiche gerne mit einem sauberen Blatt Papier ab.

Schritt 4

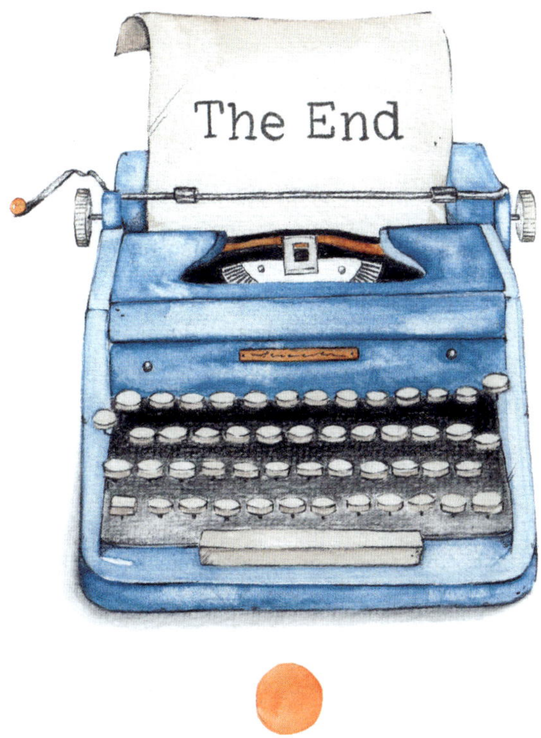

Verstärke die Kanten deines Gehäuses mithilfe des Bleistifts und setze auch einen Schatten unterhalb der Maschine. Als letzten Farbtupfer nimmst du ein knalliges Orange und ergänzt Schild, Kugel und das Farbband. Auf diese Weise nutzt du optimal den Komplementärkontrast von Blau und Orange.

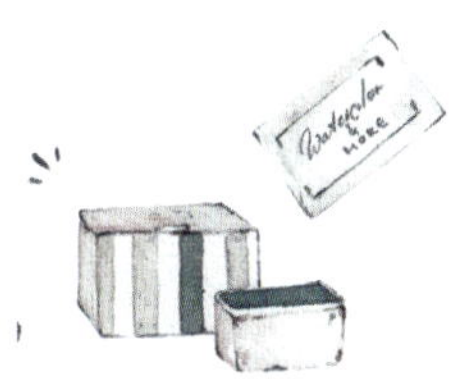

Ausblick

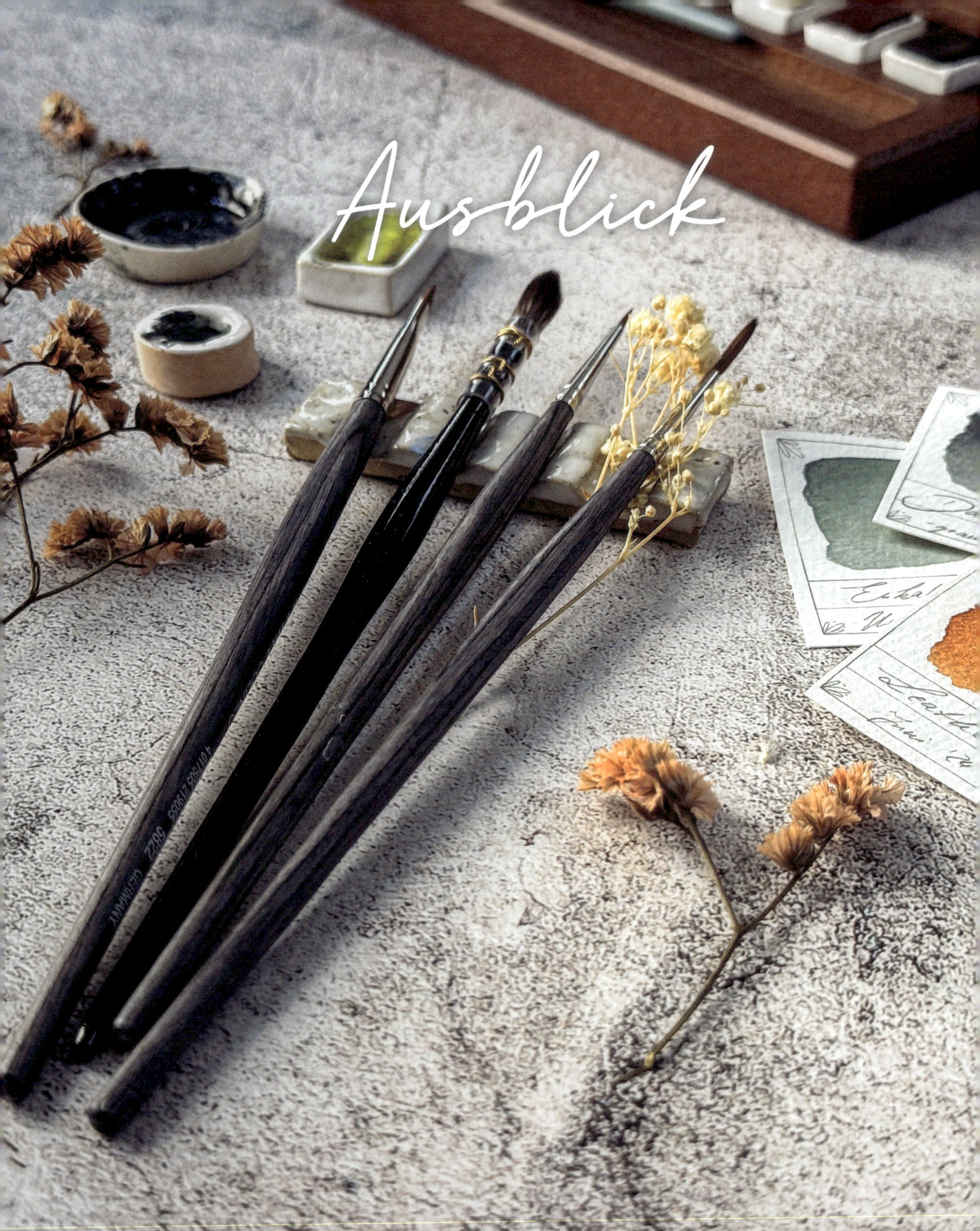

Die Reise geht weiter

DANKE, DASS DU MIT MIR DIESE GEHEIMEN ORTE ENTDECKT HAST. NUN KANNST DU MIT ALL DEN DINGEN, DIE DU GESEHEN, GELERNT UND FÜR DICH ENTDECKT HAST, ALLEINE WEITERREISEN.

Wie wäre es mit einem einsam gelegenen Haus am See oder auf einer klitzekleinen Insel?

Wie es wohl darin aussieht? Und was gibt es dort alles zu entdecken? Ich wünsche dir noch viele spannende Ausflüge im Reich der Farben!

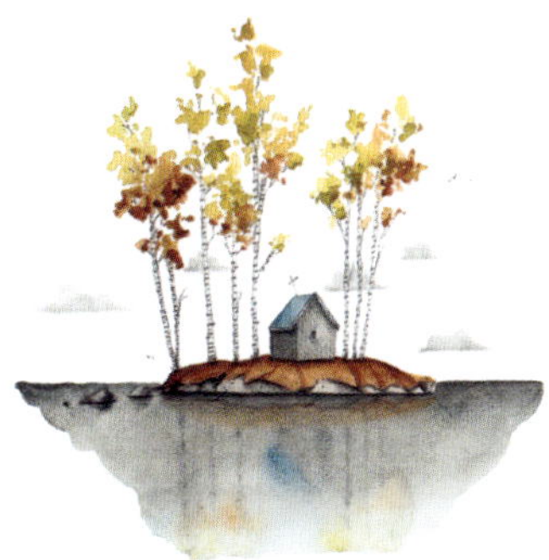

UND DIE AUFLÖSUNG ZU SEITE 12 LAUTET …

Nur eine Kleinigkeit hat bei meinem Quiz nicht gestimmt: Mars-Pigmente kommen leider nicht wirklich vom Mars, sondern stehen für Farben aus Eisenoxiden. Eisen, also hartes Metall, wird ebenso dem Planeten wie dem Kriegsgott Mars zugeschrieben. Und genau daher leitet sich der Name dieser Pigmentgruppe ab.

Ein kurioses und besonders spannendes Pigment besitze ich dennoch. Mein Meteoritbraun ist nicht von dieser Welt. Der zu feinem Pigment gemahlene Meteorit wurde in der Nähe der marokkanischen Stadt Zagora gefunden und ist etwa 4,5 Milliarden Jahre alt. Unvorstellbar!

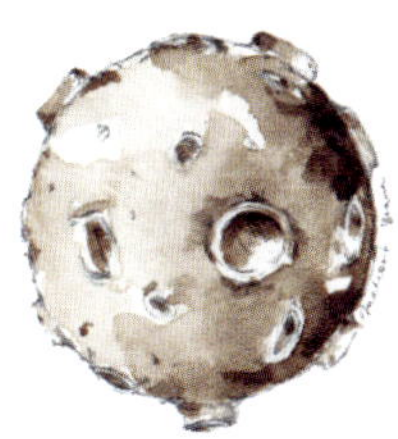

ÜBER DIE AUTORIN

Madeleine Zülke steckt voller Kreativität: Mit tausend Ideen im Kopf und unerschöpflichem Wissensdurst erlernte sie viele verschiedene Handwerkstechniken. Doch ihre Liebe galt und gilt den Farben. In der bunten Watercolor Welt fühlt sie sich zu Hause. Als Frau von Bommel lässt sie sich auf Instagram über die Schulter schauen, wenn ihre detailreichen Illustrationen entstehen. Vor ein paar Jahren begann Madeleine dann ihre eigenen Aquarellfarben aus oft fast vergessenen Pigmenten herzustellen und ihre ganz persönlichen Farbwelten zu kreieren. Die Schätze aus vergangenen Zeiten spiegeln sich in ihren Motiven wider – zeitlos, nostalgisch und doch immer wieder neu. Und so gesellt sich jetzt auch zu ihrem ersten Buch und Bestseller „Boho Watercolor" ein zweites: „Secret Places Watercolor".

Entdecke Madeleines Farbwelt und Papeterie auf **www.frauvonbommel.de** oder besuche sie auf Instagram **@_frau_von_bommel_art_**

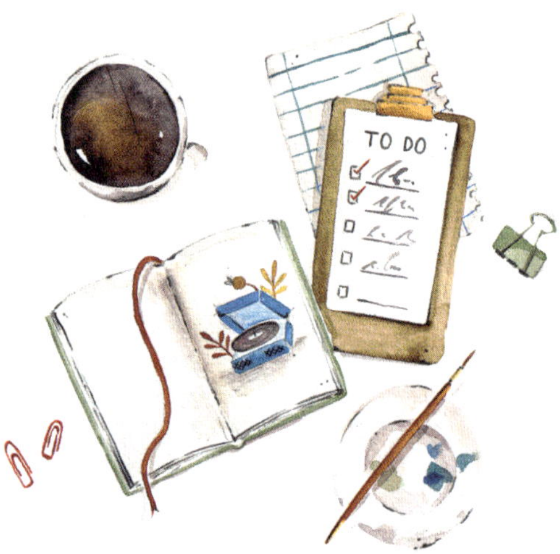

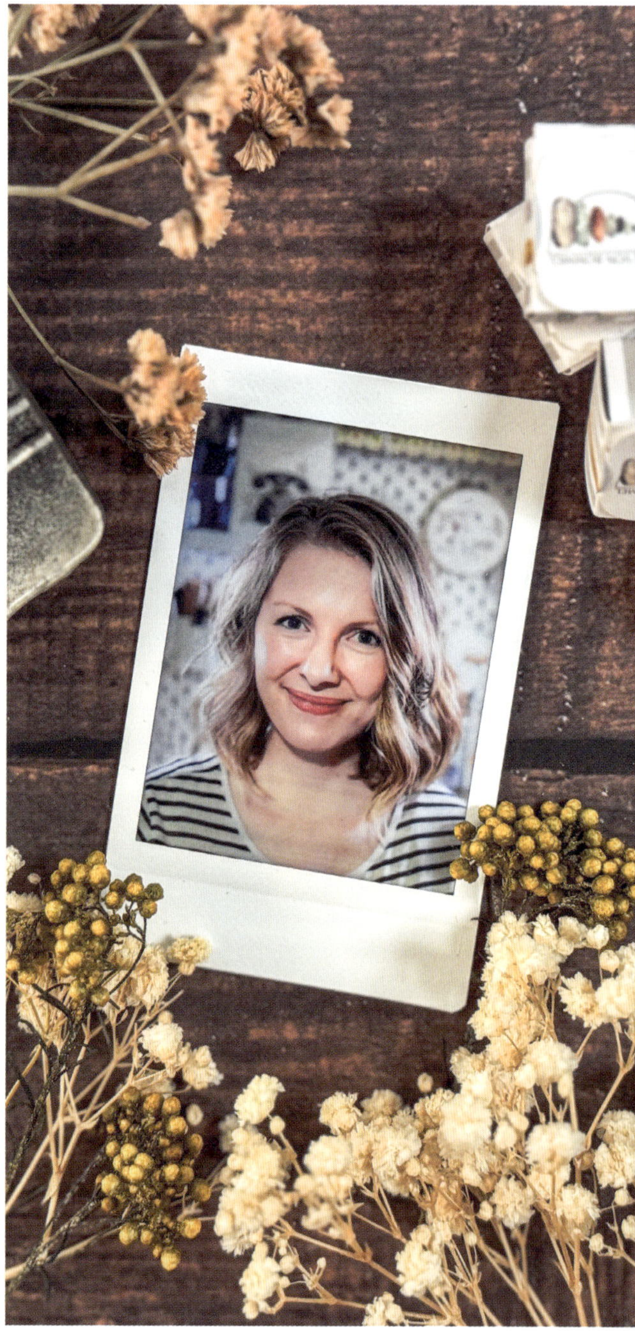

Danke

Danke an alle, die sich mehr Farbe in ihrem Leben wünschen und sich die Zeit nehmen, auf einem weißen Blatt Papier wundervolle Dinge entstehen zu lassen. Dies ist ein Schatz, den wir uns bewahren sollten.

Meinem Verlag danke ich für die vertrauensvolle Zusammenarbeit. Ein besonderer Dank geht dabei an Anne, Ulrike und Alexandra, die aus den kleinen Puzzlestücken ein Gesamtbild zusammengesetzt haben.

Der größte Dank gilt meinem Partner in Crime, der Meisterin der Keramik-Näpfchen und meiner liebsten Tochter. Ohne meine Familie wäre die Welt nicht bunt.

Verena und Marvin von Gustavson sind nicht nur Vorbilder, sondern auch Freunde, die ich nicht mehr missen möchte. Dank ihrer hervorragenden Materialien, Papiere und Pinsel konnte Wundervolles entstehen – und wird es auch weiterhin.

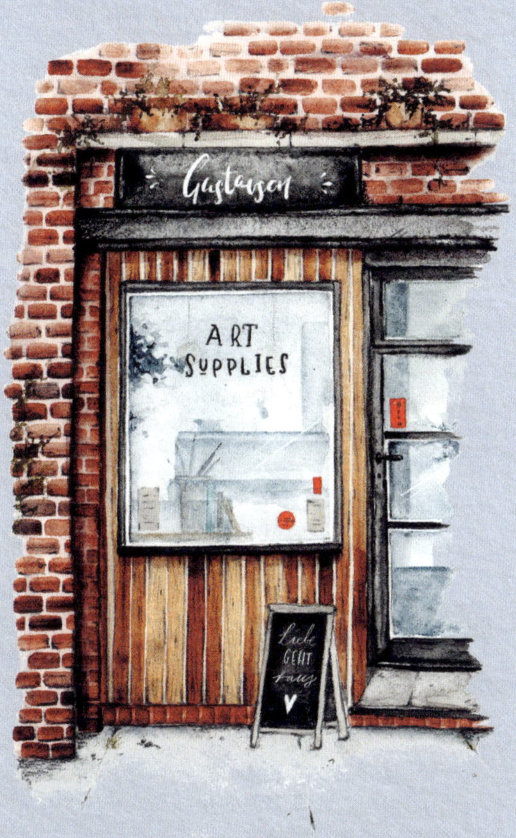

WWW.GUSTAVSON.STORE

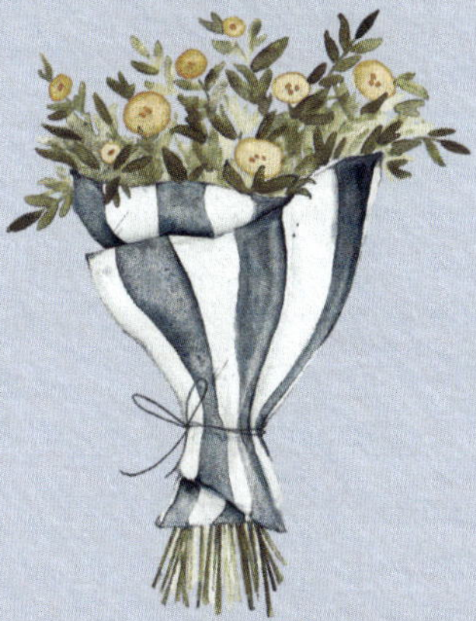

Nutze gerne den Code **FRAUVONBOMMEL5** für deinen Rabatt.

IMPRESSUM

Bibliografische Information der Deutschen Bibliothek.

Die Deutsche Bibliothek verzeichnet diese Publikation in der Deutschen Nationalbibliografie.

Detaillierte bibliografische Daten sind im Internet über http://www.dnb.de/ abrufbar.

EIN BUCH DER EDITION MICHAEL FISCHER

1. Auflage 2024

Cover, Layout & Satz: Alexandra Wolf

Redaktion und Lektorat: Anneliese Roth, Ulrike Hanninger

Bildnachweis:

Dekorativer Bildaufbau sowie alle Bilder und Illustrationen von Madeleine Zülke. Fotografie und Bildbearbeitung: © David Zülke

ISBN 978-3-7459-2469-5

Gedruckt bei PNB Print, Silakrogs, Ropazu novads, LV-2133, Lettland

www.emf-verlag.de

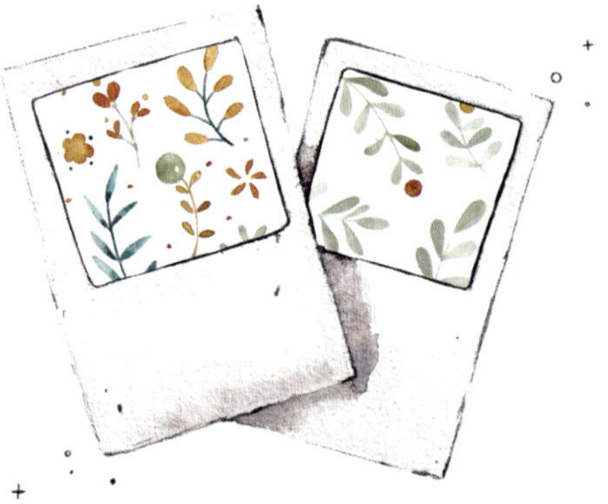

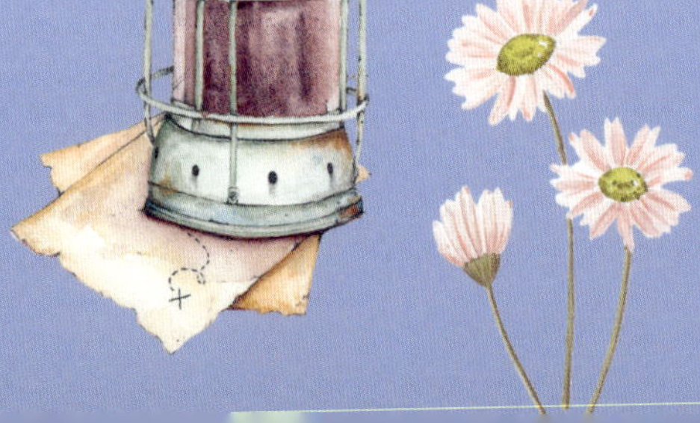